KB202290

영적인 피해를 바로알고 대처하는 책

영적피해 방지하기

강요셉 지음

귀신들은 은밀 교묘하게 성도들을 공격하고 있다.

성령

영적피해 방지하기

성령

들어가는 말

예수를 믿고 성령으로 거듭난 성도는 축복도 흐르고, 악한 영도 흐를 수 있다는 것을 반드시 알아야 합니다. 성도는 육적이면서 영적인 존재입니다. 그래서 성령도 사람을 통하여 하나님의 뜻을 이루려고 합니다. 사단도 사람을 이용하여 세상을 사단의 나라가 되게 하려고 혼신의 노력을 하는 것입니다. 영적 싸움의 과정에서 성도에게 귀신도 침입을 할 수가 있습니다. 성령으로 장악을 당할 수도 있습니다. 다시 말해서 축복도 흐를 수가 있고, 악한 영도 침입할 수가 있습니다.

성도들이 세상을 살아갈 때에 영들의 흐름은 시시각각 이루어지고 있습니다. 그렇기 때문에 성도는 축복의 영과 악한 영의 흐름에 대하여 바르게 알고 대처해야 합니다. 저는 이 책에서 독자들에게 어떻게 하면 축복이 흐를 수 있는지를 알게 할 것입니다. 축복의 흐름은 하나님으로부터 축복을 받은 사람을 통하여 흐르게 됩니다.

아무리 성령으로 거듭난 성도라도 육적인 상태가 되면 악한 영이 침입할 수가 있습니다. 축복도 사람을 통하여 흘러가고, 악한 영의 침입 역시 사람을 통하여 흘러가게 된다고 보아야 예방이 가능합니다. 그래서 성도는 사람을 잘 만나야 합니다. 악한 영의 침입을 막으려면 어떻게 해야 합니까? 말씀과 성령으로 충만해야 가능합니다. 사람의 힘과 능력으로는 악한 영의 침입을 막을 수가 없습니다. 반드시 성령으로 충만을 받아야 악한 영이 흘러들어오는 것을 방어하고 몰아낼 수가 있는 것입니다. 축복이 흘러들어오게 하는 것도 중요하지만 받은 축복을 보존하는 것 또한 중요한 것입니다. 성령으로 지배와 장악이 되고 성령의 인도를 받는 것이 무엇보다도 중요합니다.

　독자들은 이 책을 통하여 축복이 어떻게 흘러들어오는가를 알게 됩니다. 축복이 흘러오게 하려면 어떻게 해야 하는지도 알게 됩니다. 반대로 악한 영의 침입은 어떠한 경로를 통하여 자신에게 들어오는 지도 알게 될 것입니다. 아무쪼록 이 책을 통하여 영적인 눈이 열리고 영적으로 사고하는 계기가 되시기를 바랍니다. 아브라함의 축복이 흘러들어오는 계기가 되시기를 소원합니다.

주후 2018년 01월 25일
충만한 교회 성전에서
저자 강요셉목사.

세부적인목차

1부 영적피해 방지하기 위한 지식

1장 성령의 역사와 귀신역사 분별하기

(고후 11:4)"만일 누가 가서 우리가 전파하지 아니한 다른 예수를 전파하거나 혹은 너희가 받지 아니한 다른 영을 받게 하거나 혹은 너희가 받지 아니한 다른 복음을 받게 할 때에는 너희가 잘 용납하는 구나"

하나님은 예수를 믿는 성도들이 말씀을 통하여 바른 분별력을 가지고 성령의 역사를 따라가기를 소원하십니다. 목회자나 성도들이 말씀과 이론을 몰라서 어려움을 당하는 것이 아닙니다. 살아 역사하시는 성령의 역사가 자신을 주장하지 못하기 때문에 예수를 믿으면서도 어려움을 당하는 것입니다. 악한 영이나 성령님이나 살아있는 영의 실체입니다. 그래서 영적인 것은 반드시 분별해야 합니다. 필자가 그동안 성령치유 사역을 하면서 체험한 바로는 성령의 역사와 마귀의 역사를 비교해보면 유사한 점이 많이 있다는 것입니다. 성령님도 영이십니다. 귀신도 영입니다. 그렇기 때문에 바른 분별력이 없으면 미혹당하기 십상입니다. 욥기에 보면 사단도 하늘에서 불이 내리게 했습니다. 사단도 불이 내리게 한다는 분별력을 가지고 교회나 기도원이나 치유센터의 영적인 역사를 보면 문제가 있다는 것을 금방 알아차릴 수 있습니다.

필자는 항상 성도들에게 영적인 것은 바르게 알고 믿으라고 권면을 합니다. 비슷하기 때문에 모르면 당하는 것입니다. 많은 성도들이 예배나 집회에 참석하여 영적인 역사가 일어나면 모두가 성령께서 역사하는 줄로 알고 받아들입니다. 필자도 몇 년 전에는 모두 성령의 역사인줄 알았습니다. 그러나 성령치유 집회를 인도하면서 하나하나 잘못된 역사가 보이기 시작을 했습니다. 특별하게 개별 집중 치유사역을 하면서 모방된 영적인 역사가 있다는 것을 알게 되었습니다. 성령의 강력한 역사에 의하여 참석한 성도들이나 목회자에게서 영적인 역사 뒤에 역사하던 귀신들이 떠나가더라는 것입니다. 그러니 여러 가지 혼탁한 영적인 역사가 정리되고 안정한 심령으로 변화가 일어나고, 마음의 참 평안을 느끼더라는 것입니다.

소결론을 맺으면 바른 성령의 역사를 체험하면 불규칙하고, 보기 흉하던 영적인 역사가 현저하게 줄어들기 시작을 하다가 잠잠한 성령의 역사로 변하더라는 것입니다. 잠잠한 성령의 역사로 변화되니 평안한 얼굴로 변화되는 것이 눈에 보이더라는 것입니다. 본인 또한 마음이 평안하고 상처가 치유되고, 질병이 치유되었다고 말합니다. 그래서 바른 복음의 말씀을 듣고 성령의 역사를 체험하면 변화되지 말라고 해도 변화되는 것입니다. 만약에 10년 이상 믿음 생활을 했는데 변화되지 않는 다면 문제가 있는 것입니다. 빨리 말씀과 성령으로 원인을 찾아 해결해야 합니다. 분별이 필요한 성령의 역사 몇 가지를 말씀 드리고자 합니다.

첫째, 기도할 때 분별이 필요한 영적인 역사. 성령의 역사에 대한 기본을 알지 못함으로 일부 교회에서는 '성령 임재'와 '샤머니즘적 강신역사'를 분별하지 못합니다. 대략 샤머니즘적인 기도의 대표적인 현상들은 이렇습니다. 일부 기도원이나 나름대로 성령이 충만하다고 자부하는 교회의 기도회와 부흥회에서 이런 일이 종종 일어납니다.

"팔을 불규칙적으로 흔들고, 머리를 흔들어대며, 벌 벌벌 떨면서 진동하기도 하고, 뛰어다니기도 하고, 발을 동동 구르기도 하고, 양팔을 들고 벌 벌벌 떨기도하고, 듣기 흉측한 방언으로 기도하고, 이상한 소리로 기도하고, 두 손을 들고 깡충깡충 뛰기도 하고, 쓰러져서 가만히 있기도 하고, 어떤이는 괴성을 지르며 발작 증세를 보이기도 합니다. 박수를 이상하게 치는 것은 기본이고, 춤을 추거나 노래를 부르는 이도 있습니다." 각종 부흥회와 기도회 등에서 흔히 볼 수 있는 풍경입니다. 부흥회, 기도회라는 단서를 달지 않으면 여느 무속신앙의 신내림과 큰 차이점을 보이지 않습니다.

과연 기독교의 '성령 체험'과 샤머니즘의 '강신'은 어떻게 다를까요?" "한국 교회 일부에서는 부흥회를 통한 신비적인 체험만을 성령의 임재로 강조하는 경향이 있습니다. 즉 성령의 임재를 몸의 신비 체험을 통해 인식할 수 있다는 것이라면서 말씀이 없고 바르지 못한 체험을 강조합니다." 그래서 일부 기독교인들은 이러한 신비 현상을 체험하길 원하며, 일부 교회는 이를 성령운동이라 명명으로 근거 없이 주장하고 있습니다. 분명하게 말하자면 바른 성령운동은 예수님의 성품으로 변하여 삶에서 성령의 열매가 보이는 것입니다. 바르게 생명의 말씀을 전하고 성령을 체험하면 변하지 말라고 해도 변할 수밖에 없습니다. 성령으로 기도하여 변화되는 성령체험을 하도록 해야 합니다. 그러나 이러한 신비적 체험을 분석해 보면, 여러 가지 면에서 타종교의 신비 체험과 별로 다르지 않음을 발견하게 됩니다. "무당들의 강신 체험에서 일어나는 황홀경과 부흥회 등에서 강조하는 기독교 성령 체험의 현상들이 특별히 다른 점이 없기 때문입니다"

우리가 바르게 알아야 짚고 넘어가야 할 것은 "기독교의 성령 체험이 종교 혼합주의적 신비의 현상 가운데 하나인지, 아니면 정말 기독교의 성령 임재의 현상인지를 성경의 증언에 기초해 분석해 볼 필요가 있다는 것입니다" "영적인 면에 무지한 일부 교회는 성령 임재 현상과 귀신의 강신(무당 신내림) 현상을 명백히 분별하지 못하고 그대로 수용하고 있는 것이 사실입니다" 반드시 분별하여 치유해야 합니다. 그래야 성도들이 바른 신앙으로 바른 기도하여 하나님과 친밀하게 지낼 수가 있습니다. '성경적 영성'은 "그 본질은 예수 안에서 성령으로 이루어지며 근본은 영에 있으며, 영의 인격적 기관인 마음을 통해 작용하는 것으로 사람들의 삶에 원동력을 부여해 주며, 전인격적인 행동을 행하도록 도와주는 모든 활동"입니다. "하나님의 말씀에 순종하며 그 분의 형상을 회복하는 그리스도인의 삶 자체가 성경적인 영성"입니다. 그리고 예수님과 같이 변화되는 것을 목적으로 합니다.

반면 샤머니즘에서의 영혼은 "살아있는 사람의 영혼이 아니라 죽은 사람의 영혼(귀신의 영)"이며 샤머니즘은 그런 영혼에 대해 "신에 대한 두려움을 갖고 신을 숭배하는 사상을 갖고 있습니다" "신에게 잘 보이기 위하여 열심을 내고, 자신의 문제를 신에게 해결해 달라고 손과 발이 달도록 비는 것입니다" "더 나아가 자연을 숭배하는 정령사상을 가지고 있어 샤머니즘의 영성은 다신론적이며 범신론적입니다. 즉 초인적 존재에 의한 길흉화복의 욕구를 충족시키는 것이 샤머니즘적 영성"입니다. 결국 "샤머니즘적 영성은 전인격적 삶의 변화에 초점을 두는 성경적인 영상과는 완전히 다르다는 것을 알아야 합니다."

성경에 나타난 '성령 체험' 현상의 특징은 권능. 능력. 예언. 황홀경. 재능. 지혜. 방언. 환상. 세미한 음성. 장소의 진동. 급하고 강한 바람 같은 소리 등으로 나타납니다. 오늘날 '신비적 성령운동'의 현상들로 넘어짐. 웃음. 짐승의 소리. 괴성. 불. 환영. 등을 들 수가 있습니다. '신비적 성령운동'의 이런 현상은 성경이 보여주는 '성령 체험'의 현상들과 분명하게 다릅니다.

그리고 이런 체험을 했어도 전인격이 변화되지 않는 것이 특징입니다. 제가 그동안 성령치유 사역을 하면서 성령으로 기도를 하게하고 안수사역을 한 결과 성령의 역사로 인하여 이런 현상을 일으키는 흉측한 것들이 모두 떠나가더라는 것입니다. 성도에게서 모두 떠나가니 이런 현상이 더 이상 일어나지 않았습니다. 그러므로 이런 현상을 일으키는 것은 귀신입니다. 그리고 짐승의 소리와 괴성 등으로 나타나는 '신비적 성령운동'의 현상들은 샤머니즘의 '강신 체험'에서 보이는 공포스러운 몸짓. 짐승의 소리. 목소리 변화. 광증적 발작. 등과도 유사합니다. 이는 많은 말씀을 바르게 적용하여 바른 체험을 한 사역자만이 구별해 낼 수가 있습니다. 상당히 신중한 분별이 필요합니다.

일부 목회자들이나 성도들이 성령으로 나타나는 현상인지 샤머니즘의 '강신 체험'에 일어나는 현상과 흡사한 것인지를 구별하지 못합니다. 그렇기 때문에 성령이 충만으로 일어나는 현상으로 알고 묵인하고 지냅니다. 그러나 정확한 말씀과 체험한 성령이 역사하는 열린 영의 눈으로 보면 반드시 구별이 됩니다. "성령 임재의 체험을 강조하는 기독교 신비적인 성령운동은 성경적 성령 체험과 비교했을 때 많은 차이가 있습니다. 오히려 샤머니즘적 특성과 유사점이 많다는 것을 알 수 있습니다" 분별력을 길러야 합니다. "그러므로 신비주의적 성령운동의 체험을 강조하기보다는 체험 이후의 전인적인 변화된 삶에 중점을 두는 성경적 영성을 가져야 할 것입니다" 반드시 바른 복음으로 성령을 체험하면 사람이 변하게 되어 있습니다.

"사탄과 귀신들은 거짓의 영으로 임해 사람들을 미혹하며 그들의 속성대로 사람들에게 고통만 안겨 주고, 궁극적으로는 멸망의 길로 인도 하는 것이 있다는 것을 알고 경각심을 갖아야 합니다." "그 동안 한국의 일부 교회들이 황홀경이나 입신 및 성령 체험 등을 추구하며 샤머니즘적 신비주의와 혼합주의 영성에 빠져 성령의 임재를 무당의 강신(접신) 체험과 같은 현상으로 착각한 것이 사실입니다. 뿐만 아니라 성령의 임재와 악령의 위조된 임재를 구별하지 못하는 경우도 있었습니다. 그러므로 강신 체험과 유사한 신비적 체험을 철저히 분별하여 치유해야 할 것입니다" 우리는 이와 같은 오류를 범하지 않기 위하여 기도에 대하여 바르게 배우고 알고 해야 합니다. 바르게 성령사역을 해야 합니다. 바르게 성령으로 능력기도를 해야 합니다.

둘째, 성령의 임재 시 일어나는 현상. 성령이 성도를 장악하면 몸으로 느끼게 됩니다. 진동을 하기도 합니다. 손이 위로 올라가면서 흔들기도 합니다. 몸이 뒤 틀리기도 합니다. 허허허 하면서 웃음이 터지기도 합니다. 마치 전기에 감전된 것과 같이 손이 찌릿찌릿하기도 합니다. 땀을 흘리면서 악을 쓰기도 합니다. 손가락이 게발과 같이 오그라들면서 떨기도 합니다. 사지가 뒤틀리기도 합니다. 덩실덩실 춤을 추기도 합니다. 팔과 다리가 오그라들기도 합니다. 이상한 소리를 내기도 합니다.

저도 처음 성령사역을 할 때는 이런 현상을 느꼈다면 성령 세례를 받은 것이라고 믿었습니다. 성령사역을 십년이 넘은 지금에 와서 보니 참으로 위험천만한 성령의 역사가 교회에서 일어나고 있다는 것입니다. 이런 현상은 분명하게 분별되어야 할 현상입니다. 성령이 임재 하니 사람 속에 숨어있던 악한 영이 정체를 폭로할 때 일어나는 현상이라고 해도 틀리지 않습니다.

제가 얼마 전에 성령사역을 하면서 위와 같은 현상을 일으키는 성도를 안수 했습니다. 그랬더니 악한 영이 말로 표현할 수 없을 정도로 떠나갔습니다. 3일 동안 지속적으로 안수하니 위와 같은 영적 현상이 일어나지 않았습니다. 일어나지 않을 뿐만 아니라, 본인의 마음이 너무 편안하고 기도가 술술 나온다고 간증을 했습니다. 그래서 본인에게 기도할 때 이런 현상이 일어난 것이 얼마나 되었느냐고 질문했습니다. 3년 정도 되었다는 것입니다. 3년 동안 귀신에게 속은 것입니다. 이 성도가 잘못된 것이 아닙니다. 이런 현상을 보고 양신역사라고 하면서 바로잡아줄 영적인 사역자가 없었다는 것입니다. 이 성도의 말에 의하면 3년 동안 성령의 역사가 있다는 곳은 안 가본 곳이 없을 정도로 다 다녀 보았다는 것입니다. 그런데 어느 한곳에서도 바로 잡아주는 곳이 없었다는 것입니다.

이 성도가 하는 말이 성령의 역사가 있다는 곳에 가서 2박 3일 또는 3박 4일 은혜를 받고 오면 한 일주일은 충만하게 지낸답니다. 그런데 2주가 되면 슬슬 마음이 답답하고 기도가 잘되지 않아서, 또 다른 곳을 가게 되었다고 했습니다. 이 현상은 이렇게 설명할 수 있습니다. 성도는 영의 만족을 누려야 모든 것이 좋아집니다. 자기 나름대로 성령이 충만하다고는 하지만, 저와 같은 전문적인 성령사역을 하는 분들의 눈에는 이렇게 보입니다. 이 성도의 마음 안에 있는 성령의 역사가 밖으로 나타나지 않는 것입니다. 즉, 영의 통로가 막혔다는 것입니다. 성도는 마음 안에 있는 성령의 불과 성령의 생수가 심령에 부어져야 영의 만족을 누리는 것입니다. 그런데 영이 막혀서 심령에서 성령의 역사가 밖으로 나오지 못하니 은혜 받을 때는 괜찮은데 시간이 지나면 답답해지는 것입니다.

이 문제가 왜 생길까요. 첫째, 성령의 불을 밖에서 받는다는 잘못된 이론 때문입니다. 이는 책을 읽어가노라면 이해가 될 것입니다. 둘째, 성령의 불을 받으려고 밖에만 관심을 가지니 정작 자신의 심령에 관심을 갖지 않으니 영의 통로가 열릴 이유가 없는 것입니다. 셋째, 자신의 심령 상태에는 관심을 갖지 않고, 그저 보이는 면, 역사가 나타나는 것에만 관심을 가진 결과입니다. 지금 일부 교회와 성령사역을 하는 곳들이 바르게 분별을 못하고 있습니다. 성령의 불을 밖에서 받으려고 능력이 있고 불이 있다는 강사에게만 관심을 가지기 때문입니다. 저도 초기 성령사역을 할 때와 성령의 능력(불)을 받으러 다닐 때 모두 이런 식이었습니다.

저는 다행하게도 내적치유를 하면서 내면에 관심이 많았기 때문에 쉽게 내면관리를 하다 보니까, 성령의 불은 자신의 영 안에 계신 성령으로부터 나와야 된다는 것을 알게 된 것입니다. 그래서 내면관리를 집중해서 하다 보니까, 앞의 성도와 같이 잘못된 성령의 역사를 분별하여 치유할 수가 있었습니다. 이런 분들이 우리교회 집회에 오면 먼저 기도 시간에 제가 안수를 일일이 하면서 성령의 역사가 성도의 마음 안에서 일어나도록 합니다.

조금만 지나면 강력한 성령의 역사가 일어나 속에서 더러운 상처와 귀신들이 떠나갑니다. 이렇게 2일만 하면 거의 모두 이해할 수 없는 성령의 역사가 정리됩니다. 점차 안정을 찾아 심령에서 불이 나오는 성도들로 바뀌게 됩니다. 기도는 성령으로 해야 합니다. 자신의 마음 안에 계신 성령의 역사가 밖으로 나오면서 치유도 되고, 귀신도 떠나가고, 자신의 안에 계신 성령으로부터 '레마'도 들리게 되는 것입니다.

영적인 사역자는 어떻게 하면 피 사역자에게 성령의 역사가 강하게 일어나게 할 수 있는지 비결을 터득하고 행할 수 있는 사람이 진정 영적인 사역자입니다. 방법은 그리 어렵지 않습니다. 피 사역자의 심령에서 성령의 역사가 일어나 밖으로 나오게 하면 되는 것입니다. 그런데 성령의 불을 밖에서 받는다고 인식하고 밖에만 관심을 가지고 있으니 영의 통로가 뚫리는데 시간이 많이 걸립니다. 성도들이 영의 만족을 누리지 못하고 방황을 합니다. 성령의 불을 밖에서 받으려고 관심을 밖에 두니 심령을 치유할 수가 없습니다. 심령치유가 되지 않으니 예수를 20년을 믿어도 변화되지 않는 것입니다. 구습은 반드시 성령의 역사가 일어나야 치유가 됩니다. 바른 성령의 역사를 알고, 바르게 기도하고, 성령을 체험하면 성도가 변하지 않으려고 해도 변화될 수밖에 없습니다. 이를 시정하여 해결해야 될 문제는 첫째, 성령의 불은 심령에서 나와야 합니다. 물론 처음에는 밖에서 역사하는 불을 받아야 합니다. 그러나 시간이 경과되면 자신 안에서 성령의 불이 나오도록 영성관리를 해야 합니다. 그래야 영이 자랍니다. 영은 생명의 말씀과 성령의 역사에 의하여 영이 깨어나고 자라게 됩니다. 둘째, 기도를 바르게 해야 합니다. 성령으로 심령에 관심을 두고 기도해야 합니다. 머리를 써서 아무리 장구한 말을 많이 한다고 해도 변화되지 않습니다. 왜냐하면 인간적인 3차원의 기도이기 때문입니다. 성령으로 기도하여 심령에서 초자연적인(5차원) 성령의 역사가 일어나야 변화되기 시작 합니다.

제가 지금까지 설명한 말을 오해해서 들을 수가 있어서 다시 한 번 말씀 드립니다. 성령님은 인격체이시지만 실제적인 어떤 능력과 에너지로써 충만하게 임하면 우리가 육체적으로도 어떤 느낌과 감각을 느끼게 됩니다. 일반적으로 불의 뜨거운 느낌, 전류가 흐르는 것과 같은 느낌, 몸이나 신체의 일부가 가벼워지는 부양감, 또는 반대로 무거워지는 것과 같은 느낌, 환한 빛이 비추어져 오는 것과 같은 느낌, 때로는 향기가 풍겨오는 것과 같은 느낌, 한없이 포근한 느낌, 시원한 느낌, 때로는 편안하여 졸리는 것과 같은 느낌 등 다양하게 느껴집니다.

그러나 이와 같은 현상은 성령체험의 초기에 나타나는 현상입니다. 어느 정도 신앙이 자라고 영이 깨어나 성령이 자신을 장악하면 서서히 몸으로 느끼거나 볼 수 있는 가시적인 현상이 없어집니다. 왜 그럴까요? 성령이 자신을 완전하게 장악하여 성령님과 친밀하게 되니, 육체가 성령에게 장악당하여 성령과 하나가 되었기 때문입니다.

제가 그동안 성령사역을 하면서 체험한 결과 성령의 체험현상은 항상 일어나는 것이 아닙니다. 성령으로 변하여 영이 자라면 자란

만큼씩 몸으로 느끼거나 볼 수 있는 가시적인 현상이 현저하게 줄어듭니다. 그래서 자신이 몸으로 느끼거나 볼 수 있는 가시적인 현상이 나타났다고 영적으로 다 된 것이 아니라는 것입니다. 이는 이 책을 읽고 있는 분이 말씀과 성령으로 깊은 영성을 개발하여 성령님과 인격적이고 친밀한 관계가 되면 이해할 수가 있습니다. 이는 성령님과 이런 관계가 된 것입니다. 성령이여! 임하소서. 하면 이미 성령님이 자신을 장악한 것으로 믿는 것입니다.

이를 믿고 담대하게 성령님이 주신 레마를 가지고 사역을 하면 성령이 역사하여 주시는 관계이기 때문입니다. 한마디로 성령님과 주거니 받거니 하는 관계가 되었기 때문에 성령의 임재현상이 필요가 없는 것입니다. 너무 성령의 임재현상에 관심 갖지 마시고 말씀과 성령으로 변하여 성령님과 인격적인 관계가 되려고 노력해야 합니다. 성도들을 이렇게 지도해야 성도들의 믿음이 자라서 영의 자립을 하면 영적인 군사가 되어 하나님에게 쓰임을 받을 수가 있는 것입니다. 히브리서 저자는 5장 12절에서 이렇게 말합니다. "때가 오래 되었으므로 너희가 마땅히 선생이 되었을 터인데 너희가 다시 하나님의 말씀의 초보에 대하여 누구에게서 가르침을 받아야 할 처지이니 단단한 음식은 못 먹고 젖이나 먹어야 할 자가 되었도다" 성도는 영이 자라야 합니다. "말씀의 초보에 대하여 누구에게서 가르침을 받아야 할 처지이니"란 진리를 사람에게 가르침을 받아야 하는 신앙의 수준이라는 것입니다. 진리는 성령으로 깨달아야 합니다.

능력 있다는 목사님만 바라보고 성령의 불 받으려고 하는 무지한 성도들을 만들지 말아야 합니다. 스스로 자기에게 임재 하여 계신 성령님으로부터 불을 받고 레마를 받아 살아가는 성도를 만들어야 합니다. 다시 말하면 영적인 자립을 하는 성도를 만들어야 한다는 것입니다. 그래야 어디를 가더라도 자기 안에 계신 성령님과 친밀한 관계를 가지면서 자기가 위치해 있는 곳을 하나님의 나라로 만드는 하나님의 군사가 될 수 있는 것입니다.

그리고 필자의 교회에서 매주 토요일 사전예약을 통하여 사역하는 개별 집중 치유할 때 일어나는 현상에 대하여 알려드립니다. 첫 번째와 두 번째는 성령의 불로 전신이 뜨거움을 체험하여 참으로 좋았는데, 세 번째는 뜨거운 현상이 약해지느냐고 질문하는 분들이 있습니다. 이는 첫째와 두 번째는 치유되어야 할 상처가 강해서 상대적으로 성령의 불의 역사가 뜨겁게 일어나는 것입니다. 세 번째는 성령의 역사로 상처가 치유되어 상대적으로 성령의 불이 약하게 체험되는 것입니다. 상처의 강약에 따라 성령의 불의 역사가 다르게 나타나는 것입니다.

셋째, 강한 진동과 뒤틀림. 허리에서부터 얼굴까지 반신불수가 되어 12월 20일부터 다음해 4월 25일 충만한 교회에 오기 전까지 반신불수가 되어 거동을 못하며 집안에서 지내던 목사님의 이야기 입니다. 친한 친구 목사님들이 충만한 교회에 가면 치유가 된다는 말을 듣고 차에 실려 우리 교회 성령치유 집회에 참석하여 은혜를 받았던 이야기 입니다. 그런데 참석한 첫날부터 강한 성령의 불을 받고 온몸이 불덩어리가 되더니 몸이 뒤틀리기 시작했습니다. 악한 귀신들이 발작을 한 것입니다. 제가 "예수 이름으로 명하노니 허리를 잡고 있는 더러운 귀신은 떠나가라"하고 안수 기도를 할 때마다 수많은 귀신들이 발작을 하면서 떠나고 소리를 지르면서 떠나갔습니다.

목사님의 이야기입니다. "저는 이때까지 내가 허리디스크와 좌골 신경통으로 이렇게 거동을 못하게 되었지, 악한 영의 역사로 이렇게 되었다고는 꿈에도 생각을 하지 않고 병원치료만 하였습니다. 한마디로 영적인 무지한이었습니다. 성령님의 인도로 충만한 교회에 와서 성령의 불을 받고 아~ 이것이 영적으로 문제가 되어 발생한 것이구나! 체험적으로 인정을 했습니다.

저는 충만한 교회에 오기 전에 영적인 집회에 참석을 많이 했습니다. 심지어는 미국에 가서 빈야드 집회도 참석을 했습니다. 그때도 몸이 뒤틀리고 발작을 했습니다. 거기 있는 사역자들이 성령의 불을 받은 것이라고 했습니다. 저는 성령의 불을 받았기 때문에 저에게 악한 영이 역사한다는 것은 꿈에도 생각을 못했습니다. 저의 허리를 아프게 하는 것은 악한 영의 역사라고 인정을 하니 귀신이 떠나가고 치유되기 시작하다가 며칠 지나니 저 혼자도 걸을 수가 있었습니다.

강 목사님이 안수 기도를 하면 할수록 몸이 편안해졌습니다. 허리 아픈 것이 점점 없어졌습니다. 몸이 뒤틀리고 발작하는 것도 없어졌습니다. 정말 신기할 정도로 안정을 찾았습니다. 치유 되고 능력을 받으니 심령이 읽어지는 지식의 말씀의 은사가 나타나고 안수 기도하면 강요셉 목사님 같이 성령의 역사가 강하게 나타납니다. 그래서 다시 목회를 시작하니 교회가 점점 부흥이 되었습니다. 몇 개월 다니면서 치유를 받으니 이제 몸도 완치가 되었습니다. 저를 치유하신 하나님에게 영광을 돌립니다."

이렇게 안수를 받고 치유하면 진동하는 것이 현저하게 줄어듭니다. 이분도 몸이 뒤틀리고 발작하는 것이 없어졌습니다. 첫째 날과 둘째 날은 교회의 접의자를 다 차고 다닐 정도로 몸이 뒤틀리고 발작을 했습니다. 점차 치유되어 안정을 찾고 심령에서 성령의 불이 나오는 기도를 하니 목사님에게 역사하던 귀신들이 떠나간 것입니다. 이렇게 기도하고 안수하면 할수록 안정을 찾아야 바른 성령의 역사를 체험하는 것입니다. 우리 속지 맙시다.

이분도 외국 빈야드 집회에까지 참석했다는데 누구 하나 바로 알려줘서 치유해준 사역자가 없었다는 서글픈 사실입니다. 지금 외국이나 한국이나 성령의 역사에 대한 영적인 분별 수준들이 이렇습니다.

여기에서 한 가지 더 알아야 할 것은 일반적인 교회에서 열심히 신앙생활을 하면서 부흥회 때 성령을 체험한 분들입니다. 저에게 전화가 오는데 목사님 저는 3년 전 부흥회에서 성령체험을 했습니다. 그런데 기도가 안 됩니다. 왜 그런가요? 이런 분들은 모두 영이 막힌 것입니다. 한마디로 성령을 체험했을 때 심령을 정화시켜야

하는데 그렇지 못하여 상처와 악한 영의 역사가 심령에서 일어나 영이 막힌 것입니다. 이런 분들은 모두 성령의 임재가운데 내면의 상처를 치유하면서 악한영의 역사를 몰아내야 합니다. 그래야 영의 통로가 열려 기도가 됩니다. 심령의 문제를 해결하지 않으면 성령으로 기도가 되지 않습니다.

최초 성령을 체험하면 이런 현상이 나타날 수가 있습니다. 몸이 뻣뻣해집니다. 몸이 뜨겁거나 따뜻합니다. 몸이 시원해집니다. 바람이 느껴집니다. 몸에 전기가 감전된 것같이 찌릿찌릿합니다. 감동이 옵니다. 눈물이 납니다. 자꾸 뒤로 넘어지려고 합니다. 손에 힘이 주어집니다. 몸에 힘이 빠지기도 합니다. 기분 나쁘지 않는 소름이 끼칩니다. 향기가 납니다. 몸이 떨리거나 흔들립니다. 손발이 저리는 느낌을 받습니다. 몸이 떨리거나 흔들립니다. 근육이나 피부의 한 부위가 떨립니다. 호흡곤란을 느끼기도 합니다. 신체 부위가 커지는 느낌이 듭니다. 물을 먹는 것 같습니다. 잔잔하게 내려오는 것 같습니다. 기뻐집니다. 영적인 생각이 나면서 흥분됩니다. 소리가 질러집니다. 입으로 바람이 불어집니다. 자신은 낮아지고 하나님의 경외하심이 느껴집니다. 방언 찬양이 나오기도 합니다. 눈이 부셔 눈을 깜빡깜빡 거립니다. 배가 묵직해지면서 힘이 들어갑니다. 술에 취한 것 같이 어지러움을 느낍니다. 잠이 오는 것 같이 졸음이 옵니다.

성령을 초기에 체험하면 이와 같은 현상을 느끼고 체험합니다. 왜냐하면 성령께서 자신에게 역사하고 있다는 것을 알게 하기 위해서 일으키는 역사입니다. 성도가 체험과 믿음이 없어서 성령님이 자신에게 역사한다는 것을 잘 믿지 못하기 때문입니다. 성령님은 인격이시기 때문에 이렇게 알고 느끼게 역사하시는 것입니다. 그러나 차츰 성령의 깊은 임재에 장악이 되면 잔잔해지면서 몸으로 느끼는 가시적인 현상이 점차로 줄어듭니다. 점차로 줄어든다면 자신이 성령으로 장악이 되고 있는 증표입니다. 그러나 계속적으로 임재 체험 현상이 나타나면 문제가 있는 것입니다. 알고 대처하기를 바랍니다.

우리는 무슨 현상을 보고. 체험하는 것에 중점을 두지 말고, 자신이 예수님의 성품과 같이 변화되고 있는지에 관심을 두어야 합니다. 너무 나타나는 현상에 눈을 돌리면 영안이 열리지를 않습니다. 바른 성령의 역사가 일어나면 변화되지 말라고 해도 변화되게 되어 있습니다. 그리고 성령 사역을 하시는 분들은 영들을 분별하는 능력을 깊고 수준 높게 개발하여 성도들이 불필요한 고통을 당하지 않도록 지도할 수 있어야 합니다.

넷째, 쓰러지는 현상. 일부 성도들과 사역자들이 쓰러지면 다 된 것으로 인식을 하고 있습니다. 집회 때에 안수를 받는다든지 기도를 한다든지 할 때 쓰러지는 현상을 많이 경험합니다. 그런데 쓰러지는 것이 성령의 권능에 의하여 쓰러져야 한다는 것입니다. 성령의 권능이 순간 자신의 전인격을 장악하여 쓰러지는 것입니다. 분명하게 성령의 권능에 의하여 쓰러진 것이라면 무슨 영적인 현상이 일어나야 한다는 것입니다. 그런데 쓰러져서 아무런 현상이 일어나지 않는 것은 문제가 있습니다.

필자가 그동안 안수 사역을 할 때 쓰러지는 사람들을 보면 반드시 영적인 현상이 일어났다는 것입니다. 진동을 한다든지, 호흡을 몰아쉰다든지, 기침을 한다든지, 울부짖는다든지, 사지가 뒤틀린다든지, 몸이 활처럼 휜다든지, 어깨와 허리를 돌린다든지, 발작을 한다든지, 소리를 지른다든지, 가볍게 진동을 한다든지 등 영적인 현상이 일어났습니다. 이런 영적인 현상이 잠잠해졌을 때 예수 이름으로 명령하니 기침을 통하여, 트림을 통하여, 호흡을 통하여 귀신들이 떠나갔습니다. 이런 체험을 한 성도들이 영육이 치유되고 참 평안을 체험했습니다. 얼굴이 보름달과 같이 환하게 변했습니다. 은사가 나타나고, 방언통역이 임하고, 예언을 했습니다.

영적으로 변화되는 것이 눈으로 보이고 본인이 몸으로 느끼게 변화되었다는 것입니다. 이와 같은 현상을 체험했다는 바른 쓰러짐의 현상입니다. 그러나 쓰러지기는 쓰러지는데 변화가 없다면 귀신이 속이는 것입니다. 필자가 안수 사역을 할 때 깜박깜박 쓰러지는 성도들을 안수한 결과 귀신이 말로 표현할 수 없을 정도로 떠나갔습니다. 그러니까, 귀신이 순간 위기를 모면하려고 쓰러지게 한다는 것입니다. 귀신은 어찌하든지 나가지 않으려고 합리적인 영적인 현상을 일으킵니다. 그러므로 쓰러지는 현상에 대한 바른 분별이 있어야 합니다.

02장 귀신들이 이동하는 체험적 현상

(행19:6-7)"바울이 그들에게 안수하매 성령이 그들에게 임하
시므로 방언도 하고 예언도 하니, 모두 열두 사람쯤 되니라"

하나님은 성도들이 영들의 전이를 알고 대처하기를 원하십니다.
예수를 믿고 성령으로 거듭난 성도는 하나님 나라 시민권이 있는
영적인 사람입니다. 영적인 성도는 영적인 전이에 대하여 바르게
알아야 합니다. 전이란 무엇인가? 이전입니다. 국어사전에 보면 전
이란 "사물이 한 상태에서 다른 상태로 변화함"이라고 되어있습니
다. 정상적인 사람이 다른 영의 영향으로 변한다는 것입니다. 이전
의 뜻은 "장소나 주소 등을 있던 곳에서 다른 데로 옮김." 어떤 대상
의 영이 거처를 옮긴다는 뜻입니다. 어떤 영이 왔다가 갔다가 한다
는 표현도 맞습니다.

사람의 마음은 영을 담는 그릇입니다. 예를 든다면 제사에 참석
을 했을 경우 제사 대상의 영에게 굴복한 것입니다. 자연스럽게 제
사 대상의 영을 섬기는 것입니다. 그래서 성경에 제사하지 말라고
하는 것입니다. 예수님을 생각하면서 기도하면 성령이 역사하십니
다. 인간적인 욕심을 가지고 기도하면은 세상신이 역사하는 것입니
다. 사람은 무엇이든지 숭배하는 대상의 영의 영향을 받는 나약한
존재입니다. 마찬 가지로 상대하고 접촉하는 사람의 영의 영향도
자연스럽게 받게 되는 것입니다.

그러므로 성도는 영들의 전이에 대하여 바르게 알아야 합니다.

성도들이 최고로 관심을 갖아야 하는 것이 영들의 전이입니다. 왜냐하면 성도들은 마음이 열려서 상대방의 영이 자신도 모르는 사이에 침입을 할 수가 있기 때문입니다. 상대방의 좋은 영향을 받으면 금상첨화이지만, 나쁜 영향을 받으면 자신도 모르는 사이에 인생이 꼬일 수가 있는 것입니다. 바람기가 있는 친구와 사귀다가 보니 자신도 모르는 사이에 바람기가 있는 사람으로 변한다는 것입니다. 이는 상대방의 바람기를 일으키는 영이 자신에게 전이되어 자신에게서 나타나기 때문입니다.

다른 예로 남편이 저녁에 음란한 술집에 다니다가 음란한 여성들과 바람을 피웠는데 조금 지나서 자기 부인이 바람을 피웠다는 것입니다. 이는 남편이 음란한 여성들과 상대를 하면서 전이된 좋지 못한 영이 자신의 부인에게 전이가 된 것입니다. 가정 파탄의 책임은 남편에게 있습니다. 이렇게 영들의 전이는 중요합니다. 알고 대처하지 않으면 하나님의 복을 받지 못할 수가 있습니다. 영들의 전이를 간략하게 요약해서 설명하면 이렇습니다.

첫째, 권능을 전이 받으려면 권능이 함께하는 분에게 안수를 자주 받는 것이 좋습니다. 안수는 영적인 권능을 전이시키는 적극적인 수단입니다. 필자는 안수를 통하여 필자에게 역사하는 성령의 권능과 은사를 나누어주는 사역을 하고 있습니다. 히브리서 6:1-3절에 보면 안수가 기독교의 기본진리로 언급되고 있음을 볼 수 있습니다. 그런데 오늘날 교회에서는 안수를 너무 무시하는 경향이 있습니다. 필자는 개인적으로 안수는 영의 전이가 되는 적극적인 방법 중에 하나라고 생각을 합니다. 안수를 통하여 성령의 세례를 받게 할 수가 있습니다. 안수를 통하여 성령의 권능도 전이 시킬 수가 있습니다. 안수함으로써 축복을 전이 시킬 수도 있습니다. 성령의 기름부음을 전이시키기도 합니다. 안수를 통하여 병을 치유하기도 합니다.

그런데 안수는 무조건 좋은 것만 전이 시키는 것이 아닙니다. 안수를 통하여 상대방의 나쁜 영도 전이 될 수가 있으니 무분별하게 안수 받는 것은 삼가야 합니다. 반드시 안수 사역하는 사역자를 분별하고 머리를 숙여야 할 것입니다. 기도원이라든지 부흥회든지 치유 센터에서 공인된 목회자가 아닌데 안수를 받는 것은 주의해야 합니다. 공인된 사역자는 누구인가요. 해당 분야에서 5-7년을 사역을 했는데 시시비비 없이 치유사역을 하는 사역자입니다.

성경에 의하면 바울이 로마 교회를 방문하기 원했던 이유는 놀랍게도 안수를 통해 그들에게 은사를 나눠주기 위해서 이었습니다. "내가 너희 보기를 심히 원하는 것은 무슨 신령한 은사를 너희에게 나눠주어 너희를 견고케 하려 함이니"(롬 1:11).

어떤 성도들은 안수를 통하여 그런 일이 가능하냐고 묻습니다. 물론 가능합니다. 성경에 보면 분명히 베드로와 요한이 사마리아를 방문하여 개심자들에게 안수했을 때 그들이 성령을 받았고, 바울이 에베소에 이르러 신자들에게 안수했을 때 그 중 12 사람이 방언을 하고 예언을 했습니다. 안수를 통해 그들에게 성령과 신령한 은사들이 주어지게 된 것입니다. 디모데 역시 안수를 통해 은사를 받은 사람 중 하나입니다. "네 속에 있는 은사 곧 장로의 회에서 안수 받을 때에 예언으로 말미암아 받은 것을 조심 없이 말며.”(딤전 4:14).

이와 같이 하나님께서는 안수를 통해 사람들에게 성령과 신령한 은사들을 나누어주십니다. 교회사를 살펴보면 죽은 사람을 14명이나 살렸던 위대한 하나님의 사람 스미스 위글스워스가 성령의 은사를 나누어주는 사역을 했습니다. 그러나 당시만 하더라도 이런 사역을 하는 사람들은 극소수에 불과 했습니다.

그런데 요즘 하나님께서는 세계 도처에서 이런 사역을 하는 다수의 사람들을 일으켜 세우고 계십니다. 주목할 사실은 이런 분들 역시 과거에 안수를 통해 능력의 전이를 경험했다는 사실입니다. 그러므로 우리는 안수를 받을 기회가 있을 때 사모하는 마음으로 가능하면 자주 안수 기도를 받는 것이 좋습니다. 반드시 공인된 사역자에게 받아야 합니다.

필자는 안수 사역을 즐겨하고 있습니다. 우리 교회에 오셔서 겸손하게 은혜를 받는 목회자들에게 필자에게 역사하는 성령의 권능이 전이되고 있습니다. 지금 전국 각지에서 하나님에게 아름답게 쓰임을 받으면서 사역을 하고 계십니다. 부흥사로 활동하고 있는 분들도 많이 계십니다. 교회를 성장 시키고 계십니다.

토요일 날 하는 개별집중치유시간에도 안수를 통하여 불치의 질병과 상처와 정신적인 문제와 악한 귀신 역사를 치유하고 있습니다. 이는 전적으로 필자의 주인이신 성령께서 저를 통하여 나타나내시면서 성령께서 역사하시면서 치유하는 것입니다. 물론 치유됨과 동시에 필자를 통하여 일하시는 성령의 권능도 전이가 이루어지고 있습니다. 안수는 참으로 중요합니다. 안수는 좋은 것입니다. 필자의 개인적인 체험으로는 성도들이 필자와 같이 성숙된 성령 사역자에게 지속적으로 안수를 받으면 무의식과 잠재의식에 역사하던 세상 것들이 완전하게 떠나가고 성령의 권능이 채워지게 됩니다.

한편, 제 말은 아무에게나 경솔하게 안수를 받으라는 말로 오해하지 마시기 바랍니다. 잘못된 사람으로부터 안수를 받으면, 죄와 저주와 묶임이나 나쁜 영이 전이될 위험성이 있습니다. 특히 동성애, 탐욕, 정욕과 기타 악한 영들에게 눌려 있는 사람에게서 안수를 받으면 그들의 영이 자신에게 넘어올 수도 있습니다. 바르게 분별을 하고 안수를 받아야 합니다. 저는 이렇게 말합니다. 성령 사역을 5년 이상 했는데 시시 비비 없이 바르게 사역하고 있는 영적지도자에게 안수를 받으라고 합니다. 정말로 중요한 사항입니다.

실제로 제가 아는 분들 가운데는 잘못된 부흥사에게 안수를 받은 후 잘못된 영을 받아 저에게 와서 안수기도와 성령치유를 받은 후 자유하게 된 분들이 많이 있습니다. 그리고 필자의 경우는 안수 기도를 할 때 먼저 저 자신을 돌아보고 거리낌이 있을 때에는 안수를 하지 않습니다. 안수하는 사역자는 깊은 영의기도로 자신의 심령을 항상 정화시켜야 합니다. 깊은 영의기도로 성령의 권능을 받아 안수사역을 해야 합니다. 그러므로 우리는 단순히 은사가 아니라 열매를 통해 상대에 대해 잘 분별하고, 오직 하나님의 사람들에게만 머리를 숙여야 할 것입니다. 그러나 공인된 목회자라면 될 수 있는 대로 안수를 많이 받는 것이 좋습니다. 능력 안수는 받으면 받을수록 쌓입니다. 그러므로 많이 받으면 받을수록 성령의 권능이 강해지게 되는 것입니다. 안수를 받을 때 세상 것이 떠나가기 때문입니다.

둘째, 좋지 못한 영의 전이되는 경우입니다. 민수기 13장 31절로 33절에 보면 이와 같이 기록되어 있습니다. "그와 함께 올라갔던 사람들은 이르되 우리는 능히 올라가서 그 백성을 치지 못하리라 그들은 우리보다 강하니라 하고, 이스라엘 자손 앞에서 그 정탐한 땅을 악평하여 이르되 우리가 두루 다니며 정탐한 땅은 그 거주민을 삼키는 땅이요 거기서 본 모든 백성은 신장이 장대한 자들이며, 거기서 네피림 후손인 아낙 자손의 거인들을 보았나니 우리는 스스로 보기에도 메뚜기 같으니 그들이 보기에도 그와 같았을 것이니라" 무서운 말로써 그 땅을 악평했습니다. 이는 열 명의 정탐꾼들이 가나안 사람들을 보는 순간 두려움이 엄습했습니다. 두려움이 엄습할 때 가나안의 두려움의 영들이 열 명의 정탐꾼에게 전이된 것입니다. 열두 정탐꾼을 가나안 땅을 정탐하라고 보냈는데 가나안의 두려움의 영이 전이된 10명이 인간적인 보고를 백성들에게 전파한 것입니다. 불신앙의 말을 전파한 것입니다. 쉽게 말해서 두려움의 영을 전이시킨 것입니다. 두려움에 사로잡힌 인간적인 말에는 악한 영의 역사가 있었습니다. 인간적인 보고를 들은 이스라엘 백성들이 동요합니다. 인간적인 보고를 하도록 유도한 악한 영의 역사가 이스라엘 백성에게 전이된 것입니다.

민수기 14장 1절에서 3절을 보면 세상적인 영이 역사하는 부정적인 소식은 열병과 같이 귀를 듣는 사람의 마음에 낙심과 절망을 가져왔습니다. "온 회중이 소리를 높여 부르짖으며 밤새도록 백성이 곡하였더라. 이스라엘 자손이 다 모세와 아론을 원망하며 온 회중이 그들에게 이르되 우리가 애굽 땅에서 죽었거나 이 광야에서 죽었다면 좋았을 것을 어찌하여 여호와가 우리를 그 땅으로 인도하여 칼에 망하게 하려 하는고 우리 처자가 사로잡히리니 애굽으로 돌아가는 것이 낫지 않겠는가" 인간적인 관점으로 사물을 본 사람들은 파괴적인 보고를 하고 이 부정적이고 파괴적인 보고를 듣는 사람들의 마음을 물같이 낙심시켜서 그래서 완전히 부정적인 마음으로 사로잡혀 버리고 만 것입니다. 이것이 영들의 전이입니다. 영들의 전이는 말을 통하여 전이 됩니다.

악한 영의 전이가 되면 사리분별이 혼돈되어 잘못된 쪽으로 선택을 하면 쉽게 바뀌지 않습니다. 이스라엘 사람들이 동요되었을 때 같이 갔던 두 사람의 정탐꾼인 여호수아와 갈렙이 일어나서 아니라 우리가 탐지한 땅은 정말로 젖과 꿀이 흐르는 땅이다. 그리고 그 백성은 두려워 할 것 없다. 왜냐하면 그들의 보좌는 이미 그들을 떠났다. 그들은 우리의 밥이다. 우리가 들어가서 그 땅을 점령하자. 그러자 온 백성들이 일어나서 돌로써 두 사람을 쳐서 죽이려 했습니다.

그때에 여호와의 영광이 하늘에서 찬란하게 나타났습니다. 모든 사람들이 분노하고 고함치다가 순식간에 영광스러운 여호와의 영광이 구름 속에 나타나매 구름을 쳐다보고 있을 때에 구름 속에서 여호와께서 말씀하셨습니다. 10정탐꾼은 앞으로 나오라. 앞으로 나오니 그 자리에서 하나님이 쳐서 죽여 버렸습니다. 그리고 너희들 전부 10정탐꾼의 말을 듣고 부정적인 마음을 가지고 원망하고 탄식하고 장관을 세워 애굽으로 돌아가자는 너희들은 모두 광야로 회진

하라. 40일 동안 정탐한 하루를 1년으로 쳐서 40년 동안 너희들은 광야에서 방황하라 그리고 여호수아와 갈렙은 온전히 나를 따랐으므로 너희는 살아서 젖과 꿀이 흐르는 땅으로 갈 것이라고 했었습니다.

그 이스라엘 백성은 광야에서 40년 방황하다가 제1세대는 다 죽고 그 2세대를 여호수아와 갈렙이 인도하여 젖과 꿀이 흐르는 가나안 땅에 들어간 기사가 성경에 기록되어 있습니다. 이와 같이 영들의 전이는 생사화복이 달려있기 때문에 아주 중요한 것입니다. 우리 성도들은 영들의 전이를 바르게 알고 대처해야 합니다. 필자가 그동안 성령치유 사역을 하면서 체험한 잘못된 영들의 전이로 고통을 당한 사례입니다.

① 강사가 불 받아라. 한 후에 자기 몸에 불이 들어왔는데 그때부터 이상이 생기기 시작을 했다는 여 집사가 있습니다. 늘 피곤하고 머리가 아파서 살기가 힘이 든다는 것입니다. 필자가 이분에게 그런 일이 언제 있었느냐고 질문했습니다. 그랬더니 7년이 되었다는 것입니다. 이는 만성적인 귀신들림의 현상입니다.

만성적 귀신들림은 본인에게는 육체적 피곤이나 무기력으로 나타납니다. 만성질환에 걸리면 생기가 없고 의욕이 사라집니다. 뚜렷한 병명도 모르겠고 병원에서는 별 이상이 없다고 하는데 본인은 힘이 없고 무력해져서 사는 것이 즐겁지 못합니다. 매사가 시큰둥해지고 소망도 사라져 모든 것이 귀찮기만 합니다. 머리가 아프기도 하고 무겁기도 합니다. 머리가 아프고 생각이 많아져서 밤에 잠을 설치기도 합니다. 이것이 만성 질환의 특징입니다. 질병의 잠복기에 들어있으면서 증상이 구체적으로 나타나지 않고 신체의 특정 부분에 병증이 나타나지 않기 때문에 병원에서는 이런 병을 '신경성 질환'이라고 부릅니다. 안정을 취하고 과로하지 않으면 회복된다고 의사들은 말하지만 환자는 괴롭습니다. 이와 같이 귀신들림의 잠복기를 거치는 사람들에게는 가벼운 우울증 증상이 나타납니다. 몸이 피곤하고 힘이 없지만 뚜렷하게 어디가 아픈 것인지 본인도 모릅니다.

귀신들림의 잠복기에 있는 사람은 필자와 같이 성령의 권능이 함께하는 사람에게 가면 즉각적인 반응이 나타납니다. 머리가 어지럽고 구역질이 나고 심하면 귀신의 소리가 들리며, 가슴이 답답하고 누군가가 짓누르는 것 같은 압박감을 느끼며, 숨이 가빠져 얼굴이 창백해지면서 기절하기도 합니다. 강력한 능력을 지닌 사역자 앞에 귀신들린 사람이 오면 귀신은 괴롭고 어지럽고 두려워서 어쩔 줄을 몰라 합니다. 이 여 집사는 토요일 집중 치유를 5번을 받고 완전하게 정상인으로 회복이 되었습니다.

② 안산의 어느 여 집사는 새벽기도에 나가 기도하다가 목사의 안수를 받았는데 그때부터 정신이 이상하고 머리가 흔들려서 정상적인 생활을 하지 못했습니다. 보호자가 필자에게 하는 말이 안수 받을 때 귀신이 들어왔다는 것입니다. 그래서 몇 년이나 되었느냐고 질문을 했더니 10년이 되었다는 것입니다. 치유를 받으려고 능력이 있다는 목사들에게 안수를 그렇게 받아도 치유되지 않았다는

것입니다. 집이 3채가 있었는데 2채를 팔아서 날렸다는 것입니다. 필자가 그렇게 해서는 치유되지 않는다고 권면하고 집중치유를 권했습니다. 이분이 하는 행동은 전형적인 귀신의 영향을 받는 것이었기 때문입니다.

귀신의 영향을 받는 사람은 자주 어두운 분위기에 휩싸입니다. 까닭 없이 기분이 가라앉고, 자주 우울해지며 그 강도가 점점 심해집니다. 자주 불안해지고 초조해지며, 식은땀이 나는 전율도 경험하게 됩니다. 알 수 없는 어떤 영적 존재 같아 보이는 검은 물체나 기운이 자신을 향해서 스며들거나 다가오는 것 같이 느껴지기 시작하며, 잠들기 직전에 가위 눌림과 같이 답답함을 느끼며, 심해지면 바람과 같은 차가운 기운이 스며들거나 어두운 물체가 자신의 몸속으로 들어오는 것 같이 느껴집니다. 실제로 귀신이 들어오면 이 감각은 실제가 되어 몸이 마비되고, 악령이 바람처럼 마치 흡입구에 빨려 들어가는 것 같이 자신의 몸이 그 영을 빨아들이는 것을 느낍니다.

초겨울 황량한 바람소리처럼 그렇게 스산한 분위기를 자아냅니다. 때로는 이와 반대로 매우 화려하고 밝은 분위기 속에서 아주 신비한 형상을 한 존재가 다가오는데 그 얼굴은 검고 형체를 알아볼 수 없습니다. 밝은 분위기는 빛으로 인해서 밝은 것이 아니라 인위적인 조명으로 인해서 밝은 것 같습니다. 주님의 임재나 천사가 등장할 때 나타나는 밝음은 그 조명이 어떤 방향을 지니고 있지 않으며, 밝음 속에 그냥 파묻혀 있는 것 같은데, 귀신이 가장해서 보여주는 밝음은 무대 조명과 같이 느껴지며, 그 밝음은 깊이가 없으며 외부에서 비춰주는 밝음입니다. 주님의 밝음은 방향도 없으며, 주님 자체가 빛이시므로 그 모습에서 퍼져 나오는 밝음은 세상의 빛과 분명히 다르다는 느낌을 받습니다.

③ 어느 여 성도는 기도원에 기도하러 가서 사람들과 대화한 후로부터 무기력해지고 두려움에 휩싸여서 정상적인 생활을 하지 못하다가 치유 받은 사례입니다. 우리는 영적인 것에 대하여 정확하게 알아야 합니다. 보호자가 하는 말이 병원에 가서 진단을 하면 스트레스로 인한 정신적인 문제라고 했다는 것입니다. 필자가 이것은 악한 영의 영향이니 말씀과 성령의 역사가 아니면 치유가 불가능하다고 권면하여 치유 받았습니다.

많은 사람들이 심하게 또는 약하게 귀신들려 있고 증상이 겉으로는 나타나지 않는 잠복기를 지내고 있습니다. 이런 사람들의 증상은, 기쁨이 거의 없으며, 사람들과 잘 어울리지 못하며, 예배에서 별 감동을 받지 못하며, 영적인 일에 무관심하고, 신체적으로 무기력하고, 특별히 아픈 곳은 없지만 환자처럼 힘이 없고, 만성 두통을 지기고 있으며, 헛구역질을 하여 음식물을 토하며, 잠을 자면서 자주 가위눌리고 잠을 자다가 귀신이 보인다고 하면서 소리를 지르며, 공포에 질려 두려워하며, 눈앞에 수시로 검은 물체가 지나가는 것은 느끼며, 하나님의 말씀에 대해서 별로 감동을 느끼지 못하고, 찬양하는데 감동이 없고, 특히 능력 있는 사역자를 두려워하며, 성령의 인도받는 기도를 하지 못하며, 기도를 하려고 하면 잡념이 주장하며, 형식적인 신앙생활을 하거나 반대로 극성적인 열정을 보이기도 합니다. 감정이 수시로 변하고, 변덕스럽습니다. 감정에 따라 행동하며 하루에도 여러 차례 극심한 감정의 변화를 경험합니다. 이분은 거의 1년을 치유 받아 정상으로 회복이 되었습니다.

④ 여 집사는 열심히 무당집을 전도하러 다녔는데 어느 날부터 무기력해지고 기도가 되지 않고 환경이 문제가 발생하여 필자를 찾아온 것입니다. 대화를 해보니 초기 귀신의 영향을 받는 상태에서 나타나는 현상이었습니다. 초기 귀신의 영향을 받으면 마음이 우울해집니다. 조그만 일에도 짜증이 납니다. 부부간에 의경충돌이 잦습니다. 자녀들이 부모 말에 반항을 자주합니다. 가정 경제가 점점 나빠집니다. 이분은 자신이 사는 아파트가 두 번 경매를 당했다고 했습니다. 가슴이 답답해지고 기도하기가 힘이 듭니다. 기쁨이 거의 없으며, 사람들과 잘 어울리지 못합니다. 예배에서 별 감동을 받지 못하므로 졸립니다.

신체적으로 무기력하고, 특별히 아픈 곳은 없지만 환자처럼 힘이 없습니다. 만성 두통을 가지고 있으며, 어지럽기도 하며, 잠을 자면서 자주 가위눌리고 두려움이 많아지며, 낮잠을 자다가 가위에 눌리기도 합니다. 하나님의 말씀에 대해서 별로 감동을 느끼지 못하고, 찬양하는데 감동이 없고, 기도를 제대로 하지 못하며, 형식적인 신앙생활을 하거나 반대로 극성적인 열정을 보이기도 합니다. 감정이 수시로 변하고, 변덕스럽습니다. 감정변화가 심하여 하루에도 여러 차례 극심한 감정의 변화를 경험합니다. 자기 마음도 자기가 모른 다고 합니다. 이 분은 약 4개월 동안 정기 적을 다니면서 치유 받아 정상으로 회복이 되었습니다. 원인을 알고 인정하면 치유는 문제가 되지 않습니다. 문제는 영적인 세력에 의하여 영향을 받지 않는 다고 생각하고 인정하지 않으려는 것입니다. 인정해야 치유가 되기 시작을 합니다.

⑤ 아무개 사모의 경우도 역시 불교에서 기독교로 개종한 전직 승려였던 사람이 목회자가 되어 인도하는 부흥회에서 무작위로 하는 안수를 받는 즉시 귀신이 들어와 귀에서 종일 시끄러운 소리가 들려 정신을 차리지 못하는 극심한 스트레스에 시달려 잠도 자지 못하고 음식도 먹지 못해서 육신이 극도로 지쳐갔지만, 병원에서는 별다른 신체적 증상이 나타나지 않아 신경안정제 정도의 처방만 받았습니다. 약을 복용해도 쓸모가 없었고 귀 속에서 그릇이 부딪히는 요란한 소음에 시달려 신경이 쇠약해짐은 물론이고 음식을 먹을 수조차 없어서 기력이 쇠약해지면서 사경을 헤맬 정도가 되었습니다. 불과 20여일 정도에 이처럼 사람이 형편없이 망가지고 만 것입니다.

귀신이 접근해서 영향을 끼치는 경우 가장 먼저 영이 이 사실을 알게 됩니다. 그러나 일반적으로 영에 대한 지식이 부족하고 특히 영이 강하지 못한 사람에게는 이 느낌이 단순한 육체적 또는 정서적인 변화일 것으로 오인하고 대수롭지 않게 여길 수 있습니다. 특히 영적인 것에 거의 경험이나 지식이 없는 일부 목회자들에게 있어서 이런 현상은 정신적인 스트레스나 심리적인 강박감 때문이라고 생각합니다. 이런 사람들은 성경을 따르지 않고 세상이 만들어

놓은 심리학이나 정신분석학의 입장을 따라서 그렇게 생각하는 것입니다. 귀신의 영향을 받으면 우선 자신에게 영향을 주고 있는 귀신의 존재가 지니고 있는 독특한 영적 분위기가 전달되어옵니다. 그렇게 되면 영적 감각이 무디어지기 시작하는데, 귀신은 우리 몸을 점령해서 육신을 파괴하기 위한 목적이기 때문에 몸이 무력해지고 답답해지기 시작합니다.

⑥ 예수를 믿으면서도 자녀나 본인이 질병이 있어 고생하는 사람들을 만나 대화해보니 신앙생활을 성령하나님을 주인으로 모시고 성령으로 세례 받고 성령의 지배와 장악된 가운데 바르게 신앙생활을 잘하는 사람이 병들어 입원하는 경우는 드물었습니다. 70% 이상이 믿음 생활을 잘못했다고 대답했습니다. 열심히 행위로 율법으로 했다고 대답했습니다. 어느 날 이런 여자 집사를 만나 기도를 해준 적이 있습니다. 읍 정도의 시골에서 살다가 시화로 올라온 여성도인데 대화를 해보니 이랬습니다. 시골에 있을 때 남편 집사는 남전도 회장을 했고, 여 집사는 여전도 회장을 했답니다. 열심히 하면 하나님께서 복을 주신 다고해서 열심히 했다는 새벽기도 빠지지 않고, 예배 빠지지 않고, 봉사 열심히 했고, 헌금 정확하게 드렸다는 것입니다. 그런데 담임 목사님의 말대로 되지 않고 가산이 점점 탕진되어 시화까지 올라온 것입니다.

그래서 내가 집사님 그렇게 남편하고 같이 교회 봉사하면서 성령으로 예수님의 이름으로 했습니까? 아니면 인간적으로 열심 있게 집사님 부부의 얼굴을 드러내면서 했습니까? 하고 질문을 하니 아무런 대답을 하지 못하다가 하는 말이 교만했던 것 같습니다. 겸손하지 못하고…. 성령으로 봉사하고 예수이름으로 하지 못하고…. 그래서 지금 믿음생활은 제대로 하고 있습니까? 질문하니 시골에서 그렇게 열심히 했는데도 아무것도 되는 것이 없어서 남편이 시험이 들어서 지금은 교회를 나가지 않는다는 것입니다. 그래서 무슨 병이 있어서 입원을 했느냐고 질문을 하니 간과 쓸개 그리고 신장에 결석이 생겨서 너무 통증이 심해서 일을 못하고 수술을 해서 치유를 받으러 왔다는 것입니다.

그래서 제가 예수이름으로 기도를 해드릴까요 했더니 기도를 해달라고 해서 머리와 등에 손을 얹고 성령이여 임하소서. 우리 사랑하는 딸이 하나님의 살아 역사하심과 지금도 변함없이 사랑하고 있다는 것을 체험하게 해달라고 하며, 간구한 후 "예수 이름으로 명하노니 쓸개에 있는 결석과 간에 있는 결석과 신장에 있는 결석은 부수어지고 소변으로 나올 지어다" "예수 이름으로 명하노니 쓸개에 있는 결석과 간에 있는 결석과 신장에 있는 결석은 부수어지고 소변으로 나올 지어다" "예수 이름으로 명하노니 쓸개에 있는 결석과 간에 있는 결석과 신장에 있는 결석은 부수어지고 소변으로 나올 지어다" 하고 명령을 했더니 기침을 한동안 사정없이 합니다. 기침이 멈춘 다음에 여 집사가 하는 말이 목사님! 구멍이란 구멍으로 귀신이 다 나갑니다. 라고 말해서 제가 웃었습니다. 수술을 하려고 검사를 해보니 결석이 하나도 보이지 않아서 삼일 후에 퇴원을 했습니다. 그래서 제가 생계로 살기가 힘이 들어도 가까운 교회를 등록하여 성령으로 세례를 받고 성령의 지배와 장악된 가운데 성령의 인도를 받으면서 바르게 신앙생활을 하라고 조언했습니다. 여 집사가 이제 정말 바르게 성령의 인도를 받으면 신앙 생활하겠습니다. 하고 퇴원을 했습니다.

⑦ 2대째 믿음 생활을 하던 여 집사가 중국에 선교여행을 갔습니다. 여기저기 돌아다니면서 관광을 했습니다. 한 곳에 가니 토속 춤을 추고 있었습니다. 춤을 추는 모습이 아주 좋아보여서 눈이 뚫어지게 구경을 했습니다. 춤이 끝난 다음에 춤을 추던 사람이 옷을 입고 춤을 한번 추어보라고 하더랍니다. 그래서 옷을 입고 춤을 추어 보았습니다. 그리고 귀국을 했습니다. 이상한 일이 생긴 것입니다. 가슴이 답답하고 기도가 되지를 않습니다. 조그마한 일에도 짜증이 납니다. 그렇게 힘든 일을 하지 않았는데 피로가 몰려옵니다. 밤에 꿈을 꾸면 자기가 춤을 추고 있는 것입니다. 이러기를 3개월 이상을 했습니다. 담임목사님께 질문해도 명쾌한 답을 하지 못하고 치유하지 못했습니다. 그래서 수소문하여 필자를 찾아온 것입니다. 필자가 상담하고 축귀를 받고 정상으로 회복이 되었습니다. 이분은 토속 옷을 입고 춤을 출 때 귀신이 전이된 것입니다. 이와 같이 무심코 하는 일에 영적인 역사가 일어납니다. 성도들은 경각심을 가지고 영들의 전이를 막아야 합니다. 그렇지 않으면 불필요한 고통을 당합니다.

충만한 교회는 매주 다른 과목을 가지고 매주 화-수-목(11:00-16:30)집회를 인도합니다. 무료집회입니다. 단 교재를 구입해야 입장이 가능합니다. 매주 다른 과목으로 집회를 합니다. 그래서 많은 분들이 교수 과목에 대하여 질문을 많이 합니다. 즉, 성령의 불세례 받는 집회는 언제 합니까? 내적치유는 언제 합니까? 신유집회는 언제 합니까? 귀신축사는 언제 합니까? 기도 훈련은 언제 합니까? 성령은사 집회는 언제 합니까? 재정 축복집회는 언제 합니까? 등등 질문을 하십니다. 충만한 교회 집회는 어느 집회에 오시더라도 기본적인 영성치유인 "성령의 불세례, 내적치유, 귀신축사, 신유, 성령의 은사 전이, 깊은 영의기도"를 체험하고 치유 받을 수 있습니다.

매주 같은 과목으로 집회를 하면 영성을 깊게 개발할 수가 없습니다. 매주 다른 여러 가지 과목을 학습하면서 과목마다 다르게 역사하는 성령으로 상처와 질병과 귀신들이 떠나갑니다. 과목마다 성령께서 역사하는 방향이 다르기 때문입니다. 병원이나 세상 방법으로 해결하지 못하는 무슨 문제든지 해결 받겠다는 믿음을 가지고 오시면 15가지 질병과 문제도 모두 치유 받습니다.

3장 영적인 피해의 체험적 현상

(왕상19:4)"자기 자신은 광야로 들어가 하룻길쯤 가서 한 로
뎀 나무 아래에 앉아서 자기가 죽기를 원하여 이르되 여호와여
넉넉하오니 지금 내 생명을 거두시옵소서 나는 내 조상들보다
낫지 못하니이다 하고"

하나님은 목회자와 성도들이 영적인 피해에 대하여 알고 대처
하기를 원하십니다. 영적인 피해는 무엇입니까? 영적인 손상이라
고 하기도 합니다. 이는 성령의 권능이 약한 사역자나 성도들이 영
적인 사역을 할 때 체력과 영력을 과다하게 사용하여 나타나는 영
적인 현상입니다. 귀신은 영적인 권능이 자리매김하지 않은 사역
자나 성도들을 영적인 사역을 두려워하거나 회피하게 하기 위하여
영적인 피해를 가합니다.

예를 든다면 이런 경우입니다. 김이라는 목사님이 필자의 교회
에서 성령치유를 받고 권능이 나타나기 시작을 했습니다. 교회에
서 성령의 역사가 나타나기 시작을 했습니다. 성도들이 밖에 나가
서 목사님이 권능이 있다고 자랑을 했습니다. 그러자 영적으로 고
통을 당하던 성도가 치유받기 위하여 밤에 찾아왔습니다. 목사님
이 이분을 데리고 밤이 늦도록 사역을 했습니다.

너무나 피곤하고 힘이 없어서 새벽에 일어나지 못하여 새벽기도
를 인도하지 못했습니다. 이분은 간밤에 환자를 치유하면서 체력
과 영력을 과다하게 사용하여 이런 경우를 당한 것입니다.

몇 년 전에 내적치유 집회를 하는데 지방에서 사역을 하는 전도사가 치유를 받으러왔습니다. 지방에서 치유를 받겠다고 왔으니 의지가 대단한 것입니다. 집중 치유를 위해 선교 예물을 올렸는데 봉투에다가 자신 안에 있는 상처를 "성령의 불로 태워주시옵소서" 하고 적어서 올렸습니다. 내가 성령의 불로 태워서 없어지는 것이라고 누가 알려주더냐고 물었습니다.

　대답을 하지 않습니다. 그래서 앞으로는 "성령의 강한 역사로 상처가 정화되고 떠나가게 하옵소서"하고 기도를 하라고 했습니다. 상처는 태워서 없어지는 것이 아니고 떠나가야 합니다. 절대로 타서 없어지지 않습니다. 기도 시간에 진단을 하니 가슴과 배에 악한 영이 견고한 진을 단단하게 구축하고 있었습니다. 배가 불룩불룩한다고 본인이 말을 하는 것입니다.

　지속적으로 성령의 불을 집어넣어 치유를 했습니다. 이틀이 지난 다음부터 서서히 역사가 일어나기 시작을 했습니다. 3일차 태아상처 치유시간에 완전하게 귀신의 견고한 진이 파괴되었습니다. 기침을 말로 표현하지 못할 정도로 했습니다. 가슴에서 배에서 악한 영들이 토하면서 기침을 하면서 떠나갔습니다. 필자가 성령님에게 언제 이것들이 들어와 가슴과 배에 견고한 진을 구축했습니까? 하고 물었더니 축귀사역을 할 때 들어와 진을 구축했다는 것입니다. 본인에게 물었더니 축귀사역을 하다가 보니 환경이 꼬이고, 재정에 고통이 생기고, 가슴이 답답하고 기도가 되지 않아 5년 동안 고통을 당하다가 치유를 받으러 왔다는 것입니다. 이런 경우는 자신이 성령으로 충만하지 못한 상태에서 사역을 하니 영적인 손상으로 피해를 당한 것입니다. 이렇게 영적인 피해를 당하는 경우가 많이 있습니다.

권능을 행하는 목회자나 성도는 하나님께 받은 만큼 사용해야 합니다. 기도하여 자신 안에 계신 하나님으로부터 권능이 나오는 만큼만 사용해야 합니다. 줄여서 말하면 성령님이 앞서시게 하라는 것입니다. 성령께서 역사하는 만큼씩만 사역을 하라는 것입니다. 영적인 사역을 하는 목회자나 성도는 무단하게 자기 관리를 해야 합니다. 자기 관리라고 함은 영성과 체력을 관리하라는 말입니다. 영적인 피해 사례를 정리하면 이렇습니다. 알고 대처하기를 바랍니다.

첫째, 엘리야도 영적인 피해를 입었습니다. 열왕기상 18장에 보면 엘리야에게도 영적인 손상으로 탈진이 찾아왔습니다. 엘리야는 이스라엘의 위대한 선지자였습니다. 그러나 이스라엘 왕 아합이 자기의 아내를 이방여자인 이세벨을 취했습니다. 이세벨이 이방에서 돌아오자 말자 자기가 섬기는 바알 신의 신상과 아세라 신의 신상을 가지고 왔습니다. 그래서 그 아내 이세벨에게 완전히 정복당한 이스라엘 아합은 여호와 하나님을 섬기는 것을 다그치고, 그 제단을 헐고 여호와의 선지자들을 잡아서 죽였습니다. 그래서 여호와를 섬기는 신앙은 풍비박산이 되어버리고 위대한 종 엘리야도 목숨을 구하기 위해서 하나님의 도움으로 피신해 있었습니다.

그래서 엘리야의 기도를 통하여 이스라엘은 하나님의 심판을 받고 3년 6개월 동안 하늘이 녹과 같이 되어서 비가 오지 않았습니다. 농사는 다 패하게 되고 산과 들은 새 빨갛게 불타고 우물의 물은 다 말랐습니다. 굶어 죽어 가는 사람들이 많이 생겨나기 시작했습니다. 그런 절망 상태에 있었을 때 갑자기 하나님의 명을 받아 엘리야가 나타났었습니다.

엘리야가 하나님의 명령대로 아합 왕을 만났었습니다. 아합 왕에게 말했습니다. 당신은 백성들과 바알 신의 선지자 450명을 데리고 갈멜산에 모여서 나와 함께 시합하자. 만약 여호와가 하나님이면 여호와를 섬길 것이요. 바알이 하나님이면 바알을 섬길 것이다. 그러므로 우리는 이것이냐. 저것이냐. 결판을 내리자. 그래서 엘리야의 제안을 따라서 온 이스라엘 백성이 갈멜산으로 모이고, 그리고 아합 왕이 섬기는 바알의 선지자 450명을 데리고서 엘리야에게 나왔습니다. 엘리야는 그들에게 이렇게 말했습니다. 우리가 여기에 제단 두 개를 쌓자. 하나는 여호와를 위해서 하나는 바알을 위해서 쌓자. 그리고 난 다음에 송아지를 각을 떠서 그 위에 얹어 놓고 난 다음 우리가 기도해서 불로서 응답하는 하나님이 참 하나님으로 하자.

엘리야가 말하기를 너희는 수가 많으니 너희가 먼저 하라. 그래서 바알의 제사장들은 그들의 제단을 쌓고 장작을 놓고 짐승을 잡아 각을 떠서 송아지를 얹어 놓고 아침부터 시작해서 바알이여. 바알이여. 불을 내리소서. 바알이여 불을 내리소서. 부르짖기 시작했습니다. 정오 때가 되어도 아무런 현상이 일어나지 않자 엘리야가 조롱했습니다. 너희 신은 묵상을 하나보다. 너희 신은 잠을 자나보다. 너희 신이 화장실에서 볼일이 길어지나 보다. 여행을 가서 아직 돌아오지 못했나 보다. 그러므로 더 부르짖어 보라. 저녁이 되어 해 걸음이 되어 부르짖어도 불이 안 내려오니 바알의 우상 선지자들은 자기 몸을 칼로 그리고 피를 흘렸습니다. 그래도 재단에 불이 내리지 않았습니다.

엘리아가 기도할 차례가 왔습니다. 엘리야는 무너진 단을 쌓고 나무를 넣고 그 위에 각을 떠서 짐승을 올려놓고 그 다음에는 사람들에게 말했습니다. 물 넷 통을 떠서 그 위에 부어라. 그들이 나가서 바닷물을 부으니까, 한 번 더 하라. 또 세 번이나 하라. 그래서 물이 짐승 위에 흐르고 도랑에 꽉 들어찼습니다.

엘리야는 무릎을 꿇어 하나님께 기도하기 시작했습니다. 만군의 하나님이여! 제가 하나님의 뜻을 좇아 이렇게 하는 것과 하나님이 나의 하나님인 것과 제가 하나님의 종인 것과 하나님이 이스라엘을 돌이키는 것을 알게 하옵소서. 그러자 푸른 하늘에서 갑자기 벼락이 때려서 그 제단을 때리매 그 제단의 모든 제물이 다 타고 그 주위에 있던 물이 다 증발해 버리고 제단 전체가 바싹 타 버렸습니다.

그러자 온 이스라엘 백성이 모두 엎드려서 여호와 그는 하나님이다. 여호와 그는 하나님이다. 그럴 때 엘리야가 명령해서 450명 바알의 제사장들을 잡아서 그대로 기손 시내로 내려가서 거기서 죽이고 그 다음에 하나님께 기도를 합니다. 기도를 들은 하나님께서 큰비의 소리를 들리게 합니다. 아합 왕에게 빨리 수레를 준비해서 이스라엘을 들어갈 준비를 하라고 했습니다. 그러자 먹장구름이 끼고 바람이 불고 비가 내려오니 이스라엘 아합 왕이 수레를 타고 이스라엘로 돌아가는데 그 앞에 성령이 임하여서 엘리야는 옷을 몸에 동이고 맨 발로 뛰어서 수레 앞에서 이스라엘까지 들어갔었습니다.

이래서 일대 걱정에서 이겨난 것입니다. 엘리야는 이세벨의 상에서 먹는 450명의 선지자와 영적인 대결에서 영력과 체력을 소진했습니다. 엘리야는 지칠 대로 지쳤습니다. 영도 마음도 몸도 이제는 더 이상 견딜 수 없이 긴장감에서 지쳤었습니다. 저녁에 잠자리에 들어가 있는데 갑자기 사환이 한 사람이 왔습니다. 이세벨에게서 사환이 왔습니다. 이세벨이 편지에 네가 나의 선지자 450명을 죽였다는 소리를 들었다. 나의 신이 살아있거니와 내일 이맘 때 내가 너를 죽여서 죽은 나의 선지자 450명처럼 아니 한다면 내 머리 위에 하나님의 벌 위에 벌을 내릴 것이다.

기도해서 하늘에서 불을 내려오게 한 엘리야가 그런 협박 공갈 정도는 두려워하지 말아야 할 것인데 역시 사람은 사람입니다. 엘리야는 갈멜산에서 영적인 전투로 영력과 체력이 고갈되어 너무 지쳐버린 것입니다. 영적인 탈진이 찾아온 것입니다. 이제는 더 이상 스트레스를 받을 만한 영적 정신적 육체적 여유가 없었습니다. 그런데다가 이 이세벨의 협박을 받으니까 그만 거기에 충격을 받아서 정신력이 무너져 버리고 마는 것입니다. 엘리야는 두려움과 불안이 엄습하니 우울증에 걸려버리고 만 것입니다. 마음이 그만 조바심이 생겼습니다. 그리고 불안과 공포가 생기고 그리고 자기 스스로가 하나님의 대한 분노가 생겨서 그대로 일어나서 밤중에 종을 데리고 도망을 치기 시작한 것입니다. 엘리야답지 않는 행동입니다. 사람이 영적인 전투를 하다가 영력과 체력에 탈진이 찾아오면 도저히 상상할 수 없는 비겁자가 되는 것입니다. 엘리야답지 않게 도망을 쳐서 유대 땅에 가서 종을 두고 혼자서 그는 도망을 쳐서 광야 가운데 들어갔습니다. 그래서 그는 그의 생명을 위해서 이제는 전전긍긍합니다.

불안, 초조, 공포에 꽉 들어차고 스스로 광야에 들어간 것은 사람을 피하여 혼자가 되려고 하고, 그 다음 로뎀나무 밑에 앉아서 죽기를 구했습니다. 하나님이여! 나를 죽여주소서. 이제 나는 살 필요가 없고 살고 싶지 않습니다. 그리고 난 다음 만사를 다 잊어버리자. 엘리야는 이제는 몽롱한 잠 속에 빠져들어서 이제는 자꾸 잠만 자고 아무것도 안 하려고 하는 것입니다.

완전히 그 위대한 선지자가 영적인 피해를 당하여 탈진에 빠지니까. 그만 그는 불안, 초조, 공포에 걸리고 사람을 피하여 도망을 칩니다. 그리고 자신과 하나님께 대한 분노를 가지고 자살하기를 원합니다. 그러고 난 다음 모든 것을 잊으려고 이렇게 몽롱한 잠 속에 떨어져 버리고 만 것입니다. 이렇게 되면 엘리야는 탈진에 빠져서 무용지물이 되어버리고 마는 것입니다. 하나님께서 엘리야를 어떻게 처방했는지 아십니까. 하나님께서 천사를 보내서 엘리야를 잠에서 깨어 일으켜서 물을 마시게 하고, 어루만지고(아수하고), 떡을 먹게 합니다. 또 잠에 떨어지면 또 깨어 일으켜서 어루만지고 떡을 먹이고 물을 마시게 합니다.

그러고 난 다음 하나님께서는 엘리야를 시켜서 사십 주 사십 야를 행하여 하나님의 산 호렙산까지 오게 한 것입니다. 그래서 사십 주 사십 야를 걸어서 호렙산으로 왔습니다. 하나님이 주신 생명의

물과 떡을 먹고 힘을 얻은 것입니다. 영적인 전쟁한 후에 탈진이 찾아오면 하나님께 기도해야 합니다. 하나님께 기도하여 성령으로 심령을 정화하여 스트레스를 몰아내야 영적인 탈진에서 회복이 가능한 것입니다.

둘째, 영적인 사역을 열심히 하다가 영적인 손상을 당한 어느 목사님의 경우입니다. 이 목사님은 필자의 교회에서 성령치유를 일 년 이상 받고 권능이 강하게 나타났습니다. 서울에 교회를 개척하였습니다. 교회를 개척하자 소문을 듣고 많은 성도들이 몰려왔습니다. 순간에 성도의 숫자가 100명이 넘게 되었습니다. 밤마다 성령치유 집회를 열었습니다. 성령의 역사가 강하게 나타났습니다. 소문이 나기 시작을 했습니다. 밤마다 장소가 부족할 정도로 사람들이 몰려왔습니다. 이 목사님이 너무 좋아서 분별력을 잃은 것입니다. 필자가 신신 당부한 자기 관리를 하지를 않았다는 것입니다.

오는 사람들에게 일일이 몇 차례씩 안수를 해주었습니다. 돌아가지 않고 남아서 기도해 달라는 사람들에게 새벽 2시가 넘도록 안수를 하면서 사역을 했습니다. 하루 이틀도 아니고 일 년 이상을 그렇게 했습니다. 교회 성도가 200명이 넘었다고 합니다. 그런데 슬슬 문제가 생긴 것입니다. 몸이 피곤하여 아침에 일어날 수가 없었습니다. 힘이 없어서 집회 인도하는 것이 버거워지기 시작을 했습니다. 급기야 강단에 서서 말씀을 전하는 것도 힘이 들 정도가 되었습니다. 사역하는 것이 귀찮아지고 짜증이 나기 시작을 했습니다. 너무 몸이 따라주지 않아서 한약방에게 가서 진맥을 받았습니다. 한의사가 하는 말이 몸에 진액이 다 빠져서 일 년간 쉬면서 보충을 해야 회복이 되어 살아갈 수가 있다고 쉬라고 했다는 것입니다.

더 이상 목회를 하려고 해도 몸이 따라주지를 않아서 결국 교회를 다른 사람에게 넘겨주었습니다. 그리고 자기 치유를 시작을 했습니다. 몸이 어느 정도 회복이 되어 부산에 내려가 부교역자를 하고 있습니다. 이분은 필자가 당부하고 경고한 것을 지키지 않아서 이렇게 된 것입니다. 필자는 분명하게 "시간을 정해놓고 사역을 하라. 아무리 급한 환자라도 정한 시간 내에 안수하고 돌보고 끝내야 한다. 목회는 마라톤이고 장기전이다. 목회는 하루 이틀하고 끝나는 것이 아니다. 평생 해야 하는 것이다. 자신의 영력이나 체력이 고갈되면 하려고 해도 할 수가 없다. 자기 관리를 잘해야 한다. 반드시 사역을 끝내고 깊은 기도를 하면서 성령으로 심령을 정화하는 시간을 갖으라."고 하는 사역의 원칙을 지키지 않아서 영적인 손상을 당하다가 영적인 피해를 입게 되고, 드디어 영적인 탈진이 찾아와 사역을 하지 못한 것입니다.

셋째, 충남에서 목회하시던 김 목사의 경우입니다. 이분이 영적인 일에 관심이 남달랐습니다. 이곳저곳을 다니면서 은혜와 능력을 받았습니다. 드디어 권능이 나타나기 시작을 했습니다. 권능이 있어서 안수하면 질병과 귀신들이 떠나가니 교회가 급성장을 한 것입니다. 주일이면 교회 마당에 주차할 곳이 없을 정도로 많은 성도들이 몰려왔다는 것입니다. 밤마다 기도 겸 성령집회를 하루도

쉬지 않고 했습니다.

김 목사가 하는 말이 자신 같이 매 일 밤 기도하며 집회를 하는 목사만 진짜이고 밤에 집회하지 않고 기도하지 않고 잠자는 목사는 가짜라고 했다는 것입니다. 밤 집회에 영적인 역사가 강하게 일어났습니다. 오는 사람들마다 성령을 체험하고 질병이 치유되고 귀신이 떠나갔습니다. 방언이 터지고 성전이 진동할 정도로 성령의 역사가 일어났습니다. 이렇게 성령의 역사가 일어나니 공명심에 사로잡혀서 자기를 돌보지 않은 것입니다.

한마디도 자신의 힘과 능력으로 사역을 한 것입니다. 기도하여 자신을 영성을 올리지 않고 사용하기에 바빴습니다. 2년 정도가 흘렀다고 합니다. 성도들은 자꾸 몰려오는데 자신의 몸이 따라주지를 않은 것입니다. 온몸이 아프고 힘이 없어서 사역을 할 수가 없었습니다. 마치 닭이 병이 든 것 같이 않으면 졸리고, 힘이 없어서 강단에 설수가 없었습니다. 목사가 병들었다고 서서히 소문이 나기 시작을 하더니 성도들이 슬슬 빠져나가기 시작을 했습니다. 옛날 같으면 아니라고 어떻게 해보겠는데 마음은 원이로되 몸이 말을 듣지를 않은 것입니다.

병원에 가서 진단을 받아도 병명이 나오지를 않았습니다. 능력이 있다는 목사님들에게 찾아가 안수를 받아도 효과가 없었습니다. 보약을 먹어도 효과가 나지를 않았습니다. 필자의 교회에 몇 주다면서 치유를 받았지만 체력이 고갈된 상태라 쉽사리 회복이 되지 않았습니다. 장기적으로 쉬면서 영육을 보충하고 계십니다.

이분은 영적인 손상이 오다가 영적인 피해로 전환이 되었습니다. 그런데 본인이 알아차리지를 못한 것입니다. 너무 밖에다가 관심을 가지다가 보니까, 망가지고 있는 자기를 볼 수가 없었습니다. 영적인 탈진이 되어 몸으로 나타나기 시작을 해서야 알고 대처하려고 했으나 이미 때는 늦은 것입니다.

필자는 이렇게 생각을 합니다. 이것도 악한 영의 역사일 수가 있다는 것입니다. 자기를 돌보지 못할 정도로 사람들을 보내어 정신을 놓게 하여 사역자를 일어서지 못하게 하려는 마귀의 간계일수가 있다는 것입니다. 성령께서는 분명하게 자신을 돌아보게 하십니다. 자신을 관리하면서 사역하게 역사하십니다. 마귀는 자신을 보지 못하게 합니다. 그러므로 사역자는 영적인 사역에 앞서서 자기 관리에 관심을 가져야 합니다.

넷째, 김전도사의 경우입니다. 결혼하고 여러 가지 이해하지 못할 영육의 문제로 고생하다가 예수를 믿으면 해결이 된다고 해서 예수를 믿었습니다. 예수 믿고 여기저기 은혜를 받으러 다니다가 성령으로 세례를 받게 되었습니다. 어느 기도원에서 자기에게 사명이 있으니 전도사를 하라고 했다는 것입니다. 전도사를 하게 되면 모든 문제를 하나님께서 해결하여 주신다고 해서 전도사를 하기 시작을 한 것입니다. 영적인 능력이 조금 나타나 기도원에 치유받으러 온 사람들을 안수를 해주었습니다.

그러다가 탈진하여 병원에 입원도 여러 번 했습니다. 이렇게 열심히 해야 가정이 하나님의 복을 받는 다는 유혹에 속았습니다. 제가 너무 영적인 면에 무지해가지고 당한 고통이었습니다. 그래서 환자들 안수해줄 때 귀신들이 달라붙어서 고생했다고 하니까? 어떤 분이 그럴 리가 없다고 하더라는 것입니다. 아주 힘들게 했다는 것입니다. 이는 지극히 무지한 것입니다. 자신이 성령으로 장악되지 못한 상태에서 사역을 하게 되면 상대편에 역사하는 귀신의 공격을 당하게 되는 것입니다. 그렇기 때문에 김전도사는 사역하다가 병원에 입원하기도 한 것입니다. 우리 성도들이나 목회자들은 영들의 전이에 대하여 바르게 알고 대처해야 합니다.

다섯째, 권권사의 경우입니다. 이분이 상처가 많아서 성령치유센터에 다니면서 치유를 받았습니다. 6개월 정도 다니면서 치유를 받는데 하루는 사역을 주관하시는 목사님이 자신에게 사역자로 임명을 할 터이니 자신의 사역을 도와 달라고 했다는 것입니다. 자신이 부족하여 하지 못한다고 하자. 성령께서 함께하면서 사역을 할 수 있도록 할 것이니 걱정하지 말고 도와 달라고 부탁을 하더랍니다. 그래서 사역자로 임명이 되어 치유 받으러 오는 사람들은 안수하면서 사역자를 1년 정도 했다는 것입니다. 자기가 안수하면 역사가 일어나서 분별을 하지 않고 사역을 계속했다는 것입니다. 그런데 서서히 문제가 발생하기 시작을 한 것입니다. 자녀들이 부모의 말을 듣지 않고 반항을 하기 시작을 합니다. 남편의 몸에 이상이 생겨 아침에 일어나기가 힘이 든다고 했다는 것입니다. 무슨 이유인지를 모르고 그냥 체력이 약해서 그러하겠지 하고, 자녀들은 사춘기라서 나타나는 현상인 줄 알았습니다.

그런데 자신에게도 문제가 생기기 시작을 한 것입니다. 다른 사람의 조그만 말에도 짜증이 나고, 집에 혼자 있노라면 우울함이 찾아오기도 했습니다. 그래서 이상하여 필자를 찾아온 것입니다. 필자가 진단을 해보니 자신이 아직 성령으로 치유되어 영적인 수준이 되지 않았는데 자신을 치유하지 않고 다른 사람에게 관심을 가진 것입니다. 이렇게 되니 세대에 역사하는 귀신들이 자신의 자녀들과 남편에게 역사하여 문제가 생긴 것입니다. 치유되지 않은 자신에게도 악한 영이 역사하여 우울하게 만든 것입니다.

우리는 영적인 사역하는 것을 쉽게 생각하면 이분같이 당할 수가 있습니다. 자신에게서 성령의 역사가 흘러나와야 다른 사람을 돌볼 수 있는 영성이 되는 것입니다. 목회자들도 성도들을 사역자로 세우는 것에는 신중을 기해야 합니다. 자신도 감당하기 힘든 성도에게 영적인 사역을 돕게 하니 이분과 같은 고통을 당하게 하는 것입니다. 성도들도 자신의 수준을 알고 사역에 뛰어들어야 합니다. 이분은 필자의 교회에서 2년을 치유 받고 정상으로 화복이 되었습니다. 경각심을 가지시기를 바랍니다.

여섯째, 박 권사의 경우입니다. 어느날 박 권사라는 분이 집회에 참석하여 상담을 요청했습니다. 이유인 즉은 박 권사님은 마음이 어둡고 너무 영적으로 눌려서 기도를 못한다고 했습니다. 그 이유인즉 성령치유 센터에 다니다가 성령을 받고 방언을 하며 신유은사가 강하게 나타났다는 것입니다. 그래서 너무 좋아서 여러 성도들의 병 고침을 하고, 신바람 나게 돌아다니면서 활동을 하다가 어느 날 묵상기도를 하고 있는데, 머리를 늘어뜨린 미친 여자 귀신의 형상이 나타나더니, 그 뒤로 남편만 보면 신경질이 나고, 화가 치밀어 올라오고, 식사를 준비하려고 주방에만 들어가면 속에서 주먹 같은 울분이 올라오고, 짜증이 나고 싫어지고 기도가 힘들어지면서 영적 상태가 망가지더라고 합니다.

많은 능력사역자들과 교역자들의 기도를 받아 봐도, 그 악령은 떠나지 않고 계속 괴롭히고 있어 눈이 어둡고 귀가 어두워졌으며, 슬슬 재정에 문제가 생기더니 이제 가난에 찌들어 살고 있었습니다. 남편이 하는 일이 자꾸 꼬입니다. 이런 일이 왜 일어날까요? 필자의 체험으로 말한다면 자신이 완전하게 치유 되어 성령으로 장악되지 않았는데, 자신의 의지와 생각을 가지고 영적인 일에 덤벼들어 사역했기 때문에 악한 영의 공격을 당한 것입니다. 한 마디로 성령님의 인도와 역사 없이 자기 힘으로 영적인 은사행위를 하다가 상대방의 귀신들이 자신을 공격하여 장악한 경우입니다.

성령의 은사가 나타나면 무턱대고 사용하는 것이 아닙니다. 신유 기도할 때는 반드시 자신의 영적인 문제부터 해결하고 손을 대야하며, 성령님의 인도와 허락이 있고 함께 함이 있을 때 하는 것이 안전합니다. 자신의 관리를 지속적으로 하여 자신의 영성이 깊어진 다음에 사역을 하는 것이 좋습니다. 사역을 하면서도 자신의 관리를 등한히 하면 안 됩니다. 자신이 없으면 하지 않는 것이 좋습니다. 영성이 성장한 뒤, 성령의 인도를 받으면 그리 힘들지 않기도 합니다. 영적인 문제가 생기면 이성을 잃지 말고, 즉시 영적인 지도자를 만나 해결하도록 합시다.

모양새가 아름답지 못한 분에게는 안수 받지 말고, 오래 같이 있지 말고 피합시다. 교역자라고 해서 모두 다 된 분이 아닙니다. 나의 영적인 문제를 해결하는데 도움이 되지 못하고, 힘든 상황으로 이끈다면 생각을 해 보아야 합니다. 요령이 있어야 합니다. 분별력을 기르시기를 바랍니다. 지혜를 얻기를 바랍니다. 나를 괴롭히는 인간이 있으면 기도하고, 여러 방법을 활용해도 힘들면 내가 피하는 것이 좋습니다.

그래서 영적인 은사를 사용하려면 영감이 깊어져야 하고 영력이 있어야합니다. 자신의 심령 안에서 영력이 올라와야 합니다. 즉, 자신의 마음 안에서 성령의 불이 지속적으로 나와야 합니다. 영적인 능력은 하나님께 받은 만큼만 사용해야 합니다. 영적 삶이란 성령의 일과 마귀의 일을 분별하는 능력을 길러내는 과정이라고 생각할 수 있습니다. 하나님의 아들 예수께서 오신 이유는 마귀의 일을 멸하고자 함이 아닙니까? 그리고 그의 제자들인 성도들 역시 마귀의 일을 멸하는 것이 의무입니다.

그러려면 마귀의 속임수를 파악해야 하며, 특히 성령의 일로 위장한 짝퉁을 분별해낼 줄 알아야 할 것입니다. 날이 갈수록 교묘해지는 사단의 전략 전술을 밝혀내고, 그 정체를 폭로하는 일은 영적 사역자가 할 일입니다. 말씀을 왜곡시키는 이단은 말씀 사역자인 신학자가 할 일이며, 육신적인 고통을 주어 무기력하게 하려는 사단의 음모는 능력 사역자가 폭로해야 할 영역입니다.

신학자와 능력 사역자가 서로 보조를 맞추어서 사단의 책략을 밝혀내어 성도들을 안전하게 지키는 것이 주님이 우리들에게 권세와 능력을 주신 목적이기도 합니다. 이단과 악령은 우리가 잠시,

조는 틈을 타서 가라지를 뿌리고 갑니다. 그래서 정신을 차리고 우는 사자처럼 다니는 악령들을 멸해야 할 것입니다. 깨어 기도하지 않고는 이런 일을 이길 장사가 없습니다. 정신을 놓으면 속아 넘어갈 수밖에 없는 짝퉁들이 너무 많습니다. 우리 모두 자기관리를 잘하여 불필요한 영적인 피해를 당하지 말기 바랍니다.

충만한 교회는 지방에 계시는 분들을 위하여 성령치유 집회 CD와 교재를 33종류를 비치하고 있습니다. 과목별 CD는 12시간을 녹음하여 12개입니다. 가격은 세트 당 3만원입니다. 교재는 과목당 만원입니다. 필요하시면 주문하여 영성을 깊게 하실 수가 있습니다. 교재를 보며 CD를 들으면 현장에서 집회를 참석한 것과 같은 효과가 있습니다. CD를 들으면서 치유를 체험했다고 간증하는 분들이 많습니다.

전화는 02-3474-0675. 신청은 번호를 알려주시면 됩니다. 메일주소는 kangms113@hanmail.net 를 이용하여 신청이 가능합니다(필요CD/교재번호. 주소. 전화전호. 우편번호).

*과목별 상세한 내용은 홈페이지 www. ka0675.com 에 들어오셔서 확인 바랍니다. 홈피에 보시면 계좌번호와 과목별 상세목록을 확인하실 수 있습니다.

4장 잠복된 귀신에게 당하는 피해

(행 8:5-8)"빌립이 사마리아 성에 내려가 그리스도를 백성에게 전파하니 무리가 빌립의 말도 듣고 행하는 표적도 보고 한마음으로 그가 하는 말을 따르더라. 많은 사람에게 붙었던 더러운 귀신들이 크게 소리를 지르며 나가고 또 많은 중풍병자와 못 걷는 사람이 나으니 그 성에 큰 기쁨이 있더라"

하나님은 성도들의 무의식과 잠재의식에 잠복된 귀신으로부터 피해를 당하는 것을 원하시지 않습니다. 필자가 그동안 성령치유 사역을 하면서 체험한 바로는 성도들이 인정하든 인정하지 않던 잠복된 귀신이 있을 수 있다는 것입니다. 성도들이 영적인 면에 무지하여 자신에게 숨어서 역사하는 귀신들을 무시하고 지내므로 이들에게 피해를 당하고 있는 것이 사실입니다.

사전에 귀신에 대하여 알고 대처했으면 얼마든지 예방이 가능한데 불필요한 고통을 당하는 것입니다. 태중에서나 세상을 살아가면서 침입한 귀신들이 자신에게 잠복하여 있는데 이를 무시하므로 당하는 고통입니다.

많은 성도들이 자신에게 영육의 문제가 발생한 다음에 알게 됨으로 치유하는데도 많은 시간이 소요됩니다. 이렇게 성도들이 잠복된 세력에 의하여 피해를 당하는 근본 이유는 예수만 믿으면 모든 문제가 해결된다는 잘못된 이론을 철석같이 믿은 연고입니다.

자신에게 잠복해 있는 귀신들은 반드시 성령의 역사가 일어나야 정체를 폭로합니다. 그러므로 예수를 믿고 성령으로 세례를 받고, 성령의 역사를 받아가면서 상처를 치유하고, 자아를 부수어야 하며, 혈통에 역사하는 귀신들을 축귀해야 예방이 가능한 것입니다. 다음은 사전에 영적인 진단을 통하여 예방하지 않아 피해를 당한 분들의 사례입니다.

첫째, 태중에서 침입한 것이 드러나는 경우입니다. 태중에서 상처를 받고 귀신이 침입하면 어려서부터 병 치례를 많이 합니다. 두려움을 잘 빠지고 조그만 일에도 놀랍니다. 갑상선에 문제가 생기기도 합니다. 심장 계통에 문제가 생깁니다. 여성은 생리통이 심합니다. 우울증에 잘 걸립니다. 정신적인 질병으로 고생하기도 합니다. 위장과 대장에 문제가 생깁니다.

변비와 역류 성 식도염에 잘 걸립니다. 만성 두통과 피곤함에 시달리기도 합니다. 성인이 되어 결혼문제가 생기기도 합니다. 결혼을 못하는 경우도 있습니다. 불감증으로 부부 문제가 발생하기도 합니다. 태중에서 상처를 받은 분들은 미리 말씀과 성령으로 치유를 받아 예방하는 것이 좋습니다.

필자가 얼마 전 매주 토요일 날 개별집중치유 시간에 이런 분의 문제를 성령의 음성을 듣고 해결할 수 있도록 조언한 일이 있습니다. 상황을 들어보니 이랬습니다. 이 분은 어렸을 때부터 병약했으며, 건강이 좋지 못한 가운데 직장생활을 하다가 경부암 수술을 받은 후 체력이 급속히 저하되어 피곤하고 힘이 들어서 휴직을 일 년 했으나 후유증에서 극복되지 않아 체력이 회복되지 못했습니다. 몸이 허약하여 도저히 직장생활을 할 수 없는 형편이라, 어떤 신령하다는 분에게 상담을 했습니다. 그랬더니 목회 사명이 있는데 목회를 하지 않아 질병이 왔다는 것입니다. 후유증을 회복하여 건강하게 살아가려면 신학을 하여 목회를 해야 한다는 것입니다.

그래서 직장에 사표내고 신대원에 다니기로 결정을 하고 필자에게 집중치유를 받으러 온 것입니다. 남편은 이미 신학을 하여 신대원에 다니고 있다는 것입니다. 첫날 토요일 집중치유를 하면서 상태를 보니까, 영적으로 문제가 많았습니다. 성령의 역사에 의하여 귀신이 글로 표현 할 수 없을 정도로 정체를 폭로했습니다. 정말 글로 표현할 수 없는 다종의 귀신 소리가 들렸습니다. 아무 말을 하지 않고 치유를 해주었습니다. 다행하게도 필자가 몇 주 더 다니면서 치유 받으라고 권면했더니 순종하여 다니겠다는 것입니다.

다음 주에 집중치유를 하면서 이 부부가 목회를 하는 것이 하나님의 뜻입니까? 하고 성령님께 질문을 했습니다. 그랬더니 환상이 보이는데 부부가 어려움의 고통을 당하고 있는 모습이 보였습니다. 조금 있다가 성령께서 감동하시기를 "목회한다고 질병이 치유되는 것이 아니다. 지금과 같이 집중치유를 몇 번 더 받으면 질병은 치유된다. 이 집사의 질병은 태중에서 들어온 혈통의 영적인 문제이기 때문에 집중치유를 몇 번 더 받으면 건강하게 치유되어 직장 생활하는데 문제가 없을 것이다. 이 여성은 치유 받고 직장생활을 하면서 복음을 전하도록 알려주어라"는 감동을 하시는 것입니다.

그렇게 응답을 받고 조금 기도를 하니까, 이 여성분이 하는 말이 자기 친 할머니가 무당이었다는 것입니다. 그래서 필자가 이렇게 말했습니다. 집사님! 집사님은 신대원가서 목회하는 것이 하나님의 뜻이 아니고, 가지고 있는 재능을 가지고 직장생활을 하는 것입니다. 다시 복직을 하시든지 아니면 계약직이라도 가십시오. 집사님은 지속적으로 몇 번 더 집중치유 받으면 깨끗하게 치유될 것입니다. 체력도 회복이 될 것입니다. 계속 기도를 하게 하자, 귀신들이 말로 표현할 수 없을 정도로 떠나갔습니다. 정말 이상한 소리가 나면서 많은 귀신들이 떠나갔습니다.

대화를 하는 가운데 새로운 사실을 발견하게 되었습니다. 어머니가 자신을 임신 했을 당시 무당인 할머니로 인하여 어려움을 많이 겪었고, 영적 정신적으로 고통을 많이 당했다는 것입니다. 태어나서도 병 치례를 많이 하여 오래 살지 못한다고 했다는 것입니다.

두 번째 날을 끝나고, 세 번째 날 여 집사가 와서 무어라고 하느냐. 목사님! 문제가 완전하게 해결이 되었습니다. 몸도 치유되어 너무나 편안해졌습니다. 목사님의 권면대로 몇 번 더 치유 받으면 건강해지겠다는 마음의 확신이 생깁니다. 지금 살고 있는 집이 나가야 하는데, 그렇게 나가지 않다가 2일전이 나갔습니다. 목사님께서 직장생활을 하면서 복음을 전하는 것이 하나님의 뜻이라고 하셔서, 임시직이라도 하려고 알아보았더니 집에서 가까운 곳에 자리가 나와서 서류를 제출했더니 합격되었다고 연락이 왔습니다.

이번 주부터 출근합니다. 감사합니다. 만약에 이분이 신령하다는 목사의 말을 듣고 신대원에 갔다면 하나님께서 환상으로 보여주신 것과 같이 부부가 불필요한 고생을 했을 것입니다. 그런데 하나님의 뜻대로 직장생활하려고 원서를 제출하니 바로 되어 일할 수 있도록 역사하신 것입니다. 우리 하나님의 뜻을 바르게 알고 순종해야 합니다. 목회를 하면 영육의 질병이나 문제가 해결이 된다. 이것은 무당의 이론입니다. 샤머니즘의 신앙입니다. 무엇을 하면 치유되고 문제가 해결된다. 성경적인 근거가 없습니다.

천일 철야하면 문제가 해결된다. 이것도 무당의 이론입니다. 샤머니즘의 신앙입니다. 하나님께 감사헌금을 많이 하면 질병이나 문제가 해결된다. 절대로 아닙니다. 하나님을 돈 받고 문제 해결하여 주시는 분으로 명예 훼손하는 일이 더 이상 없어야 합니다. 천벌을 면치 못합니다. 신령하다는 목사님들 근거 없는 이론으로 성도님들을 속이는 일이 없어야 합니다. 성도님들은 근거 없는 말에 더 이상 속지 말아야 합니다.

반드시 하나님이 원하시는 영육의 상태가 되어야 질병이 치유되고 문제가 해결이 됩니다. 말씀과 성령으로 치유되어 하나님과 관계가 열리는 것이 급선무입니다. 하나님과 관계가 열리면 앞에서 설명한 여 집사님 같이 하나님께서 무엇을 하기를 원하시는지 알려주십니다. 하나님은 성도(자녀)가 잘되기를 원하십니다. 개인마다 하나님께서 원하시는 일이 있습니다. 그 일을 찾아야 합니다. 일을 찾으려면 말씀과 성령으로 땅의 것을 치유해서 하늘의 사람이 되어 하나님과 교통해야 알 수가 있습니다. 성경에 보면 야곱도, 요셉도, 모세도, 다윗도, 하나님의 훈련을 받아 하나님께서 원하시는 상태가 되니 하나님께서 원하시는 일을 하도록 인도하셨습니다. "무엇을 하면 질병이나 문제가 치유된다." 절대로 아닙니다. 속지마세요. 성령으로 세례를 받고 문제의 원인을 찾아 해결해야 치유가 됩니다.

그리고 무엇을 해도 되지 않는 분들은 누구에게 물어보고, 또 자기 생각가지고 무조건 일을 하려고 하지 말고, 성령으로 세례 받고 방해하는 세력을 제거해야 합니다. 무엇을 해도 되지 않게 역사하는 세력이 있습니다. 정확한 하나님의 뜻은 성령으로 방해하는 세력이 떠난 다음에 들리는 것이 보통입니다. 반드시 성령으로 세례를 받아 방해하는 세력을 한 동안 영적 전쟁하여 방해하는 세력이 떠나간 다음에 하나님께 질문하세요.

필자가 자주 표현하는 육적인 것을 성령으로 걷어내야 합니다. 그때 하나님의 음성이 들립니다. 필자가 집중 치유할 때 첫날은 정확한 하나님의 뜻을 알 수가 없습니다. 방해하는 세력이 역사하여…. 첫날은 방해하는 세력을 성령의 역사로 떠나보냅니다. 두 번째 날 기도하면서 어느 정도 성령께서 장악을 하면 성령의 감동이 오기 시작합니다.

둘째, 남묘호랭객교를 믿다가 개종한 여 집사입니다. 제가 지금까지 성령치유 사역을 하다가 체험적으로 알게 된 사실은 교회를

10년을 다녔는데 예수를 영접하지 않고 교회를 다닌 사람이 있다는 것입니다. 그것도 집사 직분까지 받고 믿음생활을 하였는데도 예수는 영접하지 않았다는 것입니다.

몇 년 전에 영적인 문제가 생긴 아들을 치유하러 온 여 집사가 제게 이런 말을 했습니다. "목사님 저는 교회를 10년 이상 다녔고, 집사 직분을 받은 지가 8년이나 되었는데 지금까지 성령세례를 받지 못했습니다. 우리 교회가 성령 충만한 교회라 예수 믿고 얼마 되지 않은 성도들도 다 성령으로 세례를 받고 방언으로 기도를 하는데 저는 지금까지 방언을 하지 못합니다." 그래서 제가 머리에 손을 얹고 "성령님 이유가 무엇입니까?" 하고 질문했더니 성령께서 감동하시기를 예수를 영접했는지 물어보라고 하셨습니다. 필자는 집사님께 혹시 예수님을 나의 주인으로 모시는 영접기도를 했느냐고 물었습니다. 결혼 전에 남묘호랭객교를 3년 동안 믿었던 집사님은 시집을 와서 보니 시댁 식구들 전부가 기독교를 믿고 교회를 나가는 것이었습니다.

시 어머니가 결혼을 했으면 시댁의 종교를 믿어야 되지 않겠느냐고 성화를 하기 때문에 가정의 평화를 위해서 교회를 다니다 보니 집사도 되고 이렇게 시간이 흘렀다는 것입니다. 교회를 집중적으로 다니게 된 동기가 임신을 했는데 여러 가지 이해하지 못할 일들이 생겼습니다. 아이가 태어난 후에도 병 치례를 많이 했다는 것입니다. 가정과 부부의 여러 문제로 교회를 열심히 다니게 되었다는 것입니다. 그래서 제가 예수를 영접시키고 기도를 했더니 성령

세례가 임하고 방언이 나오면서 치유가 되기 시작했습니다. 그러자 이 여 집사가 "목사님 마음이 정말 편안하고 좋습니다. 감사합니다." 라고 고백하였습니다.

대화를 하다가 보니 큰 아들은 17살로 고등학교 1학년인데 정신적인 문제로 학교를 다니지 못합니다. 남편의 사업도 되지 않습니다. 자신이 경영하는 미장원도 되지 않는 다는 것입니다. 이렇게 남묘호랭객교의 영의 영향으로 여러 가지 문제를 당합니다. 이분이 일찍이 이런 사실을 알고 성령으로 세례를 받고 치유 받았더라면 이런 고통을 당하지 않았을 것입니다.

이와 같이 예수를 영접해야 성령이 우리 안에 오셔서 치유를 하십니다. 예수님은 우리가 먼저 마음을 열어야 들어오십니다. 치유되기 전에 먼저 예수님을 마음의 주인으로 모시는 일이 최우선입니다. 예수님을 마음의 중심으로 모시지 않으면 성령의 역사가 일어나지 않습니다. 성도의 영육에 문제를 일으키는 세력은 가상적인 존재가 아니고 실제적인, 살아 있는 존재입니다.

고로 살아 계신 성령님의 역사가 없이는 문제의 치유란 불가능한 것입니다. 우리가 예수님을 주인으로 영접해야 살아 계신 성령님이 우리 안에 오셔서 역사하시기 때문입니다. 만약에 문제를 치유하는 데 성령의 역사가 일어나지 않는 사람은 예수님의 영접 여부를 확인해야 합니다.

셋째, 조상 가운데 있던 무당의 영으로 고생하다가 치유 된 목사

님의 이야기입니다. 이 목사님은 성령의 역사를 인정하는 ○○○ 교단에서 목사 안수를 받으시고 교회를 개척하여 10년째 목회 하시는 목사님이십니다. 우리 교회에 치유 하러 오신 이유가 이렇습니다. 이상하게도 사람들 앞에 서서 칠판에 글씨를 쓰려고 하면 오른손이 떨려서 글씨를 쓸 수가 없다는 것입니다.

사람들이 없을 때는 조금 나은데 성도들 앞에만 서면 오른손이 떨려서 글을 쓸 수가 없었다는 것입니다. 거기다가 교회를 개척한지가 10년이 되었는데 성도 수가 10명이라는 것입니다. 그래서 치유를 위해 지난 10여 년 동 안 성령의 역사가운데 치유하고 축사하는 곳이라면 안 가본 곳이 없을 정도로 이곳저곳 다녔다고 합니다.

그러다가 소문을 듣고 우리 교회에 오셔서 상담을 요청하셨습니다. 제가 성령님에게 물었습니다. "대관절 이 목사님이 무슨 이유로 사람들 앞에서 칠판에 글씨를 쓸 수가 없습니까?" 성령께서 감동 주시기를 조상 중에 무당이 있었는지를 물어보라고 하셨습니다. 그래서 "목사님 가정에 혹시 무당과 관련된 분이 있거나 목사님이 어렸을 때에 무당에게 간 적 없습니까?"하고 물었더니 목사님이 한 참 동안 기도하고 난 후 이렇게 대답 했습니다.

아주 어렸을 때에 자신이 아프면 어머니가 무당인 외할머니에게 데리고 가서 기도를 받게 하였는데 어깨에도 손을 자주 얹고 하는 기도를 받았다는 것입니다. 내가 "나사렛 예수 이름으로 명하노니 대물림된 무당의 영은 정체를 밝힐지어다"라고 했더니, 오른손을 마구 흔드는 것입니다. 마치 TV에 나오는 무당이 굿거리 하는 장면같이 손을 마구 흔들어 댔습니다. 그래서 이제 내가 "예수 이름으로 명하노니 혈통을 타고 들어온 무당귀신의 대물림의 줄은 끊어질지어다. 이제 내가 예수 이름으로 명하노니 혈통을 타고 들어온 무당귀신은 묶음을 풀고 나올지어다."라고 했더니 목사님이 한참 괴성을 지르시더니만 입에서 맑은 물을 막 토해내면서 귀신이 떠나가는 것이었습니다.

이렇게 하기를 이틀 동안 했습니다. 그리고 가셨습니다. 얼마 후에 목사님이 다시 집회에 참석을 했습니다. 목사님께 물어보았습니다. "지금도 사람들 앞에 서면 손이 떨립니까?" 목사님이 웃으시면서 "지금은 그렇지 않습니다. 정말 이 문제 때문에 제가 고생을 많이 했습니다. 목사님 감사합니다."하고 치유된 것에 감사하면서 가셨습니다. 다음에 오셨는데 교회도 성장하고 있다는 것입니다. 목사님에게 성령의 역사와 은사가 강하게 나타나 교회가 많이 활성화되었다는 것입니다. 영적인 문제에 대한 방심은 금물입니다. 필자가 사역할 때 장로, 안수집사, 권사 할 것 없이 혈통에 역사하는 무당의 영으로 고통당하던 많은 성도들이 필자를 통해서 역사하시는 성령님의 은혜로 모두 치유가 되었습니다. 내가 권사이기 때문에 장로이기 때문에 목사이기 때문에, 마귀가 무서워서 도망간다고 생각하는 것은 천만에 말씀입니다. 말씀과 성령의 역사로 자신을 성찰하는 시간을 갖기를 부탁드립니다. 자신에게도 영육의 문제가 있을 수 있다고 인정하시고 성령으로 찾아내어 치유하시기를 바랍니다.

넷째, 조상과 자신의 우상숭배로 고통을 당한 사례입니다. 저는 오래전 한 성도님의 간증을 듣고 큰 충격을 받았습니다. "목사님 저는 중년을 지나 이제 노년기를 앞두고 있는 사람입니다. 저는 대대로 우상을 숭배하는 집안에서 태어났고 집안 전통에 따라 저도 우상을 숭배하며 성장했습니다. 그러나 아내의 전도로 예수님을 믿고 교회에 나왔습니다.

그런데 불행하게도 집에 화재가 나서 아내와 저는 중상을 입고 병원에 입원을 하게 되었습니다. 그래도 저는 신앙으로 시련을 극복하겠다고 생각하고 열심히 기도했습니다. 그런데 퇴원할 때 아내가 치료받다가 죽었다는 것을 알게 되었습니다.

그럼에도 저는 신앙을 포기하지 않고 열심히 살아보려고 사업을 시작했습니다. 그러나 손대는 사업마다 실패하고 부도를 내었고 급기야 이일로 감옥에 구속이 되었습니다. 저는 수감 생활 중에도 끊임없이 회개하며 기도했습니다. 형기를 마친 후에 갖은 애를 쓰고 살아가는데 이번에는 또 교통사고가 나서 입원을 했습니다. 겨우 치료를 받고 퇴원하니 이게 또 웬 말입니까? 그렇게 말을 잘 듣던 아이가 가출해 버리고 말았습니다.

목사님! 예수님을 믿기가 왜 이렇게도 힘이 듭니까? 예수님을 안 믿자니 지옥 갈 것이 두렵고 도대체 하나님은 어떤 분이시며 저는 어떻게 하면 좋겠습니까?"

이 성도님이 당하는 고통이 하나님이 주었다고 생각합니까? 불이 나서 아내를 잃어버리고 사업을 해서 도산을 하고 감옥에 들어가고 감옥에서 나오니까 또다시 교통사고로 부상을 입고 입원을 하게 되고 입원하고 나오니까 자식들 잘 순종하던 자식이 가출해서 나가 버리고 엉망진창입니다. 누가 이렇게 했을까요? 하나님이 이렇게 했을까요?

성경에는 도적이 오는 것은 도적질하고 죽이고 멸망시키는 것뿐이요, 인자가 오는 것은 생명을 얻되 풍성히 얻게 함이라고 말씀하신 것입니다. 예수님은 말씀하기를 사랑하는 자여 내 영혼이 잘됨같이 네가 범사에 잘되며 강건하기를 내가 간구하노라고 말씀한 것입니다. 이 성도님은 마귀의 저주를 만났습니다.

이 성도님이 예수를 믿고 기도는 했지만, 혈통을 타고 역사하는 악한 영을 쫓아내는 것을 몰랐습니다. 예수만 믿으면 다된다는 잘못된 이론에 속은 것입니다. 이 분이 교회에 들어오자 마다 성령으로 세례를 받고, 우상숭배를 회개하고 말씀과 성령으로 치유를 받으며, 예수 이름으로 세대에 역사하는 악한 영을 쫓아내었다면 이성도님의 개인과 가정과 생활을 엉망으로 만든 마귀의 저주에서 해방될 수 있었을 것입니다.

우리가 예수 믿고 교회에 나오고 정상적인 삶을 살고 있는데도 불구하고 되는 일이 하나도 없을 때는 무조건 무엇을 하려고 하지 말고 성령으로 원인을 찾아서 악한 영을 쫓아내어야만 되는 것입니다. 쫓아낸 다음에 하나님께서 지시하는 일을 해야 아브라함의 복을 받게 됩니다. 이 분은 먼저 말씀과 성령으로 조상과 자신이 우상 숭배할 때 들어온 귀신을 축사하여 심령에 천국이 되어야 합니다. 심령이 천국이 되어 하나님과 관계가 열리면 하는 일마다 성령의 역사가 일어나서 아브라함의 복을 받게 되는 것입니다. 분명하게 조상과 자신이 우상 숭배할 때 들어온 악한 영이 쫓겨 나가면 가정에 마귀의 풍랑이 잠잠해지는 것입니다. 악한 영을 그대로 두고 아무리 우리가 신앙생활 하려고 해도 절대로 평안이 다가오지 않는 것입니다.

다섯째, 무당의 영의 영향으로 어려움을 당한 사례입니다. 2016년, 일산에 있는 아주 큰 교회의 안수 집사가 치유를 받으러 왔습니다. 이유는 다리부터 머리까지 오른쪽 한쪽이 저리고 아파서 견딜 수가 없다는 것입니다. 증상을 없애기 위해 오랫동안 별짓을 다했지만 치유가 되지 않자 여동생의 소개로 치유를 받으러 온 것입니다. 그런데 부인 집사역시 유방암 3기로 고생 하다가 수술하였고, 자신의 둘째 아들 또한 간질과 정신적인 문제로 정상적인 생활을 못하는 형편이었습니다. 상담을 해보니 반 무당이셨던 할머니 때문에 자신이 어렸을 때부터 몸이 조금만 아프면 무당에게 찾아가 복을 빌었는데 무당이 어깨에 이상한 물건을 얹어놓을 때도 있었다는 것입니다. 자신의 모친도 시어머니의 영향으로 무당의 신끼가 내려서 굉장히 시달리다가 예수를 믿었다는 것입니다. 그러니까 할머니의 우상숭배가 이 집안에 4대 째 내려와 고통을 주고 있는 것입니다.

이분이 이렇게 머리가 아프고 한쪽을 정상적으로 사용하지 못하고, 부인이 유방암에 걸리고, 아들이 정신적인 문제를 일으키는 것은 혈통에 역사하는 무당의 영입니다. 이분은 예수를 믿고 교회에 들어와 말씀과 성령으로 잠복된 무당의 영을 몰아내고 치유를 했더라면 이런 고통을 당하지 않았을 것입니다.

저는 우선 그에게 편안하게 누우라고 하고 성령의 임재를 요청했습니다. 그리고 본인에게 우상숭배를 회개하라고 했습니다. 그러자 얼마동안 발작하기 시작했습니다. 오른쪽 머리가 깨지는 것 같이 아프다고 하고, 오른쪽 팔과 다리를 막 흔들면서 발작 했습니다. 그러더니 갑자기 일어서서 무당이 굿 할 때에 손과 발을 움직이는 것 같이 행동하면서 뛰어다녔습니다. 그래서 제가 "성령님 더 강하게 역사하여 주시옵소서"하고 더욱더 강력히 요청 하자, 한 10분간을 뛰어다니다가 쓰러졌습니다. 저는 곧 바로 명령 했습니다. "내가 예수의 이름으로 이 가정의 무당의 영의 줄을 끊노라. 무당의 영의 줄은 예수 이름으로 끊어질지어다. 그리고 무당에게 복을 빌고 기도 받을 때 들어와 고통을 주고 있는 귀신은 예수 이름으로 물러갈지어다. 떠나갈지어다." 하자, 막 오물을 토해내고 소리를 지르면서 귀신이 떠나갔습니다. 떠나갈 때 무당이 굿하는 현상을 하면서 떠나갔습니다.

그 후 몇 개월간 부인과 아들과 함께 다니면서 계속적으로 치유를 받았습니다. 그리고 완치되어 2년이 지난 지금까지 아무런 일

없이 잘 지내는 가운데 작년에 장로가 되어 믿음생활 잘하고 있습니다. 이렇게 조상의 우상숭배는 3-4대에 걸쳐서 고통을 줍니다. 방심하지 마시고 조상의 우상숭배를 통해 들어온 악한 영의 역사를 치유하시기를 바랍니다. 그리하여 삶에서 평강을 누리면서 사시기를 바랍니다.

여섯째, 조상의 우상숭배로 당하는 고통입니다. 2014년에 한 청년이 치유 받으러 와서 저에게 상담을 요청했습니다. 이유는 자신이 지금 정신적인 문제가 있어 정상적인 생활을 하지 못한다는 것입니다. 정신이 아찔해지고 저녁이면 잠이 오지를 않고 늘 불안 초조해서 직장 생활하다가 그만두고 놀고 있다는 것입니다. 예수는 언제 믿었느냐고 했더니 25세 때 부터 친구를 따라 교회를 다니기 시작했다는 것입니다. 그러니까 이 청년은 8년째 믿음생활을 하고 있었던 것입니다.

그런데 작년부터 정신적인 문제의 증상이 심하게 나타나 정상적인 생활을 못하고 있다는 것입니다. 그래서 제가 가정 상황을 물어보았습니다. 집안에서 제사를 빠짐없이 지내고 있고 어머니가 무당을 집에 데려다가 굿도 몇 차례 했다는 것입니다. 그래서 이 청년에게 회개라고 했습니다. 그리고 예수 이름으로 이 가정에 우상숭배 영의 줄은 끊노라. 우상숭배를 통해 들어온 귀신의 줄은 예수 이름으로 끊어질 지어다.

그리고 무당에게 복을 빌고 무당에게 기도 받을 때 들어와 고통을 주고 있는 귀신은 예수 이름으로 물러갈지어다. 떠나갈지어다. 하니 엉엉 한참을 울더니만 기침을 막 하면서 귀신들이 떠나갔습니다. 그리고 청년에게 부모님과 같이 치유를 받는 것이 좋겠다고 했더니, 어머니와 함께 한 육 개월 동안 성실하게 다니면서 치유받고 정상으로 회복되어 고향으로 내려갔습니다. 그리고 명절 때마다 과일을 보내와서 잘 먹고 있습니다.

저는 이런 것을 보고 항상 느끼는 것이 있습니다. 영적인 면도 무식하면 불필요한 고생을 사서 하는 구나, 그래서 하나님은 호세아 4장 6절에서 "내 백성이 지식이 없으므로 망하는 도다 네가 지식을 버렸으니 나도 너를 버려 내 제사장이 되지 못하게 할 것이요 네가 네 하나님의 율법을 잊었으니 나도 네 자녀들을 잊어버리리라." 고 말씀하신 것입니다.

지금 책을 읽는 당신도 예외는 아닙니다. 만약에 조상 중에 사술에 종사하거나 우상을 숭배했다면 치유를 받아야 합니다. 미리 예방합시다. 우리나라는 전통적으로 우상숭배를 했던 나라입니다. 너나, 나나 할 것 없이 모두 치유의 대상입니다. 문제만 일으키지 않으면 그냥 지나면 되지 않느냐 하시는 분도 있을 것입니다. 그러나 이런 영적인 문제가 있으면 믿음이 자라지를 않습니다. 악한영이 성령의 깊은 임재에 들어가지 못하도록 방해를 하기 때문입니다.

귀신이 잠복되어 있으면 이와 같이 여러 가지 이해하지 못할 일이 생깁니다. 부모가 중풍인 분들은 반드시 자신에게 중풍의 영이 잠복되어 있습니다. 얼마 전에 한 여 집사를 치유하는데 성령의 임재가 되니까, 중풍에 걸린 모습이 드러나는 것입니다. 그래서 물었더니 아버지 어머니 모두 중풍에 걸려 고생하고 계신다는 것입니다. 몇 칠에 걸쳐서 중풍귀신을 축귀하여 정상으로 회복이 되었습니다. 이분은 사전에 중풍의 영을 축귀하지 않았더라면 영락없이 중풍에 걸립니다.

얼마 전에 토요일 날 집중치유를 하는데 성령의 임재가 되니까, 여 집사 얼굴에 주사가 나타나는 것입니다. 주사란 술에 취했을 때 코와 얼굴이 벌게지는 것을 말합니다. 두 시간을 치유하니 정상으로 회복이 되었습니다. 질문을 했더니 아버지가 알코올 중독자 이였다는 것입니다. 자기도 예수를 믿기 전까지 술을 아주 많이 마셨다는 것입니다.

지금도 술 생각이 종종난다는 것입니다. 아버지에게 역사하던 알 콜 중독 귀신이 잠복되어 있었던 것입니다. 좌우지간 부모나 자신이 우상을 숭배했던지 태중의 상처가 있던지, 큰 충격을 받았던지 하면 미리 치유 받는 것이 좋습니다. 분명하게 귀신들이 들어와 잠복하고 있을 수 있다는 것입니다. 방심은 금물입니다.

5장 영적인 피해를 막아내는 방법

(고후 11:4)"만일 누가 가서 우리가 전파하지 아니한 다른 예수를 전파하거나 혹은 너희가 받지 아니한 다른 영을 받게 하거나 혹은 너희가 받지 아니한 다른 복음을 받게 할 때에는 너희가 잘 용납하는 구나"

하나님은 자녀들이 보이는 사람이 아니라, 눈에 안 보이는 영물들에게 피해를 당하지 않기를 원하십니다. 하나님은 예수를 믿는 하나님의 자녀들이 영적인 사고를 하기를 원하십니다. 예수를 믿는 성도는 보이는 면만 바라보고 살아가는 사람이 아닙니다. 보이지 않는 하나님의 나라를 보면서 살아가야 하는 영적인 존재입니다. 그런데 하늘나라는 영적인 세계입니다. 그러니까, 보이지 않은 하늘에도 영적인 세계가 있습니다. 사람의 마음 안에도 영적인 세계가 있습니다.

사람은 영적인 세계에 잠겨서 살아가고 있는 것입니다. 영적인 세계에는 무수한 영들이 존재하고 있습니다. 성령님도 계십니다. 귀신도 있습니다. 천사들도 있습니다. 오만가지 잡신들이 존재하고 있습니다. 사람은 누구든지 관심을 갖고 따르는 영의 지배를 받게 되는 나약한 존재입니다. 특별하게 관심을 가져야 하는 것이 영들의 전이입니다.

그리고 예수를 믿는 성도라고 할지라도 죄를 지으면 가차 없이 옛 주인인 귀신이 침입을 하는 것입니다. 하나님은 로마서 6장 16절에서 "너희 자신을 종으로 내주어 누구에게 순종하든지 그 순종함을 받는 자의 종이 되는 줄을 너희가 알지 못하느냐, 혹은 죄의 종으로 사망에 이르고 혹은 순종의 종으로 의에 이르느니라." 그래서 성도들은 영적인 세계를 바르게 알지 못하면 불필요한 피해와 고통을 당할 수가 있는 것입니다. 문제는 영적세계에 존재하고 있는 영들의 역사가 서로 비슷하다는 것입니다.

자신에게 역사하는 영을 정확한 분별력과 체험이 없이는 분별이 곤란하다는 것입니다. 그래서 예수를 잘 믿는 성도들도 잘못된 영들의 전이로 고생을 하는 것입니다. 성도들이 영적피해를 당하지 않기 위하여 어떻게 해야 할까요?

첫째, 자만심을 버려라. 우리 예수를 믿는 성도들이 나는 능력 있는 목사님이 시무하는 교회에 다니고 있다고 자만하는 것입니다. 자만은 모르는 것보다 더욱 무섭습니다. 왜일까요? 아예 믿고 관심을 갖지 않기 때문입니다. 얼마 전에 한 때 유명세를 타던 목사님의 교회를 다는 성도가 필자의 교회에 치유를 받으러 왔습니다. 찾아온 이유는 남편문제입니다. 남편이 늘 피곤해하고, 당뇨에다가 간경화로 고생을 하는데 자기네 교회에서 아무리 기도를 하고 안수를 받아도 치유가 되지 않고 점점 병세가 나빠져서 토요일 날 하는 집중치유를 예약하여 치유 받게 하겠다고 온 것입니다. 먼저 필자에게 전화가 왔는데 이번 주는 예약이 끝났다고 하니까, 지신이 직접 교회에 방문하여 은혜를 받아보고 다음 주에 예약하여 집중치유를 받게 하겠다고 온 것입니다. 상담을 신청하여 대화를 하는데 남편이 같이 교회는 다니는데 도무지 말씀을 믿지를 못하겠고 한다는 것입니다. 한마디로 그렇게 유명하고 권능이 있다는 목사님의 교회를 20년 이상 다녀도 체험을 하지 못한 것입니다. 목사님은 설교 말씀을 전할 때마다 "예수를 믿으면 하나님의 자녀가 되는 권세가 있다. 손은 얹은즉 나음을 입는다. 예수 이름으로 명령하면 귀신이 떠나간다." 하시는데 목사님역시 불치의 질병으로 고생을 하고 계신다는 것입니다. 자신 역시 30년이 다된 질병인데 치유가 되기는커녕 점점 더 심해져서 요즈음은 직장 생활하기도 버겁다는 것입니다.

들어보니 남편이 정확한 말을 했습니다. 자신에게 무엇이 체험적으로 나타나지 않으니 말씀을 믿지를 못하는 것이 당연한 것입니다. 필자가 이렇게 말했습니다. 필자역시 평신도 생활을 15년 이상을 했는데 아무것도 아는 것이나 남는 것이 없었습니다. "남편들이 불쌍하다. 주중에 직장 생활하고 주일에 교회에 가서 설교 말씀을 들으면 무슨 말인지 하나도 들리지 않을 때도 있다. 그냥 열심히 다니면 믿음이 좋은 것으로 안다. 필자 역사도 그랬다. 그래도 주일을 범하지 않고 봉사도 잘하니 내가 제일로 믿음이 좋은 줄만 알았다." 이렇게 말을 하고 다음 주 토요일 날 예약하여 집중치유를 받는데 부부가 같이 받으라고 권면을 했습니다. 그러니까, 무어라고 하느냐, 자신은 문제가 없다는 것입니다. 그래서 남편만 받으면 된다는 것입니다. 필자가 여 집사의 심령 상태를 진단하여 보니 영적으로 문제가 있어 눌려있는 것이 훤하게 보였습니다. 자기 나름대로는 능력이 있는 목사님께 권세 있는 말씀도 듣고 안수도 받았으니 문제가 없다는 것입니다. 한마디로 자만심이 가득한 것입니다.

그리고 집회에 참석하여 말씀을 듣고 기도를 했습니다. 필자의 교회 집회는 매시간 40-50분 정도의 기도 시간이 있습니다. 기도를 해야 말씀이 생명이 되어 역사하여 치유가 되어 권능 있고 축복받는 심령으로 변하기 때문입니다. 여 집사를 안수하려고 갔더니 방언기도를 아주 유창하게 했습니다. 방언기도를 일단 중지 시키고 성령의 임재가 되도록 안수를 했습니다.

성령이 여 집사의 심령을 장악했습니다. 그러자 몸을 가누지 못하고 의자에서 떨어져서 바닥에 드러누웠습니다. 숨을 몰아쉬면서 정신을 제대로 차리지를 못했습니다. 이런 현상은 성령님이 심령을 장악할 때 나타나는 현상입니다. 심령 안에 귀신이 있을 때 보통 나타납니다. 기도가 끝난 다음에 머리가 아프지 않느냐고 물었더니 머리가 어지럽다는 것입니다. 그래서 호흡을 깊게 들이쉬고 내쉬면서 기도하면 풀린다고 하고 보냈습니다.

다음날 또 왔습니다. 필자는 집회에 참속한 분들에게 기도하기 전 화장지를 준비할 것을 강조합니다. 기도시간이 되어 안수를 쭉 해주면서 여 집사를 안수를 했더니 쿨룩쿨룩하면서 귀신이 나오는 것입니다. 그런데 화장지를 준비하지 않은 것입니다. 왜 화장지를 준비하지 않았을까요? 자기는 유명하고 권능 있는 목사님에게 권세 있는 말씀을 듣고 안수를 받았으니 귀신이 자기에게는 없다고 믿었기 때문입니다. 우리가 여기서 알아야 할 것이 있습니다. 개별적으로 성령의 깊은 임재를 받아가면서 깊은 영의기도를 하지 않았다면 모두에게 귀신이 역사하고 있을 수 있다는 것입니다. "나는 성령의 역사가 강한 교회에 다닌다. 목사님이 유명하다." 자만은 금물이 다는 것입니다. 어떻게 보면 이 여 집사에게 역사하는 귀신의 영향으로 남편의 질병이 악화되는 줄도 모르는 일입니다.

그런데 정작 자신은 아는 것이 많고 기도를 많이 한다고 문제가 없다고 자만한다는 것입니다. 필자는 여 집사의 심령 상태를 다 보았기 때문에 남편하고 같이 집중 치유를 받으라고 했는데 본인은 자만하였다는 것입니다. 이런 분들은 부부가 같이 치유를 받아야 합니다. 자만하지 말고 자신에게도 문제가 있다고 해야 성령께서 역사하시면서 치유하십니다. 그래야 영적인 피해를 당하지 않습니다.

둘째, 잠복된 영적 세력을 제거하라. 필자가 지금까지 말씀과 성령으로 치유사역을 하면서 체험한 바로는 성도의 무의식과 잠재의식에 숨어있는 귀신이 있다는 것입니다. 이 귀신은 꼭꼭 숨어서 알게 모르게 영육의 피해를 가하고 있습니다. 그런데 본인들은 모르고 있다는 것입니다. 이렇게 잠복된 귀신이 언제 정체를 폭로하느냐, 첫째는 숨어있는 사람이 정신적으로 육체적으로 스트레스를 받거나 환경의 고통이나 충격적인 일을 당하여 영-혼-육의 균형을 잃으면 꼬리를 들고 일어나 자기의 본색을 드러냅니다. 이렇게 정체를 폭로하면 치유하기에 상당한 기간이 소요됩니다. 많은 성도들이 자신에게서 문제가 발생하면 그때서야 치유를 받겠다고 이 방법 저 방법 동원하는데 치유가 그리 쉽지 않습니다. 치유의 방법은 성령치유 밖에 없습니다.

두 번째는 강력한 성령의 역사가 일어날 때 정체를 폭로합니다. 이 방법이 제일 좋은 방법입니다. 사전에 정체를 폭로하여 제거할 수가 있기 때문입니다. 성령의 강력한 역사가 자신을 장악하면 잠복된 귀신들이 정체를 숨기지 못하고 폭로하는 것이 보통입니다. 성도가 영적인 깊이가 있는 말씀을 듣고 영을 깨워서 성령으로 기도하면 귀신은 정체를 폭로하고 떠나갑니다. 영적인 말씀을 듣고 영을 깨우면 깊어지는 만큼씩 깊은 곳에 숨은 귀신들이 떠나갑니다.

우리 성도들이 영적인 피해를 당하는 이유는 영적인 면에 무지하기 때문입니다. 일부 체험이 없는 목회자들이 성도에게는 영적 세력이 역사하지 않는 다는 말을 철석같이 믿은 연고로 당합니다. 아예 영적인 면에 관심을 갖지 않습니다. 분명하게 영적인 문제를 관심을 가져야 미리 예방할 수가 있습니다. 절대로 관심이 없으면 알 수가 없는 것이 영적인 문제입니다. 자신에게도 영적인 존재가 역사할 수 있다고 관심을 가진다면 미리 예방하여 영적인 피해를 당하지 않습니다.

잠복된 세력들이 정체를 폭로하여 떠나가게 하려면 먼저 성령으로 세례를 받아야 합니다. 성령으로 세례를 받고 성령의 불세례를 받으면서 성령으로 기도하면 무의식과 잠재의식에 숨어있는 귀신들이 정체를 폭로합니다. 성령의 세례에 대하여 바르게 알고 싶은 분은 "성령의 불로 불세례 받는 법"과 "성령의 불로 충만 받는 법" "성령의 불 받는 법"을 참고하세요. 반드시 성령이 역사해야 정체를 폭로합니다. 잠복된 세력을 폭로 시켜 떠나보내야 영적인 피해를 당하지 않습니다.

셋째, 진리를 바르게 알아라. 말씀의 비밀을 바르게 깨달으라는 말입니다. 필자가 성령치유 사역을 하면서 체험한 바로는 우리 목회자들이나 성도들이 진리를 바르게 깨닫지 못한다고 있다는 것입니다. 대충 유명한 분들이 말했으면 그냥 믿는 것입니다. '왜'와 '어떻게' 없이 그냥 믿는 것입니다. 바르게 해석하여 유전이 되었다면 문제가 없습니다. 그러나 잘못 해석했다면 문제가 되는 것입니다. 필자가 우리 성도들에게 항상 강조하는 것이 "바르게 알고 믿으라."는 것입니다. 영적인 것은 바르게 알지 못하면 속기가 쉽습니다. 마귀와 귀신 역사와 성령의 역사가 비슷하기 때문입니다. 성경에 보면 보지 않고 믿는 자가 복되다고 했지, 모르고 믿는 자가 복되다고 하지 않았다는 것입니다.

왜 그렇게 되었는지 몰라도 분명하게 말씀에 기록되어 있는데 오류를 범하고 있다는 것입니다. 필자가 기도하면서 깨달은 것은 우리 선배 목회자들이 말씀을 샤머니즘의 신앙을 완전하게 배제하지 않고 인간적으로 해석했기 때문이라고 생각을 합니다. 그렇게 되니 자연스럽게 샤머니즘의 신앙이 교회에 들어와 성도들이 영적인 피해를 당할 수밖에 없었다는 것입니다. 대표적인 것이 열심히 신앙입니다. 열심히 하라는 대는 모두 이의가 있을 수 없습니다. 그런데 말씀을 자세하게 보면 잘못이 있습니다. 성경은 분명하게 인건적인 열심을 말하지 않았습니다. 말씀을 보겠습니다. 빌립보서 3장 3절에 "하나님의 성령으로 봉사하며 그리스도 예수로 자랑하고 육체를 신뢰하지 아니하는 우리가 곧 할례파라" 말씀하고 있습니다. 이 말씀은 인간적으로 열심히 봉사하지 말고 성령으로 봉사하라는 것입니다.

"그리스도 예수로 자랑하고 육체를 신뢰하지 아니하는 우리가 곧 할례파라" 이 말씀의 뜻은 무엇입니까? 육체를 신뢰하지 않은 우리가 곧 할례파라고 합니다. 인간적으로 열심 있게 봉사하지 말고 성령의 인도를 받으며 봉사하라는 것입니다. 이렇게 인간적인 열심 때문에 거기에 악한 영의 역사가 일어나 성도들이 봉사를 하다가 상처를 받거나 영적인 피해를 당하는 것입니다. 영적인 피해라는 것은 열심히 봉사하는 성도의 식구들을 귀신이 충동하여 열심히 해봤자 유익이 무엇이냐 하면서 문제를 일으킬 수가 있다는 말입니다. 진리를 바르게 알고 적용하여 불필요한 영적인 고통을 당하지 말아야 합니다.

방언기도에 대한 진리입니다. 분명하게 고린도전서 14장

14-15절에 보면 "내가 만일 방언으로 기도하면 나의 영이 기도하거니와 나의 마음은 열매를 맺지 못하리라. 그러면 어떻게 할까 내가 영으로 기도하고 또 마음으로 기도하며 내가 영으로 찬송하고 또 마음으로 찬송하리라" 말씀하고 있습니다. 이 말씀이 무슨 뜻인가 하면 방언은 영의 기도입니다. 영으로 기도하니 마음이 알아듣지 못합니다. 그래서 마음이 열매를 맺지 못한다는 것입니다. 분명하게 성경에 "방언을 말하는 자는 사람에게 하지 아니하고 하나님께 하나니 이는 알아듣는 자가 없고 영으로 비밀을 말함이라"(고전 14:2).

원래 마음이 감동을 받아야 마음과 육체가 성령의 지배를 받아 변화되는 것입니다. 그런데 방언으로 기도하니 마음이 알아듣지 못하니 마음에 감동을 받지 못한다는 것입니다. 방언으로 기도하면 하나님께 영으로 기도하는 것이므로 하나님과 교통은 되는데 자신이 성령으로 변화되지 않는다는 것입니다.

그래서 하나님께서 이렇게 말합니다. "그러면 어떻게 할까 내가 영으로 기도하고 또 마음으로 기도하며 내가 영으로 찬송하고 또 마음으로 찬송하리라" 분명하게 영으로 기도하고 마음으로 기도하라고 합니다. 그래야 마음이 감동을 받아 성령의 권능으로 마음에 열매가 맺게 되기 때문입니다. 그래서 방언으로 계속 기도하면 자신이 변화되지 못한다는 뜻도 됩니다. 그러면 어떻게 해야 합니까? 방언으로 기도하고 알아듣는 말로 기도하고 하라는 것입니다.

성경에 분명하게 이렇게 기록 되었습니다. "그렇지 아니하면 네가 영으로 축복할 때에 알지 못하는 처지에 있는 자가 네가 무슨 말을 하는지 알지 못하고 네 감사에 어찌 아멘 하리요"(고전 14:16). 알아듣는 말로 해야 마음에 감동을 받아 영육이 성령의 지배를 받아 마음이 열매가 맺히는 것입니다. 그래서 이렇게 말씀하십니다. "그러나 교회에서 네가 남을 가르치기 위하여 깨달은 마음으로 다섯 마디 말을 하는 것이 일만 마디 방언으로 말하는 것보다 나으니라"(고전 14:19). 정확한 진리의 뜻을 모르고 따다다… 따다다… 뚜뚜두… 뚜뚜두…. 하면서 목에서 나오는 방언기도를 해대니 심령이 변화가 일어나지 않아서 마음과 육체에 역사하는 귀신이 떠나가지 않는 것입니다.

이렇게 마음에 감동이 일어나지 않으니 기도는 많이 하는데 자신은 변화되지 않아 여전하게 육체에 역사하는 귀신으로 인하여 영적인 피해를 당하는 것입니다. 영적인 피해를 당하면서도 방언으로 기도하니 영으로 기도하는 것이라고 믿어버리는 자아가 결속되어 고치려고 하지를 않는 것입니다. 그렇다고 방언기도를 하지 말라는 말이 아닙니다. 말씀대로 "그러면 어떻게 할까 내가 영으로 기도하고 또 마음으로 기도하며 내가 영으로 찬송하고 또 마음으로 찬송하리라"는 말씀에 순종하라는 것입니다.

자신이 방언으로만 기도하면 심령이 변하지 않는다는 것을 깨달으면 하나님께서 원하시는 대로 영-혼-육 전인격이 성령의 지배를 받을 것입니다. 그러면 하나님께서 바라는 심령이 되어 분명하게 이 땅에서도 심령 천국을 누리고 아브라함의 복을 받으면서 하나님께 쓰임을 받다가 천국에 들어가는 것입니다.

넷째, 말씀 안에서 체험하려고 하라. 하나님은 분명하게 영이십니다. 요한복음 6장 63절 말씀에도 보면 "살리는 것은 영이니 육은 무익하니라. 내가 너희에게 이른 말은 영이요 생명이라" 영적인 현상을 체험할 때에 순수하게 성령의 역사가 일어나도록 하라는 것입니다. 인위적인 방법을 동원하여 성령의 역사를 체험하려고 하지 말고 순수하게 성령께서 역사하실 수 있도록 하라는 말입니다.

필자가 성령의 은혜를 체험하러 다닐 때 일입니다. 어느 권능이 있다는 목사님의 집회를 참석했습니다. 3박 4일을 집회하는데 마지막 날이 되었습니다. 집회에 참석한 모든 사람들을 강사 목사님이 안수를 해준다는 것입니다. 보조 역할을 하는 목사님들이 집회에 참석한 사람들에게 일어서라고 했습니다. 일어서 있으니까, 강사목사님이 지나가시면서 안수를 했습니다.

그러자 사람들이 넘어졌습니다. 필자의 차례가 되었습니다. 필자가 안수를 받고 넘어지지 않았습니다. 그러자 강사 목사님이 필자의 배를 꾹 찔렀습니다. 그때 필자가 영적인 초보시절이라 잘 이해하지 못하고, 아~ 세워놓고 안수하여 넘어지지 않은 사람은 넘어지라고 배를 꾹 찌르는 것이구나! 생각을 했습니다. 저는 직감적으로 잘못된 것이라고 알았습니다. 필자는 세워놓고 안수하여 넘어지지 않는 사람의 배를 찌르지 않습니다. 세워놓고 안수하지도 않습니다. 앉게 하여 안수해도 성령의 역사가 강하게 일어나기 때문입니다. 분명하게 잘못되었다는 것입니다. 왜 새워놓고 넘어지게 하여 자신이 특별한 능력이 있는 척하느냐 입니다. 특별한 사람인 냥 과시 하느냐 입니다. 정확하게 말한다면 성령님께서 하시는 일이지 강사가 하는 일이 아닙니다.

분명하게 성령께서 강력하게 역사하시면 넘어집니다. 그런데 구태여 세워놓고 넘어지게 할 필요는 없다는 것입니다. 그냥 앉혀놓고 안수해도 성령의 역사가 일어나서 치유가 되고 귀신이 떠나가는데 세워서 할 필요가 없다는 말입니다. 필자가 성령치유 사역을 20여 년간 하다가 보니까, 이렇게 불필요한 동작을 할 필요성을 느끼지 못했다는 것입니다. 그냥 앉게 하고 안수를 해도 분명하게 성령의 역사가 일어납니다.

그렇게 지속적으로 성령의 역사가 일어나면 성도들이 변합니다. 필자가 하는 말은 성령의 역사로 성도들이 하늘의 사람으로 아브라함의 복을 받는 사람으로 권능의 사람으로 변하는 것에 목적을 두자는 것입니다. 무슨 현상이 나타나는데 목적을 두니까, 귀신역사인지 성령의 역사인지 구분을 못하여 분별력이 없고 순진한 성도들이 영적이 피해를 당하는 것입니다.

앞에 1장에서 말씀드린 바와 같이 기도를 하면 "팔을 불규칙적으로 흔들고, 머리를 흔들어대며, 벌 벌벌 떨면서 진동하기도 하고, 뛰어다니기도 하고, 발을 동동 구르기도 하고, 양팔을 들고 벌벌벌 떨기도하고, 듣기 흉측한 방언으로 기도하고, 이상한 소리로 기도하고, 두 손을 들고 깡충깡충 뛰기도 하고, 쓰러져서 가만히 있기도 하고, 어떤 이는 괴성을 지르며 발작 증세를 보이기도 합니다. 박수를 이상하게 치는 것은 기본이고, 춤을 추거나 노래를 부르는 이도 있습니다." 집회에 참석한 목회자나 성도들이 이렇게 기도하는 것은 집회를 인도하시는 목회자들이 그렇게 해야 성령이 충만한 것이라고 말했기 때문에 인위적인 방법으로 성령 충만을 받으려고 하는 것입니다. 이렇게 기도해야 성령으로 충만한 것이 아닙니다. 성령님의 역사는 자신의 힘을 빼야 성령님이 쉽게 역사하여 자신을 장악하는 것입니다.

인위적인 방법을 가지고 성령 충만을 받으려고 하니 교묘하게 미혹하는 영적인 세력들에 의하여 피해를 당하는 것입니다. 피해만 당하는 것이 아니고, 변화되지 않는 것입니다. 하나님께서 원하시는 성품으로 성화되지 않는 것입니다. 성령이 역사가 자신을 장악해야 자신 안에 역사하는 귀신들이 떠나가고 심령에 천국이 되고 예수님의 성품으로 성화되는 것입니다.

다섯째, 자신의 마음이 천국 되게 하라. 하나님께서는 예수를 믿는 성도들이 이 땅에서 마음에 천국을 이루고 아브라함의 복을 받아 누리면서 하나님의 나라 확장에 쓰임을 받다가 천국에 들어가기를 원하십니다. 분명하게 하나님께서 우리 성도들을 세상에서 부르신 것은 아브라함의 복을 받아 누리며 살아가도록 하기 위해서 부르신 것입니다. 일부 목회자들이 성도들이 아브라함의 복을 받아 누리며 살아가는 것이 하나님의 뜻이라고 하면 이해하고 받아들이지 못합니다. 한마디로 기복신앙이라는 것입니다. 기복신앙을 바르게 알아야 합니다. 기복신앙은 특정 대상에게 복을 비는 행동과 마음을 말하는 것입니다. 기복신앙은 자신의 복을 비는 것으로, 자신의 불안전함을 해소하기 위해 믿는 초자연적인 존재나 힘에 대한 신앙과 그와 관련된 행동을 가리키는 것입니다. 요약하여 정리하면 하나님께 빌어서 복을 받기 위하여 신앙생활을 하는 것을 기복신앙이라고 합니다.

필자가 말하는 아브라함의 복은 분명하게 성령의 역사로 마음에 천국이 되어야 받게 되는 것입니다. 마음에 성령이 충만하여 하나님의 나라가 이루어지니 아브라함의 복을 받게 된다는 것입니다. 필자가 말하는 아브라함의 복은 자신이 말씀과 성령으로 변화되지 않으면 받지 못하는 것입니다. 분명하게 성경 말씀을 보면 믿는 자는 아브라함의 복을 받는 다고 말씀하고 있습니다. "그리스도께서 우리를 위하여 저주를 받은바 되사 율법의 저주에서 우리를 속량하셨으니 기록된바 나무에 달린 자마다 저주 아래에 있는 자라 하였음이라. 이는 그리스도 예수 안에서 아브라함의 복이 이방인에게 미치게 하고 또 우리로 하여금 믿음으로 말미암아 성령의 약속을 받게 하려 함이라"(갈 3:13-14).

그런데 아브라함의 복은 성령으로 심령이 정화되어 하나님께서 원하시는 심령이 되어야 받을 수가 있습니다. 기복신앙과 같이 하나님께 복을 달라고 빌어서 아브라함의 복을 받는 것이 아닙니다.

하나님께서는 분명하게 하나님께서 하라는 대로 순종하는 사람에게 아브라함의 복을 허락하십니다. 그래서 우리는 예수를 믿으면 구원을 받는 칭의로 만족 말고, 예수님의 성품으로 변화되어 이 땅에서도 심령천국을 이루고 아브라함의 복을 받아 누리면서 하나님의 군사로 쓰임을 받는 분량에 이르도록 성화되려고 해야 합니다. 그래서 우리 성도들이 영적인 면을 확실하게 분별하여 성령의 인도를 받아 삶에서 영적인 피해를 당하지 말아야 합니다.

충만한 교회는 말씀과 성령으로 성도들을 치유하여 성령의 인도를 받는 영적인 성도가 되도록 하는 목회를 합니다. 충만한 교회 목회 방향은 성도들을 목회자 그늘에서 믿음 생활을 하는 나약한 성도가 되지 않도록 하는 것입니다. 말씀과 성령으로 치유 받아 영의 통로를 열고 하나님과 직접 관계를 열어 교통하면서 세상 어디를 가더라도 자신 안에 임재하신 하나님께 기도하여 응답을 받으면서 세상을 살아가도록 합니다.

영적인 자립을 하는 것을 목표로 훈련합니다. 하나님께서 부여하신 권능을 사용하여 세상을 장악하게 합니다. 그래서 주일날도 강한 성령의 역사가 일어나는 예배를 드립니다. 영적인 눈이 열리고 사고가 영적으로 변하는 말씀을 준비하여 교재로 제공하고 설교를 합니다. 기도를 40분 이상 하면서 담임 목사가 일일이 안수하여 성령으로 충만 받도록 합니다. 필요한 성도는 토요일 날 개별집중치유를 하여 문제를 치유하고 영성을 깊게 합니다. 자신의 영을 자신이 지킬 수 있는 강한 성도가 되게 훈련하고 있습니다.

2부 귀신들의 이동과 영적인 피해

06장 귀신들이 들어오고 나가는 매체들

(고전1:12)"내가 이것을 말하거니와 너희가 각각 이르되 나는 바울에게, 나는 아볼로에게, 나는 게바에게, 나는 그리스도에게 속한 자라 한다는 것이니, 그리스도께서 어찌 나뉘었느냐 바울이 너희를 위하여 십자가에 못 박혔으며 바울의 이름으로 너희가 세례를 받았느냐"

하나님은 사람을 통하여 우리에게 축복을 전이 시킵니다. 저는 항상 사람을 잘 만나야 한다고 강조를 합니다. 어떤 유형의 사람을 만나느냐에 따라서 인생이 달라질 수가 있기 때문입니다. 그래서 어린 아이들과 미혼자들을 축복 안수기도 할 때 "예수 이름으로 명하노니 사람을 잘 만나는 축복이 임할 지어다."하면서 안수를 합니다. 제가 이렇게 영적인 글을 써서 책을 출간하는 것도 젊은 시절에 사람을 잘 만났기 때문입니다. 군대에 가서 우수한 장군들을 만나 인생을 성공하는 법들을 배우고 전이 받았습니다.

그래서 저는 축복의 전이는 사람을 통해서 이루어진다는 것을 마음속 깊이 깨달았습니다. 이 책도 성도님들이 사람을 구별하여 만나서 아브라함의 축복을 받으면서 살아가자는 취지에서 책을 쓰는 것입니다. 성경에는 사람을 잘 만나 축복을 받은 실화가 많이 있습니다. 아브라함의 조카 롯은 아브라함을 따르면서 축복을 받았습니다. 그러나 욕심 때문에 소돔 땅을 선택하여 독립을 했다가 망한 사람이 되었습니다. 야곱의 외삼촌 라반은 야곱을 곁에 두므로 하나님의 복을 받았습니다. 애굽의 시위대장 보디발은 요셉을 종으로 들여서 하나님의 복을 받았습니다. 엘리사는 엘리야를 따라다니다가 하늘의 복을 받았습니다. 그러므로 사람은 누구를 만나느냐에 따라 복과 저주가 따른다고 할 수가 있습니다. 그러면 축복과 저주가 무엇을 통하여 전이가 되겠습니까?

첫째, 언어를 통하여. 사람은 육적이면서 영적인 존재입니다. 영적인 세계는 말을 통하여 모든 것이 이루어집니다. 하나님은 말씀으로 천지를 창조하셨습니다. 말씀은 창조적인 능력이 있습니다. 혀는 우리의 인생을 망하게 하거나 성공시킬 능력이 있습니다. 같은 입에서 복이 나오고 저주가 나옵니다. 우리 입에서 절대로 저주가 나와서는 절대로 안 됩니다. 예수님의 말씀이 귓전을 울립니다. "마음에 가득한 것을 입으로 말함이라." 특히 하나님과 영의통로가 열린 성도의 마음(영)은 말로써 프로그램화됩니다. 믿음은 우리 안의 영이 하나님의 말씀을 들음으로써 생겨납니다. 두려움은 대적 마귀가 말한 것을 들음으로써 생겨납니다. 그리스도인들 가운데 그들의 대적인 마귀의 말을 계속 고백하는 사람들이 많습니다. 그들은 마귀의 말을 마음에 세우고 그것에 붙잡혀 삽니다.

말이 굉장히 중요합니다. 이단들이 모두 말을 통하여 성도들을 묶는 것입니다. 말을 통해서 영들의 침입이 이루어지기 때문입니다. 신천지 교주에게 가있는 사람들이 왜 교주에게 맹종하느냐, 교주의 말을 통해 역사하는 귀신들이 전이 되어 분별력을 잃게 됩니다. 그래서 교주가 말하는 것은 절대적이라고 믿기 때문에 가정도 팽개치고, 직장도 팽개치고, 학업도 팽개치고, 교주가 말하는 대로 순종하며 따라가는 것입니다. 한마디로 교주에게 역사하는 귀신에게 끌려다니는 것입니다. 누가 무어라고 권면해도 귀에 들리지를 않습니다. 오로지 교주가 말하는 말만 들리기 때문입니다. 말이 이렇게 중요합니다. 그래서 성경에 죽고 사는 것이 혀의 권세에 달렸다고 하는 것입니다.

자신의 말하는 것을 분별하면서 비교해 보시기를 바랍니다. 지금 어느 말에 잡혀있습니까? 분별을 못하시겠습니까? 바로 그것이 원수가 우리의 말을 가지고 우리를 잡으려고 하는 것입니다. 진짜 성도는 하나님의 음성을 분별하여 내는 때부터 성도라고 하는 것이 타당합니다. 그 악한 마귀는 자기가 만들어낸 말들을 가지고 우리의 영 안에 왜곡되고 쓸모없는 자기 파멸적 이미지를 심어 놓기를 원합니다.

마태복음 12장 35절에서 예수님이 말씀하십니다. "선한 사람은 그 쌓은 선에서 선한 것을 내고…." 누가 그런 일을 일어나게 하는 자라고 예수님이 말씀하셨는지 주목해 보십시오. 하나님께서 그렇게 하실 거라고 말씀하지 않으셨습니다. 사람이 그렇게 하는 것입니다. 그의 머리나 지성에서 나오는 게 아니라 그의 마음에서 나온다고 하였습니다. 인생의 좋은 것과 나쁜 것이 다 마음에서 나오는데 입을 통하여 나온다고 예수님이 말씀하셨습니다. "입에 들어가는 것이 사람을 더럽게 하는 것이 아니라 입에서 나오는 그것이 사람을 더럽게 하는 것이니라."(마 15:18~19)

자신에게 좋은 말을 할 뿐 아니라 남을 축복하는 말을 해야 합니다. 성경은 칼로 찌르는 것처럼 함부로 말하는 자가 있다고 했습니다. 칼로 찌르면 어떻게 되는지 알 것입니다. 피가 나옵니다. 피는 상처입니다. 나아도 흉터가 남게 됩니다. 거기에는 아픔과 고통이 있습니다. 그래서 칼로 찌르는 것처럼 함부로 이야기하지 말고 양약처럼 살리고 힘이 되는 말을 하라는 것입니다. 시경(詩經)에 "백규지점 상가마야 사언지점 부가위야"라는 말이 있습니다. 옥의 티는 갈아서 없앨 수 있지만 말의 결함은 그럴 수 없다는 말입니다. 한번 내뱉은 말은 결코 주워 담을 수가 없습니다. 상대방은 평생 씻을 수가 없는 상처를 입을 수 있다는 사실을 잊어선 안 될 것입니다.

우리말에도 "말 한마디에 천 냥 빚을 갚는다."는 속담이 있습니다. 당시에 천 냥이면 신분이 바뀌고 인생이 바뀔 수 있는 돈이었습니다. 말 한마디가 그렇게 중요하다는 이야기입니다.

1858년 뉴욕의 한 가정에서 아이가 태어났습니다. 그 아이는 소아마비를 앓아서 다리를 절었고 시력도 극도로 나빴습니다. 게다가 천식으로 인한 호흡 곤란 때문에 바로 앞에 있는 촛불도 끌 수 있는 힘이 없었습니다. 가까스로 생명을 연장하여 드디어 열한 살이 되던 날, 아버지는 아이에게 이런 말을 해주었습니다.

"사랑하는 내 아들아, 네가 가진 장애는 장애가 아니란다. 네가 만일 오늘 전능하신 하나님을 참으로 신뢰한다면 그리고 하나님이 너를 도와주신다면, 오히려 너의 장애로 인해 모든 사람이 너를 주목할 것이고 너는 진실로 역사에 신화 같은 기적을 남기는 놀라운 삶을 살 수 있단다." 그 후 그는 23세가 되던 해에 뉴욕 주를 대표하는 의회의 의원이 되었고 28세에 뉴욕 시장에 당선되었으며, 주지사와 부통령을 거쳐 미국 역사상 가장 어두웠던 시절 새로운 미국의 신화를 장식한 유명한 대통령이 되었고 노벨 평화상까지 수상했습니다. 그 사람은 바로 시어도어 루스벨트 (Theodore Roosevelt) 대통령입니다. 우리는 남을 칭찬하고 격려하고 세워주는 말을 해야 합니다. 우리가 다른 사람에게 축복의 말을 할 때 그것이 생명이 되고 기쁨이 되고 살리는 말이 된다는 것을 기억해야 할 것입니다.

둘째, 동거를 통하여. 동거를 한다는 것은 마음이 통했다는 것입니다. 마음이 열린 상태이므로 영들의 침입이 잘 이루어질 수 있는 것입니다. 아브라함과 롯의 경우도 동거를 통한 축복의 전이라고 볼 수가 있습니다. 동거를 통하여 자연스럽게 아브라함의 축복이 롯에게 전이가 된 것입니다. 야곱의 경우도 마찬가지입니다. 외삼촌 라반의 집에서 기거하므로 야곱에게 역사하는 하나님의 복이 외삼촌 라반의 집에 육축과 우양이 풍부하게 한 것입니다. 라반이 그것을 알고 끝까지 자기 집에 붙잡아 두려고 한 것입니다.

한 여성이 출가하여 남자의 집에 동거를 시작합니다. 그러므로 여성에게 역사하는 축복과 저주의 영이 남편의 집에 역사하기 시작을 합니다. 여성이 시집을 와서 부자가 되는 집도 있습니다. 반대로 가산을 탕진하여 망하는 집안도 있습니다. 저는 성령치유 사역을 할 때 상담을 하면서 많이 체험하고 있습니다. 특히 우상숭배를 많이 한 사람을 가정에 들이므로 귀신이 역사하여 집안이 망하는 경우가 많습니다. 그래서 옛날 어른들이 사람을 잘 들여야 한다고 강조하시는 것입니다. 저는 항상 우리 청년들에게 배우자를 선택할 때에 외모만 보지 말고, 그 심령을 읽는 눈을 개발하여 하나님의 형통의 복이 함께하는 사람을 만나야 한다고 강조를 많이 합니다.

예방하는 방법은 결혼이나 기타 이유로 집안에 들어온 사람을 예수님을 믿게 하고 성령으로 세례를 받게 한 후에 성령의 불의 역사를 체험하게 하면서 회개하게 하고 저주의 줄을 끊고 혈통에 흐르는 귀신들을 축귀하면 되는 것입니다. 사람을 사귈 때 분별력을 가지고 사귀고 인간관계가 되었다면 앞에서 말한대로 조치를 취하면 되는 것입니다. 사전에 예방하면 그러한 고통을 당하지 않는 것입니다.

제가 시화에서 교회를 개척하고 한창 전도를 하러 다닐 때의 이야기입니다. 전도를 하다가 시화 주공 5단지 노인정에 갔습니다. 노인정은 항상 노인들이 있기 때문에 사람을 만나기가 쉬운 장소입니다. 가서 한창 복음을 전하는데 한 여성분이 이러는 것입니다. 목사님이 하시는 말씀 모두가 맞습니다. 사람을 잘 들여야 되고 만나야 합니다. 우상을 숭배하던 사람을 배우자로 만나면 집안이 망합니다. 정말로 우상숭배는 하나님의 진노를 사는 일입니다. 저는

대구에서 아들과 함께 전자제품 도매상을 했습니다. 그 당시(1980
년대) 재산이 50억 가량이 되었습니다. 그런데 하루아침에 다 날아
가고 졸지에 거지가 되었습니다. 이유는 이렇습니다. 우리 가계는
대대로 예수를 믿었습니다. 그런데 큰 딸이 결혼을 했는데 지독하
게 불교를 믿어 절에 다니는 사람하고 결혼을 했습니다.

　그래도 저의 집이 사위의 집보다 부자이기 때문에 사위가 교회
를 다녔습니다. 문제가 하나 생겼습니다. 딸이 아들을 생산하지 못
하는 것입니다. 사위가 장손인데 아들을 낳지 못하는 것입니다. 딸
만 넷을 낳았습니다. 그러니까, 시어머니의 성화가 심합니다. 절에
다니던 사람이 교회를 가서 저주를 받아 아들을 낳지 못한다는 것
입니다. 그러면서 나는 절에 가서 빌고 너는 교회에 가서 빌어서
누가 더 신령한가 시험을 해보자고 하더랍니다. 아주 큰 죄악을 저
지른 것입니다. 하나님을 시험하다니 말입니다.

　그런데 문제가 발생했습니다. 딸이 어느날 꿈을 꾸니, 중이 파
란 구슬을 주더랍니다. 받아가지고 뒤를 돌아서 손을 펴보니, 아무
것도 없더랍니다. 이는 꿈을 정확하게 해석 하면 이렇습니다. 절의
중은 아무것도 줄 수가 없는 것입니다. 즉, 말로는 좋은 것을 준다
고 하지만 실상은 아무것도 받지를 못한다는 꿈입니다. 그 꿈을 꾸
고 나서 시어머니에게 이야기를 했습니다. 이야기를 하니 이번에
분명히 부처님이 아들을 주실 것이라고 했다는 것입니다. 얼마 있
지 않아서 임신이 되었습니다. 낳고 보니 아들입니다. 그래서 시어
머니가 내가 절에서 빌어서 아들이 생겼다고 좋아했습니다. 절에

있는 부처가 더 능력이 있다는 것입니다.

딸이 믿음이 깊었으면 속지 않았을 것인데 믿음이 깊지를 못해서 며느리도 시어머니 말에 공감을 했습니다. 그 후에 시어머니가 다니는 사찰에 행사나 일이 있으면 사찰에 물질을 가져다가 주었답니다. 사찰을 지을 때 큰돈으로 시주를 했답니다. 행사가 있으면 시주도 했답니다. 쌀도 사다가 바쳤답니다. 사위가 사업을 하는데 좀 더 크게 하기 위하여 은행대출을 받아야 했습니다. 당시 재산이 모두 아들 앞으로 되어있어서 아들이 보증을 서서 은행 대출을 받았습니다. 사업이 잘되지 않으니 자꾸 은행에서 대출을 받았습니다. 급기야는 부도가 났습니다. 그러자 보증을 선, 아들에게 갚도록 했다는 것입니다. 아들이 갚지를 못하니, 경매에 들어가 경매를 당하여 졸지에 알거지가 되어서 모든 재산을 정리하고 나니 돈 50억이 다 날아가고 삼천만 원밖에 남지 않더라는 것입니다. 그 돈으로 시화에 와서 은행 대출을 끼고 아파트를 분양 받았습니다. 그런데 은행 대출 이자를 갚지를 못했습니다, 아파트를 팔고 단독주택 지하실 방으로 옮겨야 한다는 것입니다.

하나님을 믿는 자녀가 사찰에 물질을 가져다가 주면 망합니다. 혼자만 망하는 것이 아니고 가계가 다 망합니다. 우리 영의 눈을 뜹시다. 그래서 이 분들과 같이 귀신의 저주를 자처하지 말아야 합니다. 이 경우는 남편을 잘못만나 친정까지 망한 것입니다. 마귀가 역사하는 사람을 들여서 동거를 통하여 마귀의 저주가 역사하므로 가정이 망한 것입니다.

부부가 결혼하여 같이 지내다가 보면 닮아가게 됩니다. 심지어 얼굴도 닮아가게 됩니다. 식습관도 닮아가게 됩니다. 심지어 상대 방의 질병까지도 전이가 된다고 합니다. 같이 지내다가 보니 연스 럽게 영들의 침입이 이루어지는 것입니다. 그래서 장가를 가려면 장모될 분을 보아라. 시집을 가려면 시아버지 될 분을 보아라. 하는 것입니다. 이는 그 아버지에 그 아들, 그 어머니에 그 딸이라는 것입니다. 동거를 통하여 좋은 점과 나쁜 점이 모두 전이가 되기 때문입니다. 우리 사람을 잘 만나도록 기도 합시다.

셋째, 접촉과 안수를 통하여. 성경에 보면 안수를 통하여 축복을 전이 시킨 경우가 많이 있습니다. 야곱이 그 아들들에게 안수를 통하여 축복을 하였습니다. 요셉의 자녀들에게도 안수를 하면서 축복을 전이 시켰습니다. 구약 성경에 나와 있는 사례 두 가지로써 곱이 자신의 아들 유다와 요셉의 축복안수 사례만 보겠습니다. "유다야 너는 네 형제의 찬송이 될지라. 네 손이 네 원수의 목을 잡을 것이요 네 아버지의 아들들이 네 앞에 절하리로다. 유다는 사자 새끼로다 내 아들아 너는 움킨 것을 찢고 올라갔도다. 그가 엎드리고 웅크림이 수사자 같고 암사자 같으니 누가 그를 범할 수 있으랴 규가 유다를 떠나지 아니하며 통치자의 지팡이가 그 발 사이에서 떠나지 아니하기를 실로가 오시기까지 이르리니 그에게 모든 백성이 복종하리로다. 그의 나귀를 포도나무에 매며 그의 암나귀 새끼를 아름다운 포도나무에 맬 것이며 또 그 옷을 포도주에 빨며 그의 복장을 포도즙에 빨리로다. 그의 눈은 포도주로 인하여 붉겠고 그의 이는 우유로 말미암아 희리로다"(창 49:8-12).

"요셉의 활은 도리어 굳세며 그의 팔은 힘이 있으니 이는 야곱의 전능자 이스라엘의 반석인 목자의 손을 힘입음이라. 네 아버지의 하나님께로 말미암나니 그가 너를 도우실 것이요 전능자로 말미암나니 그가 네게 복을 주실 것이라 위로 하늘의 복과 아래로 깊은 샘의 복과 젖먹이는 복과 태의 복이리로다. 네 아버지의 축복이 내 선조의 축복보다 나아서 영원한 산이 한 없음 같이 이 축복이 요셉의 머리로 돌아오며 그 형제 중 뛰어난 자의 정수리로 돌아오리로다"(창49:24-26).

축복 안수할 때 좌수와 우수가 차이가 있다는 것입니다. 반드시 우수로 축복 안수를 하고 안수를 받아야 합니다. 저는 부부를 안수할 때 꼭 오른 손을 남편의 머리에 얹고 축복 안수를 합니다. 형제도 마찬가지입니다. 형은 오른손을 얹고 동생은 좌측 손을 얹고 축복 안수를 합니다.

그런데 야곱은 좌측 손을 형 므낫세의 머리에 얹고 동생 에브라임에게는 오른손을 얹고 안수를 했다는 것입니다. 요셉이 아버지 야곱이 형인 므낫세에게 오른손을 얹도록 자리를 위치했는데 야곱이 손을 바꾸어 안수를 했다는 것입니다. 이렇게 축복 안수할 때 좌수와 우수가 차이가 있다는 것입니다. "요셉이 그 아버지가 오른손을 에브라임의 머리에 얹은 것을 보고 기뻐하지 아니하여 아버지의 손을 들어 에브라임의 머리에서 므낫세의 머리로 옮기고

자 하여 그의 아버지에게 이르되 아버지여 그리 마옵소서 이는 장자이니 오른손을 그의 머리에 얹으소서 하였으나 그의 아버지가 허락하지 아니하며 이르되 나도 안다 내 아들아 나도 안다 그도 한 족속이 되며 그도 크게 되려니와 그의 아우가 그보다 큰 자가 되고 그의 자손이 여러 민족을 이루리라 하고"(창 48:17-19).

예수님도 안수하시면서 축복을 하셨습니다. 시몬의 장모의 열병을 치유하셨습니다. 안수를 통하여 축복을 전이시키기도 하시고 질병도 치유하시고 귀신도 축사하셨습니다. "예수께서 베드로의 집에 들어가사 그의 장모가 열병으로 앓아누운 것을 보시고, 그의 손을 만지시니 열병이 떠나가고 여인이 일어나서 예수께 수종들더라"(마 8:14-15). "해 질 무렵에 사람들이 온갖 병자들을 데리고 나아오매 예수께서 일일이 그 위에 손을 얹으사 고치시니"(눅 4:40).

사도행전에 보면 사마리아에서 사도 베드로와 요한은 새로운 회심자들에게 안수하며 그들을 위해 기도했습니다. "시몬이 사도들의 안수로 성령 받는 것을 보고"(행8:18).

다메섹에서 제자 아나니아는 다소의 사울이 시력을 회복하고 성령으로 충만해지도록 그에게 안수 하였습니다. 이 경우 아나니아는 안수 한 가지로 사울에게 신체적 치유와 성령세례라는 두 가지 사역을 하였습니다. 바울이 섬겼던 에베소에 있던 제자들은 바울이 안수한 후에 성령을 받았습니다.

이런 사실들을 요약해 보면 사도행전에서 성령을 받은 자들 중

50% 이상이 다른 믿는 자들의 안수를 통해서 성령을 받았습니다. 성령을 받았다는 것은 축복을 전이 받았다는 말과 같습니다. 예루살렘의 다락방과 고넬료 집안에 있던 사람들은 다른 사람이 안수하지 않고도 직접 성령 세례를 경험 했습니다. 하지만 모든 경우들을 근거로 할 때, 우리는 다른 믿는 자의 안수함으로 성령 세례와 축복을 구하는 자들을 섬기는 것은 정상적이고 성경적이라고 말할 수 있습니다.

때로는 믿는 자들이 성령의 충만을 받도록 안수 사역을 행 할 수 있는 자들은 교회의 사도 내지는 특별한 직임 자들뿐이었다는 암시를 내비치기도 합니다. 지금으로 말하면 목사님들입니다.

그러나 이런 주장은 성경의 지지를 받지 못합니다. 이런 목적으로 다메섹에서 다소의 사울에게 안수 했던 아나니아는 그저 어떤 제자 일뿐 사역이나 직임 자가 아니었지만 아나니아는 이방인을 향해 위대한 사도가 되도록 정해진 자에게 안수하라는 하나님의 지시를 직접 받았습니다. "믿는 자들에게는 이런 표적이 따르리니 곧 그들이 내 이름으로 귀신을 쫓아내며 새 방언을 말하며, 뱀을 집어 올리며 무슨 독을 마실지라도 해를 받지 아니하며 병든 사람에게 손을 얹은즉 나으리라 하시더라"(막16:17-18).

여기서 예수님은 새 방언을 말하는 것과 치유를 받도록 병자에게 안수하는 두 가지 초자연적인 표적은 믿는 자의 증거로 따를 것임을 말씀하십니다. 이 초자연적인 표적을 실행한 것은 사도나 감독자나 복음전도자나 목사와 같은 어떤 특임자만이 소유하는 특권의 능력이 아니라, 모든 믿는 자에게 열려 있듯이 성령 사역 역시 모든 믿는 자에게 열려 있습니다. 그래서 이렇게 강조합니다. "아무에게나 경솔히 안수하지 말고 다른 사람의 죄에 간섭하지 말며 네 자신을 지켜 정결하게 하라"(딤전5:22).

여기서 바울은 디모데에게 세 가지로 구별되는 경고를 하고 있습니다. 아무에게나 경솔히 안수하지 말라, 다른 사람들의 죄 중에 동참자가 되지 말라, 네 자신을 정결하게 지키라. 두 영들 사이의 접촉이 어떤 믿는 자의 영이 순수하지 않고 어느 한쪽이 더럽혀져 있다면 접촉으로 말미암아 다른 영혼이 해로운 영향을 받을 수 있음을 지적하고 있습니다. 이 문맥에서 제시하는 두 가지 "다른 사람의 죄에 간섭하지 말라와 네 자신을 정결하게 지키라"는 명령에 의해 명백해 집니다.

그러면 우리가 안수와 관련된 영적 위험에 대하여 방어의 수단을 살펴보겠습니다. 안수 사역은 절대로 가볍게 부주의하게 행사되어서는 아니 되고 기도와 겸손의 영 가운데 행사되어야 합니다. 성령님의 인도와 지시를 모든 단계마다 즉 누구에게 기도 할지, 언제 기도 할지, 또 어떻게 기도 할지를 구해야 합니다.

안수하는 자는 자신의 영을 위하여 성령으로 기도하여 성령의 역사로 자신의 심령을 계속 정결케 해야 합니다. 자신과 피안수자를 보호하는 보혈의 능력을 주장하는 법을 알아야 합니다. 안수하는 자 스스로가 성령님의 능력을 받아서 안수 받는 자 안에서 또는 통해서 역사하려는 모든 종류의 악한 영향력을 영적으로 이길 수 있어야 합니다. 한마디로 말씀과 체험이 같이 가야 한다는 것입니다.

이러한 안전장치가 신중하게 준수되지 않는 곳에는 안수를 하고 나서 안수하는 자 안수를 받은 자 또는 둘 다에게 영적으로 해로운 결과가 나타날 수 있는 위험이 실제로 있습니다. 이 위험은 안수하는 모든 경우에 있을 수 있지만 특히 성령 세례를 받는 경우는 우리가 성령은 하늘의 전기라 말하곤 하는데 전기의 충격이 크면 클수록 적절한 보호가 필요함과 같다고 보면 적절한 비유가 되겠습니다.

성령의 세례와 전문적인 안수사역은 "안수사역의 희한한 비밀"을 참고하시기를 바랍니다. 그러므로 안수는 경솔하게 받지도 말고 경솔하게 해서도 안 되는 것입니다. 안수를 통하여 축복과 저주가 전이되기 때문입니다.

넷째, 생활을 통하여. 생활을 통해서도 축복과 저주가 전이 됩니다. 영은 시공간을 초월할 수가 있기 때문에 함께 생활을 통해서도 전이가 될 수 있는 것입니다. 그렇다면 직장 생활을 통해서도 전이가 될 수가 있는 것입니다. 우리는 영의 세계에 잠겨서 살아간다고 해도 과언이 아닙니다. 영의 세계에는 성령도 있습니다. 마귀 귀신도 있습니다. 사람의 역사도 있습니다. 그렇기 때문에 분별력을 길러야 합니다. 좋지 못한 영들의 침입를 막는 길은 성령으로 충만한 생활입니다.

영들의 침입는 여러 가지를 통해 이루어집니다. 가족, 친구, 교회, 지역, 여러 가지 매체들, 그리고 영적 지도자들을 통하여 일어납니다. 그리고 모두 긍정적인 전이 뿐 아니라, 부정적인 전이가 일어나는 도구가 될 수 있습니다. 그러면 우리가 악하고 음란한 세상에서 죄 많은 사람들과 부딪히고 살면서 부정적인 영들의 침입를 피하려면 어떻게 해야 할까요? 요한 일서 4:4절에서 요한은 이렇게 말했습니다. "너희 안에 있는 이가 세상에 있는 이보다 크심이라." 우리는 오직 성령 안에서 행할 때만이 부정적인 영들의 침입로부터 자유로울 수 있습니다. 그러므로 우리는 항상 성령 충만해야 합니다.

직장 생활을 하면서도 무시로 기도해야 합니다. 그래야 악한 영의 전이를 막을 수가 있는 것입니다. 제일 좋은 것은 성령의 인도로 좋은 직장과 상사를 만나는 것입니다. 좋은 직장에 가서 좋은 상사를 만나는 것이 축복입니다. 저는 군대에 가서 하나님을 두려워하고 섬기는 상관을 만났기 때문에 노년에 인생이 풀리고 있는 것입니다. 이것도 하나님의 축복입니다.

교회생활도 무시하지 못합니다. 영들의 침입이 가장 많이 이루어지는 곳이 보이는 유형 교회입니다. 교회에 가면 목사님의 설교를 듣습니다. 설교를 듣다가 보면 자연스럽게 영의 전이가 됩니다. 율법주의 목사님을 만나면 율법주의자가 됩니다. 성령의 역사를 따라가는 성령 충만하고 체험이 있는 목사님을 만나면 자연스럽게 성령 충만하고 체험이 있는 성도가 됩니다.

제가 어느 성도에게 들은 이야기인데 자기네 교회에는 전부 상처가 많고, 가정이 빈곤하고, 문제가 있는 성도만 있다고 합니다. 이는 서로 영적으로 맞기 때문에 같이 지내는 것입니다. 한마디로 영이 통한다는 것입니다. 어느 교회는 영육으로 성숙한 성도들이 모여서 신앙 생활하는 곳도 있습니다. 이 교회에 가정이 빈곤하고 문제가 있는 성도가 들어가도 정착을 하지 못합니다. 왜냐하면 영이 통하지 않기 때문입니다. 우리는 영적인 분별력을 길러야 합니다. 교회 생활을 통하여 자연스럽게 상대방들의 영들이 나에게 영향을 미칠 수가 있기 때문입니다.

그래서 빈곤의 고통을 당하다가 예수를 믿고 교회에 들어가서 신앙생활을 하다가 물질 축복을 받아 빈곤을 탈출한 사람이 많습니다. 60~70연대에 많은 성도님들이 빈곤의 고통을 당하다가 전도를 받고 예수를 믿어 축복을 받은 분들이 많습니다. 이분들은 정상적인 복음을 듣고 성령의 역사로 은혜 있는 신앙생활을 했기 때문입니다. 반대로 예수를 믿고 교회에 들어와 신앙생활을 했지만 정상적인 복음을 듣지 못하고 성령을 체험하지 못하므로 생활이 더 빈곤해진 분들도 있습니다.

실제로 제가 잘 아는 어느 분은 우리 교회에 다니면서 사업이 잘되었습니다. 집도 사고 가게도 확장을 했습니다. 그런데 무슨 이유인지는 몰라도 교회를 떠나더니 점점 사업이 어려워졌습니다. 그러자 타고 다니던 고급차도 정리해야 하는 상태에 이르렀다고 합니다. 저는 항상 이렇게 말합니다. 성도님들이여! 축복의 영이 역사하는 줄을 잡았으면 끝까지 놓지 말라고 강조를 합니다. 그것이 축복의 통로요, 축복의 줄이기 때문입니다. 우리는 이 영의 흐름을 알고 볼 수가 있어야 아브라함의 축복을 받을 수가 있는 것입니다.

교회나 기도원을 잘못 가서 가정이 파탄되는 경우도 있습니다. 어느 집사의 이야기입니다. 기도가 되지 않고 답답하여 이곳저곳을 방황하다가 어느 기도원에 소문을 듣고 가게 되었다는 것입니다. 저녁에 9시부터 새벽 4시까지 철야 기도를 하는 곳이라는 것입니다. 가서 저녁내 부르짖고 기도하니 마음이 편안해지는 것 같아 4달을 다녔다는 것입니다. 그런데 문제가 발생했습니다. 그렇게 부부 금술이 좋던 부부관계에 문제가 생겨서 하루가 멀다 않고 다퉜다는 것입니다.

그러다가 깨닫게 된 것은 그 기도원에 들어가 한 1년 정도 다닌 사람들 중에 이혼한 사람들이 많다는 것입니다. 심지어 결혼 한지 2년 밖에 되지 않은 부부가 이혼을 했다는 것입니다. 기도원장의 부부 관계를 알아보니 별거하고 혼자 지낸다는 것입니다. 남편은 저 대구에 있고, 자기는 서울에서 기도원을 하다는 것입니다. 그래서 영적으로 깊은 목사님에게 상담을 하니 그 기도원은 부부간에 이간시키고 별거시키는 영이 흐른다는 것입니다. 그래서 일주일만 지나면 부부간에 생각하지도 못한 분란이 생긴다는 것입니다.

그 소리를 들으니 정신이 번쩍 들어서 가지 않았다는 것입니다. 그곳에서 들어온 부부간에 이간시키고 별거하게 하고, 이혼 시키는 영을 쫓기 위하여 우리 충만한 교회에 오게 되었다는 것입니다. 이분이 충만한 교회에 1년 정도 다니면서 심령을 치유하여 영의 만족을 누리고 부부관계도 회복하게 되었습니다.

부산에서 집사님 한분이 영적인 문제를 치유 받으려고 왔습니다. 상담을 하면서 알게 된 사실은 이렇습니다. 오십견이 와서 고통을 당하는데 단 월드에서 수련을 하면 치유된다고 해서 석 달을 다녔다는 것입니다. 다니다가 보니 오십견이 치유되었습니다. 그런데 큰 문제가 생긴 것입니다. 단 월드에서 귀신이 전이가 된 것입니다. 단 월드에 가지 않으니 이 귀신이 저녁에 잠을 자지 못하게 괴롭힌다는 것입니다. 잠이 들려고 하면 자신의 중요한 성기를 만져서 견딜 수가 없게 만든다는 것입니다. 자신의 힘으로 어찌할 수가 없었다는 것입니다. 더 큰 문제는 귀신이 자기만 괴롭히는 것이 아니고, 자신의 아들과 부인까지 장악하여 귀신이 괴롭혀서 28세가 된 아들이 직장 생활을 하지 못하고 집에서 놀고 있다는 것입니다.

이 집사가 집회에 참석한 첫날 오후 집회에 참석하지 않은 것입니다. 이상하다고 느꼈지만 어찌할 수 없는 상태라 그냥 집회를 인도했습니다. 둘째 날 참석을 했습니다. 그래서 불러서 물었습니다. 제가 "나이가 육십이 넘은 사람이 부산에서 여기까지 왔는데 의지를 가지고 집회를 참석하여 말씀 듣고 기도해야 귀신들이 떠나가지 않겠느냐"고 말했습니다. 그랬더니 대답하는 것이 가관입니다. "귀신이 집회에 참석하지 말고 돌아다니면서 구경하자고 해서 서울 시내를 돌아 다녔다"는 것입니다. 귀신이 의지를 장악한 것입니다. 제가 "절대로 귀신이 하는 대로 순종하면 죽을 때까지 귀신을 쫓아내지 못합니다." 정신을 차리고 내가 하라는 대로 하라고 말했습니다. 둘째 날부터는 빠짐없이 집회에 참석했습니다. 제가 특별하게 관심을 가지고 안수기도를 하여 강한 성령의 불의 역사를 체험했습니다. 일단 귀신을 제압했습니다. 다행히 지방에서 오신 분들이 집중 치유를 금요일 날 해달라고 하는 분들이 많았습니다. 이분에게 참석하여 치유 받으라고 권면하니 받고 가겠다고 하여 집중 치유 간 귀신을 완전하게 쫓아냈습니다. 우리 교회 집중 치유는 매주 토요일 날 합니다.

지방에서 오시는 분들이 받겠다고 하면 금요일 날로 조정하여 치유를 합니다. 이분에게 CD를 5세트를 추천해서 듣도록 했습니다. 그리고 한 주가 지난 다음에 전화가 왔습니다. 정말로 살 것 같다는 것입니다. 이제 자기 부인과 아들도 데리고 와서 치유를 받겠다는 것입니다. 이와 같이 단전호흡이나 기치료, 단월드, 요가, 국선도와 같은 곳에 가서 수련을 할 때 귀신이 전이 되어 큰 고생을 합니다. 젊을 때는 병도 나을 수 있습니다. 그러나 귀신이 전이되었기 때문에 앞에서 말한 집사같이 영적인 문제가 발생하여 큰 고생을 할 수가 있습니다. 경각심을 가져야 합니다.

영이 약한 성도는 기도원 같은 영적문제를 가진 성도들이 많이 모인 곳은 삼가는 것이 좋습니다. 잘못하면 치유 받고 은혜 받고 능력을 받으려다가 좋지 못한 영이 전이되어 이유도 잘 모르는 고생을 할 수가 있습니다. 저는 집회 시에 영들의 침입에 주의 하라고 강조합니다. 실제로 어느 집사가 이렇게 말했습니다. 목사님이 하시는 말씀이 모두 맞습니다. 위장암 수술을 받고 너무나 영적으로 갈급하여 기도원에 갔다는 것입니다. 기도원에 가서 말씀을 듣고 기도하다가 허리가 아파서 한 달 동안 걸어 다니지도 못했다는 것입니다. 그래서 이제 기도원에 가지 않는다는 것입니다. 이는 이렇게 설명해야 합니다. 기도원에서 귀신이 들어와 허리가 아픈 것이 아닙니다. 자기 허리 안에 있던 악한 영의 역사가 드러난 것입니다. 그것을 사역자가 축귀하여 주지 않으니 허리가 한 달 동안 아픈 것입니다. 성령의 역사를 전이 시키고 치유하는 영적인 사역을 하는 곳에서는 이런 경우가 생기지 않도록 일일이 안수하여 관리를 해주어야 합니다.

이분은 우리 교회에 와서 상처와 허리에 역사하는 질병을 완전하게 치유를 받았습니다. 기도가 되지 않아 고통을 당했는데 기도의 영이 와서 기도를 할 수 있게 되었습니다. 안수 기도간 정말로 많은 귀신들이 떠나갔습니다. 이런 분들은 반드시 전문적인 사역자의 도움을 받으면서 기도하고 치유를 받아야합니다. 그래야 불필요한 고생을 하지 않습니다.

영들의 침입에 대한 집회를 할 때 어느 목사님이 상담한 이야기입니다. 상당한 기간 동안 우리 교회에 다니면서 치유와 능력을 받았던 목사님이십니다. "목사님! 말씀을 듣고 생각이 났습니다. 제가 고등하교 2학년 때 월남으로 수학여행을 갔습니다. 월남에 가서 토속 종교시설을 견학하고 나왔는데 제 눈이 충혈이 되고 한동안 어지러움으로 고생을 한 경우가 있습니다. 목사님! 말씀을 들으니 아마도 그때 귀신이 들어온 것 같습니다. 축귀 좀 해주세요." 그러는 것입니다. 내가 머리에 손을 얹고 본인에게 호흡을 들이쉬고 내쉬라고 했습니다. 성령이여 임하소서. 성령이여 장악하소서. "내가 나사렛 예수의 이름으로 명하노니 월남 토속 종교시설에서 들어온 귀신은 정체를 밝힐지어다." "내가 나사렛 예수의 이름으로 명하노니 월남 토속 종교시설에서 들어온 귀신은 정체를 밝힐지어다." "내가 나사렛 예수의 이름으로 명하노니 월남 토속 종교시설에서 들어온 귀신은 정체를 밝힐지어다."했더니 강하게 진동을 하면서 떠는 것입니다. 그러다가 맑은 물을 토하면서 귀신들이 떠나갔습니다. 울면서 떠나기도 하고, 악을 쓰면서 떠나기도 했습니다. 한동안 귀신들을 쫓아냈습니다. 기분이 어떠냐고 물어보았습니다. 가슴이 뻥 뚫리는 것 같고 기분이 상쾌해 졌다는 것입니다.

이분이 원인이 없는 이유로 사모님이 유산을 하더니 3년이 넘도록 임신이 되지 않았습니다. 그런데 목사님에게 역사하던 귀신을 축귀하고 2달 후에 임신이 되었습니다. 어여쁜 공주를 출산하여 지금 건강하게 자라서 초등학교에 잘 다니고 있습니다.

우리는 축복의 전이와 저주의 전이를 바르게 알고 대처해야 합니다. 지금 교회에 다니는 성도들이 너무나 영적으로 무지합니다. 영적인 면에 아예 관심을 두지를 않습니다. 왜냐하면 예수를 믿으면 귀신이 얼씬도 못한다는 잘못된 이론을 믿은 결과입니다. 아닙니다. 예수를 믿었어도 성령으로 세례를 받고 성령으로 문제의 원인을 찾아 해결하지 않았다면 여전히 문제가 남아있다고 보아야합니다. 이는 예수를 믿었어도 여전히 육이 남아있기 때문입니다. 그래서 하나님은 우리를 사랑하기 때문에 항상 기뻐하라. 쉬지 말고 기도하라. 범사에 감사하라고 하시는 것입니다.

이 책에서 많은 축복의 영의 전이와 악한 영들의 침입를 다양하게 다룰 것입니다. 정독하시여 영의 세계와 영들의 침입를 바르게 알고 대처하여 불필요한 고통을 당하지 말기를 바랍니다. 더 나아가 아브라함의 축복을 다 받으시기를 바랍니다. 성도는 영의 만족을 누려야 전인적인 축복을 받을 수가 있는 것입니다.

충만한 교회에서는 매주 토요일 10:00-12:30까지 각각 2시간 30분씩 개별 특별집중 기적치유 시간을 갖고 있습니다. 한번에 4-6명밖에 할 수 없으므로 1주일 전에 지정된 선교헌금을 입금하시고 예약을 합니다.

 * 대상은 이렇습니다. 여기서도 저기서도 치유와 능력을 받지 못한 분/ 불치병, 귀신역사를 빨리 치유 받을 분/ 목과 허리디스크, 허리어깨통증, 근육통, 온몸이 아프고 무거움에서 치유해방 받고 싶은 분/ 자녀나 본인의 우울증, 공황장애, 조울증, 불면증을 빨리 치유 받을 분/ 가슴이 답답하고 기도하기가 힘이 드는 분/ 축복과 영의 통로를 뚫고 싶은 분/ 성령의 불세례를 체험하고 싶은 분/ 최단기간에 성령치유 능력 받고 싶은 분입니다.

 믿음을 가지고 오시기만 하면 무슨 문제라도 치유되고 해결이 됩니다. 염려하시지 말고 성령께서 감동하시면 오셔서 **빠른 시간**에 치유 받고 권능을 받아 쓰임을 받으시기를 바랍니다.

 불치병과 우울증이나 조울증, 공황장애로 병원에서 치유가 불가능한 분들도 본인이 치유받아 정상적인 성도가 되겠다고 의지가 있으면 치유가 됩니다. 반드시 보호자가 함께 치유받아야 합니다.

 반드시 일주일 전에 선교헌금을 전화 확인하시고 입금 후 예약해야 합니다(전화 02-3474-0675)

07장 일반적인 귀신의 침입과 피해

(고후11:4)"만일 누가 가서 우리의 전파하지 아니한 다른 예수를 전파하거나 혹 너희의 받지 아니한 다른 영을 받게 하거나 혹 너희의 받지 아니한 다른 복음을 받게 할 때에는 너희가 잘 용납하는구나."

하나님은 영들의 침입과 피해에 대하여 특별한 관심을 가지라고 말씀하십니다. 성도는 반드시 영들의 침입을 알고 대비해야 합니다. 그래야 불필요한 고통을 당하지 않습니다. 사람은 육적이면서 영적인 존재입니다. 그렇기 때문에 성령께서도 사람을 통하여 역사하십니다. 귀신도 자신을 추종하는 사람을 통하여 자신의 일을 수행합니다. 우리 예수를 믿는 성도들은 악한 영에 처한 세상에서 살고 있기 때문에 항상 영적전쟁을 해야 하는 것입니다. 크리스천의 모든 생활이 영적인 싸움이라는 것을 명심해야 합니다. 자신이 성령으로 충만하지 못하면 가차 없이 세상의 영들이 침입을 합니다. 왜냐하면 우리가 육을 가지고 있기 때문입니다. 그래서 하나님은 "항상 기뻐하라. 쉬지말고 기도하라. 범사에 감사하라." 하시는 것입니다. 그리고 베드로 전서 5장 8절에서는 "근신하라 깨어라 너희 대적 마귀가 우는 사자 같이 두루 다니며 삼킬 자를 찾나니"라고 경고하시는 것입니다.

'전이'라는 것은 '옮겨진다'는 것으로 어떤 사람에게서 다른 사람에게로, 어떤 장소에서 다른 장소로 옮겨진다는 뜻입니다. 전이가 무엇을 뜻하는지를 알려면 그 단어를 바꾸어 보면 됩니다.

'이전' 그렇습니다. 전이란 무엇인가? 상대편의 무엇이 이전되는 것을 뜻합니다. 전이는 '파급', '전가', '전염'이라는 말로 바꾸어 쓸 수도 있습니다. 성령의 능력을 전이 받는 것은 좋은 일이지만, '악한 영들의 전이'는 영혼의 안전을 위협하고, 급기야는 사망에 떨어지게 합니다.

그러므로 악한 영들이 전이되는 것을 막아야 합니다. 영은 보이지 않기 때문에 관심을 기우리지 않으면 침입한 것을 모르고 지나칠 수가 있습니다. 자신에게 귀신이 침입한 것을 시간이 지나서 알아차리는 것이 보통입니다. 그런데 문제는 자신에게 귀신이 침입한 것을 알았을 때는 이미 귀신이 자신 안에서 거처를 단단하게 구축한 후이기 때문에 축출하기가 그리 쉽지 않습니다. 그래서 미리알고 예방하는 것이 최선입니다.

영을 구약에서는 '루아흐'라는 표현을 사용합니다. 이 단어는 '바람'이라는 뜻입니다. 신약에서 성령이 처음 사람들에게 임하는 마가 다락방의 오순절 사건에서 볼 수 있듯이 강력한 성령의 임재는 마치 "급하고 강한 바람" 처럼 임하게 되는 것입니다. 성령이 우리 몸에 임할 때 우리는 종종 바람결과 같은 느낌을 받습니다. 악령 역시 영이기 때문에 이들이 우리 몸으로 들어올 때 우리는 바람과 같거나 때로는 벌레가 기어들어오는 것과 같은 느낌을 받습니다.

귀신이 침입을 할 때 밖으로부터 무언가가 자신의 몸 안으로 바람처럼 스며들면 마치 우리가 감기몸살을 겪을 때처럼 그렇게 느껴집니다. 찜질방과 같은 더운 곳에서 땀을 흘리고 있다가 갑자기 밖으로 나가면 섬뜩한 한기를 느낍니다. 감기 몸살은 이렇게 해서 시작하는 것처럼, 귀신이 자신의 몸에 들어오는 순간은 그와 비슷한 느낌을 받게 되며, 그 즉시 몸이 좋지 않거나 가슴이 답답하거나 머리가 어지럽거나 우울해지거나 의욕이 사라지는 등 귀신들림으로 인한 병증이 다양하게 나타나는 것입니다.

극심한 노이로제나 우울증 증상이 나타나는 것입니다. 귀신이 들어오면 우선 기분이 묘해지면서 갈아 앉습니다. 차분해지는 정도가 아니라, 모든 의욕이 사라지고 기분이 떠오르지 않습니다. 몸은 무거워지고 여기저기가 아프기 시작합니다. 가슴이 답답하다 못해 죽을 것 같은 고통이 찾아옵니다. 무어라고 분명하게 설명할 수 없는 묘한 통증과 답답함으로 인해서 숨이 막힐 것 같지만 실제로 숨이 막히는 것은 아닙니다. 일종의 공황장애(恐惶障碍)와 같습니다.

공황장애란 무엇인가? 특별한 자극이나 스트레스가 없는 상황에서 온 몸이 극도의 교감신경항진상태에 빠지게 되어 심장박동의 증가 및 호흡곤란과 불안감을 온 몸으로 느끼며, 마치 죽음이라는 상태를 몸 전체로 인식하게 되는 상태가 되어 이것이 반복적으로 지속되게 되는 상태를 가리켜서 공황장애라고 합니다.

이런 고통을 주위 사람들에게 말해도 이해하지 못합니다. 겉으로 보면 호흡도 정상적으로 쉬고 있는데 숨이 막혀 죽을 것 같다고 말한들 이해하지 못합니다. 그래서 꾀병이나 정신력이 약한 것으로 오인하게 됩니다. 병원에 가도 증상을 찾을 수 없으니 꾀병이라고 할 수밖에 없을 것입니다. 의지가 약하고 내성적이어서 그런 것이라 판단하게 됩니다. 그래서 가족들은 정신에 문제가 있다고 생각하고 그런 성격을 고치라고 책망하기도 합니다.

의지가 약하거나 생활력이 약한 무능한 사람으로 오인하게 되어 환자를 더욱 괴롭게 만듭니다. 사회성이 모자라 문제가 있다고 생각하고 사람들이 그들을 피하려고 합니다. 겉보기에는 의기소침하고 무능하고 무기력하고 활동적이지 못하기 때문에 사람들이 가까이하려고 하지 않습니다. 당사자는 가위눌림과 심한 우울증과 공황장애로 인해서 죽고 싶어집니다. 그런데도 불구하고 누구도 이 질환이 귀신들림에 의한 것이라고 생각하지 못하고 단순히 기질적이거나 정신적으로 문제가 있는 부적응 환자 정도로 넘깁니다.

가족들은 무능의 탓으로 돌리며, 정신에 문제가 있는 사람으로 생각하고 자주 책망하게 됩니다. 가족들의 이와 같은 올바르지 못한 대응으로 인해서 더욱 괴롭힘을 당하게 됩니다. 여러 가지 정신과 질환처럼 보이는 귀신들림은 당사자를 괴롭게 할 뿐만 아니라

가족들까지 고통을 당하게 됩니다. 정신을 잃는 것도 아니기 때문에 귀신들렸다고 생각하지 못하는 것입니다.

이런 중증 귀신들림 이전에 초기 증상은 마치 가벼운 노이로제처럼 자주 까닭 없는 짜증이 나고 때로는 이유 없는 충동이 솟아납니다. 자신의 내면에서 자신의 의지와는 상관이 없는 어떤 생각과 충동이 자신을 조정하는 것 같다는 느낌을 간헐적으로 받게 됩니다. 하지 말아야 할 일을 어처구니없이 해버려 당황하기도 합니다. 자신의 의지 즉 속마음과는 달리 어떤 충동이 일어나 순간 행동하게 되어 후회합니다.

이런 경우에 대부분의 사람들은 이렇게 말합니다. "내 정신이 아니었나봐!" 사람들도 그런 상식 밖의 행동을 돌발적으로 한 그 사람에 대해서 "그럴 수도 있지! 사람이란 누구나 정신 나간 짓을 할 때가 있다니까!"라면서 너그럽게 이해해줍니다. 그런데 이런 일이 한 번으로 그치는 것이 아닌데 문제가 있는 것입니다.

어처구니없는 실수를 자주하게 되면 사람들은 그때부터 그 사람을 온전하지 못한 문제가 있는 사람으로 여깁니다. 그러나 그것이 귀신들림에 의한 것이라는 생각은 전혀 하지 못하는 것입니다. 왜냐하면 귀신들림에 관한 지식이 거의 없기 때문입니다. 자주 머리가 어지럽고, 생각이 떠오르지 않을 정도로 머릿속이 안개 낀 것처럼 불투명하고 혼란스럽습니다. 만성두통으로 늘 시달리며, 가슴이 갑갑합니다. 때로는 가슴이 조여드는 협심증 증상과 같은 통증을 느낍니다.

메스껍고 헛구역질이 나옵니다. 차멀미를 하는 것 같이 속이 울
렁거리고 머리가 어지럽습니다. 깊은 호흡을 하면 다소 안정이 되
지만, 또 다시 그런 증상이 찾아옵니다. 기절하거나 죽을 것 같다
는 생각이 들 정도로 갑갑함 때문에 다른 생각을 할 수 없게 됩니
다. 서서히 자신이 앓고 있는 이 원인 모를 질환에 대한 공포가 더
욱 두렵게 만듭니다. 바람처럼 또는 파도처럼 증상의 예조(豫兆)가
밀려들어오는 것을 느낍니다. 마치 흉악한 존재가 자신을 위협하
려고 서서히 다가오는 것을 느낄 때 오는 공포심처럼, 그렇게 옥죄
어드는 두려움으로 인해서 정상적인 생활을 할 수 없게 되어가는
것입니다.

우울증, 노이로제, 강박증, 피해망상, 공황장애 등과 같은 정신
과 질환처럼 보이는 귀신들림과 잦은 충동과 거친 언행과 하나에
만 극도로 몰입하는 자아몰입증과 같은 쏠림 현상이 나타납니다.
사람을 기피하고 소극적으로 변하게 됩니다. 사회와 서서히 단절
된 삶으로 나가며, 사람을 만나는 것을 두려워하는 대인 공포증과
같은 심리적 현상이 나타납니다.

자신의 정신을 그대로 유지하면서 육신과 마음이 질병으로 고통
을 당하는 이와 같은 귀신들림은 다른 병으로 오인하거나 성격에
문제가 있기 때문이라고 판단하기 때문에 귀신을 쫓아내지 못하고
세월을 보내어 만성화하기 쉽습니다. 적어도 5년 이상 이런 증상

으로 시달림을 받은 경우 환자는 악습에 이미 물들어버리게 됩니다. 이런 경우 악습을 끊지 않으면 귀신은 물러가지 않습니다.

삶에 의욕이 없고, 게임에 빠져 살아가는 중독성 메니아들의 경우에도 역시 귀신들림이 있습니다. 삶을 돌아보지 않고 오로지 게임에만 빠져 세월을 보냅니다. 이런 사람들을 일본에서는 '오타쿠'(御宅)라고 부르고 미국에서는 '긱스'(geeks)라고 표현하며, 우리는 요즘 이들을 '폐인'이라고 부릅니다. 정상적인 대화도 되고 생각도 하지만 행동은 정상적이지 않습니다. 병증이라고 할 정도로 한 쪽을 극심하게 쏠리는 이들에게 귀신들림을 점검해보아야 합니다.

말 못할 고통으로 괴로워하는 많은 사람들의 배경에는 귀신들림이 있습니다. 귀신들림은 일종의 질병입니다. 질병에는 원인이 있고, 그 원인을 치유하기 위해서 적당한 약물을 사용합니다. 귀신들림의 처방은 축사와 악습의 고리를 끊는 것입니다. 정신을 잃게 하는 귀신들림은 명령하여 내쫓을 수 있습니다. 그러나 정상적인 생각과 판단을 할 수 있는 상태의 귀신들림은 명령으로는 치유가 되지 않습니다. 당사자와 귀신 사이에 형성된 신호체계를 허물지 않으면 안 됩니다.

성령과 우리 사이에 맺어진 신호 체계는 성령님을 주인으로 인정하는 신앙고백입니다. 그에 따른 신호로 찬양과 기도와 예배 등이 있습니다. 우리는 이 신호를 통해서 성령과 지속적인 관계를 유지합니다. 이런 신호를 하지 않으면 성령과의 관계는 끝나는 것입니다. 그래서 필자가 항상 강조하는 것이 마음으로 하나님을 찾으라는 것입니다.

이와 마찬가지로 자신도 모르게 귀신과 맺어진 신호체계인 악습을 끊어야 합니다. 게임에만 몰두하는 경우 다시는 게임을 하지 말아야 합니다. 얼마나 끊어야 되냐고요? 아마도 평생을 끊어야 할 것입니다. 귀신들린 사람도 어렵지만, 축사하는 사람도 여간 어려운 문제가 아닙니다. 반드시 귀신의 영향을 받는 사람의 마음 안에 성령의 깊은 임재가 있어야만 축사가 가능합니다.

귀신의 영향을 받는 사람의 심령에서 성령의 역사가 일어나지 않으면 축사는 불가능합니다. 설령 축사사역자의 권능으로 축사했다고 하더라도 귀신의 영향을 받는 사람에게 성령의 역사가 일어나지 않으므로 귀신은 다시 들어갑니다. 귀신의 영향을 받는 사람은 성령이 충만한 교회에서 믿음 생활을 하면서 성령의 깊은 임재를 사모하고, 늘 성령으로 충만해야 합니다. 축사 사역자는 귀신의 영향을 받는 사람의 심령 안에서 성령의 역사가 일어나도록 부단하게 전문성을 개발해야 합니다.

다음은 어떤 성도가 저에게 상담한 내용입니다. 참고하시고 경각심을 가지시기를 바랍니다. 성도님의 아버지가 중환자실에서 예수님을 영접하시고 돌아가셨는데…. 예수님을 믿지 않는 작은 엄마와 성도님의 자녀들은 아버지가 돌아가시기 전부터 아버지 몸을 안마하고 주물러 주었습니다. 예수님을 믿지 않는 작은 어머니 (제사를 선호하는)가 아버지가 돌아가신 다음에 하신 말씀입니다. 아버지를 주물러 드릴 때마다 정신이 몽롱해지면서 목뒤덜미에서 머리까지 전율을 느끼며…. 정신을 잃을 뻔하며…. 정신이 몽롱하며…. 머리가 **빠져나가는** 것 같은 경험을 자주 하셨다고 합니다.

그럴 때마다 정신을 차리며, 내가 왜 이러지 라고 중얼거리며 정신을 가다듬었다고 합니다. 그래서 혈압이 문제인가 싶어서 약국에 가서서 혈압을 재봤지만 이상이 없었다고 하였습니다. 작은 어머니는 누구보다도 저희 아버님의 몸을 헌신적으로 주물러 주었습니다. 그런데 걱정스러운 것은 현재 작은 아버지 또한 친형이 돌아가신 후 술만 드시고 매일 우신다고 합니다.

하나님의 은혜로 아버지가 예수님을 영접하시므로 기독교식 장례를 치렀습니다. 절에 다니는 친정아버님 쪽의 7형제 틈에서 금식하며 기도한 결과로…. 간신히 주님의 은혜로 장례를 치렀습니다. 장례문제로 머리가 굉장히 아팠지만, 잘 마무리가 되었습니다.

아직 남동생과 여동생이 예수님을 믿지 않아서 기도중이며…. 성도님의 엄마 또한 믿음이 작아서 기도 중입니다. 작은어머니에게 일어났던 현상은 무엇이며, 전도를 위해 기도하는 성도님이 하실 일은 무엇인지 물어 오신 것입니다.

이 질문에 대답은 이렇습니다. 작은 어머니의 가정을 구원하시려는 주님의 계획이 있으신지 모르겠고…. 작은 어머니는 아버지의 잘못된 영의 전이가 일어나 나타나고 있습니다. 여러 상황으로 보아 침입한 귀신이 거처를 견고하게 한 것으로 추정됩니다. 빠른 시간 내 본인이 인정하게 하고 예수를 영접하게 하고 영적치유를 받는 것이 좋겠습니다.

성도님 가족구원…. 친족구원…. 더군다나 예수그리스도를 믿지 않거나…. 다른 종교를 믿고 있을 때…. 복음전도가 참으로 어렵습니다. 보통 일반전도라 일컬어지는 교우전도는 오히려 쉽지만…. 가족전도는…. 열배 백배 힘이 든다는 것을 마음에 단단히 각오를 하여야 합니다.

기도하며 낙심하지 않고 포기하지 않는다면…. 반드시 하나님이 일하시고 역사하시고 도우시기에…. 복음전도는 이루어진답니다. 당장에 가족구원을 향한 복음전도가 핍박을 받고 방해를 받고, 어려움에 처하여도 절대로 낙심하지 말고 가랑비에 옷이 젖듯 쉴 사이 없이 복음을 전도하시고…. 긴긴 인내의 기도를 통해 하나님의 구원의 계획하심을 삶으로 체험하는 응답의 역사가 있기를 바랍니다.

몸에 병이 있는 분이나 질병이 중해 생명이 위독한 분들을 가족들이 주물러주거나 접촉이 있을 때, 그 상대자가 믿음이 없는 분이라고 할지라도, 믿는 자에게 나타나는 신유은사와 같은 은사가 없다고 하여도, 중환자를 만지거나 주무르거나 하면 그 병의 통증이나 아픔이 여러 가지 계통으로 전달되는데 이것을 영적 전이라고 합니다. 상대방의 통증부위가 동일하게 아프고 힘들게 되기도 하고 속이 더부룩하거나, 쓰리거나, 어지럽거나, 현기증을 느끼거나, 구토증이 생기거나, 냉기를 느끼거나, 온 몸의 뼈나 근육이 뭉쳐들고 뻣뻣해지는 것 같은 체험을 하게 되며, 눈앞이 아찔해지며, 독한 약에 취한 사람처럼, 넋을 잃은 것처럼 몽롱한 현상을 겪기도 합니다.

아주 약한 전기에 노출된 듯 손이나 팔이나 어깨에 찌릿해지는 정전기 같은 체험도 있고요. 몸살이나 오한처럼 몸이 밑으로 쳐지며 미열이 나고 식은땀이 나기도하고…. 몸이나 팔다리가 욱신욱신 아프게 되는 영적, 다운 현상을 경험하기도 합니다. 성도님의 작은 어머니가 예수님을 믿는 분은 아니어도 영적으로 예민한 분이기에 그런 현상을 겪은 것이니 일반인도 한번쯤 겪을 수 있는 이상할 것 없는 흔히 겪을 수 있는 현상입니다.

예수를 믿는 자라면 성령의 임재가운데 예수이름으로 대적기도하면서 성령 충만을 구하면 떠나가거나 없어지는 것이 보통입니다. 그러나 믿지 않는 사람은 환자의 질병이 전이되어 고통을 당하기도 합니다. 지금 작은 아버지가 술을 먹고 자주 우신다고 하는데 이것은 그냥 넘어갈 일이 못되고 영적 치유가 필요합니다. 잘 설득하고 이해하기 쉽게 이야기하여 예수를 영접하고 영적치유를 받는 것이 좋겠습니다.

일반적인 영의 전이 현상은 대략 이렇습니다. 대화를 한다거나 상대방을 기도를 해줄 때 상대방의 고통이나 마음의 상태가 옮겨오는 것은 흔히 일어나는 현상입니다. 그러므로 체력이나 영력이 약할 때는 남을 위하여 기도하는 것은 신중을 기해야 되며…. 특히 영력이 약한 상태에서 안수기도와 같은 신체접촉은 좋지 않습니다. 이는 환자도 보호자도 마찬가지입니다. 신체 접촉할 때 상대방으로부터 나쁜 기운이 전달되어 오랫동안 시달릴 수도 있습니다.

이렇게 영이 좋지 않은 상태에서 기도를 해 주어야 할 때가 있다면 이때는 성령의 깊은 역사가 일어나는 마음의 기도를 하면서 성령님의 보호와 천사들의 도움을 요청하고, 배에서 올라오는 깊은 영의 기도로 성령으로 충만하게 하고, 주님께 대한 찬양과 경배를 드리고, 성령의 깊은 임재가운데 있어야 합니다.

죄의 고백과 주님의 보혈, 성령 충만, 그리고 주님께 대한 감사와 찬양, 이 네 가지 항목은 모두가 악한 영들이 몹시 두려워하는 것들입니다. 그들로부터 충만할 때 우리를 보호하고 지켜주는 효과가 있어 귀신이 덤비지 못하는 것입니다. 영의 전이를 대비하기 위하여 성령의 임재 안에 들어가는 깊은 영의기도 훈련을 많이 하고 성령의 임재 안에 들어가 있으려고 의지적인 노력을 하시기를 바랍니다.

08장 가정에서 귀신의 침입과 피해

(고전15:33-34)"속지 말라 악한 동무들은 선한 행실을 더럽히나니 깨어 의를 행하고 죄를 짓지 말라 하나님을 알지 못하는 자가 있기로 내가 너희를 부끄럽게 하기위하여 말하노라."

하나님은 영들의 침입이 있다는 것을 알고 대비하시기를 원하십니다. 예수를 믿고 성령으로 거듭난 성도는 육적이면서 영적인 존재들입니다. 그래서 마귀도 사람을 통하여 자신의 일을 진행합니다. 마귀는 사람에게 관심이 많습니다. 하나님도 성도를 통하여 이 땅에 하나님의 나라를 만들어 가십니다.

하나님과 마귀가 서로 빼앗고 빼앗기는 생활을 하는 곳이 세상입니다. 그래서 성경 마태복음 11장 12절에서 "세례 요한의 때부터 지금까지 천국은 침노를 당하나니 침노하는 자는 빼앗느니라" 경고하시는 것입니다. 우리가 영적인 사고를 하지 않고 육의 눈으로 육적인 생활을 하다가 보면 자기도 모르는 사이에 세상 것들이 타고 들어옵니다. 사람은 육적이면서 영적이기 때문입니다. 우리는 세상을 살아갈 때에 영들의 침입이 나도 모르게 이루어지고 있다는 것을 바르게 알고 경각심을 가져야 합니다.

제가 이 책에서 영들의 침입이 있다는 것을 알리는 것은 알고 효과적으로 대처하기 위해서입니다. 절대로 인간관계를 하지 않거나 사람들이나 장소를 회피하라고 책을 쓰는 것이 아닙니다. 또 경계

하라고 알려드리는 것이 절대로 아닙니다. 바르게 알고 영성을 준비하여 영적인 싸움에서 승리하기를 위해서 알려드리는 것입니다.

우리가 영의 전이를 알고 대처하기 위해서는 성령의 권세가 있어야 합니다. 아무리 예수를 믿은 성도라도 이론을 가지고는 마귀와 귀신의 전이를 막을 수가 없습니다. 상담을 하다가 보면 영적인 책을 많이 읽었다고 합니다. 이는 영적인 지식은 되어도 권능(생명)은 되지 못합니다. 반드시 성령의 권세로만 악한 영의 전이를 막을 수가 있다는 것입니다. 마귀와 귀신은 영적인 권위에서 사람보다 우위에 있습니다.

그렇기 때문에 마귀와 귀신을 대적하여 이기려면 성령의 권능이 자신을 장악해야 합니다. 성령의 권능이 자신을 장악하게 하기 위해서 성령으로 세례를 받고 깊은 영의기도를 하여 성령으로 충만해야 가능합니다. 성령으로 충만한 영성을 유지하여 세상에서 인간관계 간 시시각각으로 덤벼드는 귀신을 방어하고 몰아내기 위해서 영들의 전이를 알려드리는 것입니다. 바르게 알고 바르게 준비하여 귀중한 자신의 영성과 건강 재산을 보존하시기를 바랍니다.

제가 그동안 성령치유 사역을 하면서 체험한 바로는 태중에서부터 들어온 귀신의 영향으로 고통을 당하는 성도들이 많다는 것입니다. 정신적인 문제가 생기고 공황장애가 생겨서 이곳저곳을 다 다녀도 치유 받지 못하다가 충만한 교회에 오셔서 강한 성령의 세례를 받고 영육의 문제를 치유 받고 해방 받는 분들이 많이 있습니다.

그렇기 때문에 아이가 태어나기도 전에 부모 혹은 조상들의 죄로 말미암아 귀신이 그 아이에게 들어가는 경우가 있습니다. 끔찍한 일이지만 귀신들린 채로 아이가 태어나는 것입니다. 이것은 부모가 무당이나 점쟁이와 같이 사술에 종사하거나, 조상 중 누군가가 자신의 가족을 사탄에게 바쳤거나, 마법에 관여했을 때 일어납니다. 그리고 아기가 태어나기 전에 부모가 자신을 원하는지 원치 않는지를 알 수 있는데, 만약 부모가 아기의 임신과 출산을 원치 않았을 경우, 거절감의 영이 그 아기에게 틈 탈 수도 있습니다. 이런 아이들의 경우 다른 사람의 사랑을 순수하게 받아들이지 않고, 자기 자신의 감정을 잘 제어하지 못하는 약점을 지니게 됩니다.

제가 축귀 사역을 하다가 부모로부터 듣고 안 사실입니다. 아이가 잠을 잘 자지 못하고 정서가 불안정하고 두려움을 잘 타서 데리고 와서 치유 받으면서 알게 된 사실입니다. 어느 날, 남편과 그의 부인이 그들의 작은 딸 다섯 살 먹은 영숙이를 잃어버렸습니다. 그들은 이웃을 정신없이 찾아다니다가 영숙이가 이곳저곳을 돌아다니며, 놀다가 친구 집 차고에서 놀고 있는 것을 발견했습니다. 그것을 알고 그들은 격노했습니다. 그들이 영숙이를 찾았을 때, 영숙이의 엄마가 영숙에게 "영숙아! 우리는 우리의 사랑하는 영숙이를 다시는 못 보는 줄로 생각했어!"라며 엄마가 울부짖었습니다.

그때 어린 딸 영숙이가 공포를 느끼고 통곡하기 시작했습니다. 뒤늦게 부모가 위로하려고 했지만 영숙이는 계속 통곡했습니다. 밤이 되었지만 영숙이는 잠을 잘 수가 없었습니다. 아빠가 이유를 묻자 영숙이는 기도를 하려고 할 때마다 자기 속에서 어떤 것이 자신의 기도를 조롱한다고 말했습니다. 아빠는 즉각 그것이 악한 영의 미혹임을 알았습니다. 그래서 딸에게 부드럽게 말했습니다. "영숙아! 그것이 악한 영인 것처럼 생각되고 들린다는 것을 알지? 그것을 없애기 원하니?"

영숙이가 고개를 끄덕였습니다. 아빠는 영숙이가 말한 것으로 보아 그 영의 이름을 조롱자라고 가정했습니다. 그러나 놀랍게도 그것에게 이름을 대라고 명했을 때, 영숙이는 단호히 "두려움"이라고 대답했습니다. 아빠가 "두려움"의 영에게 나갈 것을 명령했을 때, 영숙이는 상복부를 꽉 잡았고, 그리고 나서 몸을 꼿꼿이 세웠습니다. 그리고 하품을 서너번 했습니다. 그리고 기침을 여러번 했습니다. 그리고는 그것이 떠난 것 같다고 영숙이가 체험적으로 말했습니다. 그런데 그 이후로도 계속적으로 정서가 불안정하고 두려움을 잘 타서 우리교회에 와서 며칠간 치유 받고 간적이 있습니다. 그 다음에 부모가 딸에게 상태를 물어보니 이렇게 대답을 했습니다.

"이제 괜찮아요. 걱정하지 마세요, 아빠. 그런데 그 늙은 영이 언제 내게 들어왔는지 나는 알아요.""그래? 언제니?""저, 아빠와 엄마가 내게 무척 화가나 있었던 그날 오후를 기억하시죠? 그리고 엄마가 나를 다시는 못 보는 줄 알았다고 말씀하셨죠? 아빠, 그때 나는 아주 두렵고 무서웠어요! 아주 두려웠어요! 그 이후로 나는 나를 비웃고 있는 무엇인가를 느꼈어요." 아마 이 말을 듣고 회개할 부모님들이 많이 있을 것입니다. 제가 지금까지 치유사역을 하면서 경험적으로 보면 많은 사람들이 이런 경우를 당하고 그냥 방치하여 나중에 아이가 정상적인 삶을 살지 못하는 경우를 많이 보았습니다.

우리는 자녀들에게 너무 심하게 화를 내서 놀라게 하거나 학대하지 말아야 합니다. 왜냐하면 그로 인한 충격은 자연적 방어에 균열을 가져오고, 그 틈을 타서 악한 영들이 사랑스런 자녀들에게 들어갈 수 있기 때문입니다. 세계적인 축사자요, 신유사역자인 프란시스 맥너트에 의하면 "귀신을 쫓아내는 축귀기도의 삼분의 이 정도가 다양한 정신적인 충격의 영에 제압당한 사람들을 위한 것"이라고 합니다. 아이가 유치원에 다녀와서 잠을 자면서 식은땀을 흘린다든지, 짜증을 낸다든지, 평소에 하지 않던 행동을 한다면 유치원에서 나쁜 영의 전이가 일어난 것입니다. 가볍게 안고 성령의 임재를 요청하고 기도하면 떠나갑니다.

어느 여 집사의 이야기입니다. 이 여 집사가 자궁에 질병이 생겼습니다. 그래서 병원을 찾았습니다. 병원 의사가 수술을 권유했습니다. 그러나 여 집사는 망설였습니다. 그러다가 다른 여성들로부터 자궁 수술을 하면 그렇게 시원하고 좋다는 이야기를 들었습니다. 그래서 아이도 낳았겠다, 수술해버리자 하고 수술을 결심했습니다. 그런데 막상 수술을 하려하니 두려웠습니다. 그러다가 날짜가 되어 수술을 감행했습니다.

그런데 너무 두려움에 사로잡힌 나머지 수술실에 들어가기 전에 기절을 해버렸답니다. 그리고 수술을 무사히 마쳤는데 수술 휴유증(심장 부정맥, 우울증, 위장병)이 심각하여 1년이 지나도록 정상적인 삶을 살지를 못했습니다. 할 수 없이 남편이 직장을 그만두고 간호를 했습니다. 그러다가 국민일보를 보고 우리 교회에 와서 축사 받고 완치하여 정상으로 회복한 일이 있습니다.

이와 같이 정신적인 충격을 통해 악한 영이 틈타는 일은 성인들에게만 오는 것이 아닙니다. 오히려 어른들보다 어린아이들에게 더 자주 발생합니다. 그러므로 우리는 자녀들을 감정적으로 격하게 대하는 일이 없도록 각별히 주의해야 합니다.

한편, "영"(spirit)이라는 단어의 정의 중 하나가 "유력한 태도나 사물이나 사람의 특성"이라고 했는데, 비록 앞의 경우들처럼 어떤 영이 자녀들에게 침입하는 것은 아니지만, 부모의 성격이나 특성이 자녀들에게 그대로 전이되는 경우가 많습니다. 오죽 하면 "그 어머니에 그 딸" "그 아비에 그 아들" 혹은 "며느리를 얻으려면 그 어머니를 보라"는 말이 다 생겼겠습니까?

성경에도 아브라함이 자기 아내를 누이라고 거짓말한 것을 이삭이 그대로 쏙 빼 닮은 것이 나옵니다. 그리고 다 아는 얘기지만 부모가 술주정뱅이이면 그 아들들도 술주정뱅이가 될 가능성이 높습니다. 이것도 영적 전이의 하나입니다. 그리고 가정의 식습관을 통해서도 전이가 일어납니다. 음식을 무엇을 먹느냐에 따라서 각각 성인병이 생기는 것입니다. 식습관도 역시 영들의 전이의 현상입니다. 일반적인 가정을 보면 고기를 좋아한다든지, 야식을 좋아한다든지, 모든 것이 영들의 전이입니다.

그리고 영적 전이는 부모 자식뿐 아니라 배우자와의 관계에서도 일어납니다. 이것은 부부가 오래 살다보면 서로가 닮는다는 말을 입증해 줍니다. 처녀시절 믿음이 좋던 자매가 불신 남자의 외모와 배경을 보고 결혼했습니다. 1년이 지나자 우울증으로 불면증으로 정신질환으로 사람 노릇을 못할 정도로 인사불성이 되어서 친정으로 돌아왔습니다. 왜일까요? 동거하는 남편과 시댁에 역사하는 귀신이 자매에게 전이된 것입니다. 이 자매는 결혼 전에 자신이 남편을 전도하여 예수 믿게 한다고 큰 소리를 치고 결혼했는데 오히려 시댁의 역사하는 영들이 자매를 장악한 것입니다. 영들의 전이는 자만할 일이 아닙니다.

성경에 나오는 가장 사악한 왕 중의 하나가 아합 왕 입니다. 그러면 아합은 왜 그렇게 악해졌을까요? 성경은 그 이유를 그의 아내 이세벨에게 돌리고 있습니다. 바알과 아세라의 열렬한 숭배자였던 이세벨 때문에 아합은 악에게 팔려 이스라엘에 화를 초래했던 것입니다. 믿음의 조상 아브라함은 자부를 고를 때에 자기가 살던 곳이 아닌 자기 고향에 땅에 가서 구해오도록 종에게 명했습니다. 또 모세는 하나님의 명을 받들어 이스라엘 백성들에게 이렇게 말했습니다.

"네 하나님 여호와께서 너를 인도하사 네가 가서 얻을 땅으로 들이시고 네 앞에서 여러 민족 헷 족속과 기르가스 족속과 아모리 족속과 가나안 족속과 브리스 족속과 히위 족속과 여부스 족속 곧 너보다 많고 힘이 있는 일곱 족속을 쫓아내실 때에 네 하나님 여호와께서 그들을 네게 붙여 너로 치게 하시리니 그 때에 너는 그들을 진멸할 것이라. 그들과 무슨 언약도 말 것이요 그들을 불쌍히 여기지도 말 것이며, 또 그들과 혼인하지 말지니 네 딸을 그 아들에게 주지 말 것이요. 그 딸로 네 며느리를 삼지 말 것은 그가 네 아들을 유혹하여 그로 여호와를 떠나고 다른 신들을 섬기게 하므로 여호와께서 너희에게 진노하사 갑자기 너희를 멸하실 것임이니라."(신 7:1-4).

그래서 결혼이 중요합니다. 믿음의 사람을 선택하여 결혼을 해야 합니다. 하나님은 분명하게 말씀하십니다. "네 하나님 여호와께서 그들을 네게 넘겨 네게 치게 하시리니 그 때에 너는 그들을 진멸할 것이라 그들과 어떤 언약도 하지 말 것이요 그들을 불쌍히 여기지도 말 것이며, 또 그들과 혼인하지도 말지니 네 딸을 그들의 아들에게 주지 말 것이요 그들의 딸도 네 며느리로 삼지 말 것은 그가 네 아들을 유혹하여 그가 여호와를 떠나고 다른 신들을 섬기게 하므로 여호와께서 너희에게 진노하사 갑자기 너희를 멸하실 것임이니라" (신7:2-4).

하나님의 말씀을 알아듣고 지키는 자는 복을 받게 됩니다. 우리 불신 결혼을 하지 마십시다. 불신 결혼은 하나님 앞에 죄악입니다. 하나님은 그 같은 결혼에 축복하시지 않습니다. 그런데도 외모나 조건에 끌려 불신 결혼을 하는 사람이 많습니다. 개중에 어떤 사람들은 자신을 너무 과신합니다. 즉 비록 불신 결혼을 하지만 배우자를 하나님께로 인도할 수 있다고 자신합니다. 그러나 그것은 믿음이 아니라 자기 합리화에 불과합니다. 물론 실제로 불신 배우자를 그리스도께로 인도할 수도 있습니다.

그러나 그러려면 많은 시간이 걸리고 많은 눈물을 흘려야 합니다. 그리고 영적인 전쟁을 해야 합니다. 그리고 실제로는 부부간의 영의 전이로 인해 그 반대가 될 가능성도 있습니다. 솔로몬 왕은 지혜에 있어서 가장 뛰어난 사람이었습니다. 그는 일부 어리석은 처녀 총각들처럼 자신을 과신했습니다. 그래서 하나님의 명령을 어기고 이방 여인들과 결혼했습니다. 그는 다윗의 아들이었으며 왕이었습니다. 더구나 그는 하나님이 주신 놀라운 지혜의 소유자였습니다. 그러나 그럼에도 불구하고, 그가 이방여인들을 돌이킨 것이 아니라 이방여인들이 솔로몬을 하나님에게서 돌아서게 했습니다.

"솔로몬 왕이 바로의 딸 외에 이방의 많은 여인을 사랑하였으니 곧 모압과 암몬과 에돔과 시돈과 헷 여인이라. 여호와께서 일찍이 이 여러 국민에게 대하여 이스라엘 자손에게 말씀하시기를 너희는 저희와 서로 통하지 말며 저희도 너희와 서로 통하게 말라 저희가 정녕코 너희의 마음을 돌이켜 저희의 신들을 좇게 하리라 하셨으나 솔로몬이 저희를 연애하였더라. 왕은 후비가 칠 백인이요 빈장이 삼백인이라. 왕비들이 왕의 마음을 돌이켰더라."(왕상 1:1-3).

불신 결혼은 이토록 위험합니다. 그러므로 처녀 총각들은 절대로 불신결혼을 하지 말고, 이미 불신 결혼을 한 사람들은 깊이 회개하고 배우자의 구원을 위해 눈물로 기도해야 합니다.

세상에 귀신은 존재합니다. 분명하게 타락한 천사입니다. 제사를 지내는 대상은 분명하게 조상의 귀신이 아닙니다. 가계에 역사하는 타락한 천사입니다. 제사지내면 제사 지내는 대상이 제사를 받는 것이 아니고, 혈통에 역사하는 타락한 천사라는 것입니다. 그래서 제사는 어떤 영적 존재들에게 자신을 바치고 파는 행위이나 그 영들이 선하고 아름다운 영들이 아닙니다. 인간에게 행복을 주는 존재들도 아닙니다.

대부분의 며느리가 제사를 싫어하는 이유는 제사 음식 마련 자체가 힘들고 고된 탓도 있지만, 어떤 영들을 위한 제물을 마련하는 과정에서 그녀의 영이 지배되고 통제되는데 선한 영의 지배가 아니라, 악한 영들의 지배라, 그녀의 영이 본성적으로 저항하고 고통스러워하기 때문입니다. 제사지내는 며느리가 힘든 것은 벗어나려는 그녀의 영의 저항이요. 살기 위한 그녀의 저항입니다.

인간은 육과 혼과 영으로 이루어진 존재이며, 육은 우리가 눈으로 보는 겉모습이며, 혼은 정신이며, 영은 영원히 사라지지 않는 인간 속에 간직된 보이지 않는 본질적인 형체인데 육과 혼이 몰라도 영은 아는 것입니다.

자기에게 다가오는 영이 자기 영을 지배하며 결국은 악한 곳으로 끌고 가는 영이라는 사실을 말입니다. 제사가 싫은 며느리의 저항은 영적인 저항이며 단지 음식마련이 힘겨운 육체가 저항하는 것이 아닙니다.

그러므로 크리스천 여성들이 꼭 알아야 할 것은 결혼이란 영적인 혼적인 육적인 결합이며, 상대 남자와의 육적인 결합을 넘어, 그 집안을 지배하고 통제해온 영들의 지배 속으로 자기를 복속시키는 행위인 것입니다. 불신 결혼이란 어쩌면 여성에게 육적(결혼한 여성은 평생 가사노동에 시달리며), 혼적(성씨가 다른 사람들에게 평생 보이지 않는 정신적인 스트레스를 당하며), 영적 죽음(악한 영들에게 제물을 바치며 평생 그 집에 역사하는 영들의 지배하에 놓이므로), 모두를 의미하는 것입니다.

그런데 대한민국의 모든 가정이 다 제사를 지내는 것은 아닙니다. 우상을 숭배해도 제사를 지내지 않는 가정이 많습니다. 그 가정들 제사 지내지 않아 가문이 망했다는 말이 없습니다. 그러므로 제사 지내지 않아도 문제가 없다는 말입니다. 예수를 믿고 제사를 지내지 않으면 육적으로 덜 힘들고, 혼적으로 덜 상하며, 영적으로 죽음에 이르지 않는 길입니다.

이글이 아직 결혼하지 않은 어떤 크리스천의 미혼 여성들에게 행운의 글이 되었으면 합니다. 잠자는 영이 깨어나 영적으로 깨닫는 글이 되기를 소원합니다.

그리고 죽은 자를 빙자하여 악한 영들이 제사를 요구하는 것은 우리나라만 있는 현상이 아니라, 전 세계 많은 문화권에서 발견되는 현상입니다.

죽은 자는 귀신이 되어 인간세계에 영향을 미칠 수 없고, 제사를 받는 영들이 정말 죽은 자들의 영들이라면, 제사 때마다 이 세상에 와서 제일 먼저 살아생전 자기를 힘들게 하고 괴롭힌 사람부터 처단하고 갈 것인데 그런 일 없지 않습니까?

지금 대한민국에는 매해 끊이지 않고 수많은 살인 사건이 일어나는데 그중 피해자가 정말 아무 원인 제공한 것도 없이 100% 정말 억울한 죽음을 당한 경우도 얼마나 많습니까?

그 사람이 억울하게 죽은 날 가족들이 제사를 지내도, 그 집 안방에서만 사람들이 옹기종기 모여 제사를 지낸다, 뭘 한다, 하고 있는 거지, 막상 그 사람을 억울하게 죽인 살인범은 자기가 죽인 피해자 귀신이 제사 날이라고 세상 나들이를 왔는지, 자손들 얼굴도 보고 밥도 얻어먹으려 왔는지, 엇대는지, 꿈에서도 알지 못합니다.

적어도 피해자가 귀신이 되어 세상에 온 것이 맞는다면, 잘 먹고 잘 살고 있는 자기를 살해하고 피해를 입힌 인간에게 찾아가 머리카락 한올 정도는 건드려 주고 가는 것이 맞지 않을까요? 우리 바르게 말고 바르게 믿기를 바랍니다.

지금까지 가정에서 일어나는 영적 전이의 부정적인 측면을 말씀드렸습니다. 그런데 감사하게도 부정적인 면만 있는 것이 아닙니다. 성경에 의하면 가계를 통해서 믿음은 말할 것도 없고 심지어 은사나 능력의 전이가 이루어질 수 있습니다. 구약의 대제사장직은 아론의 가계를 통해서 전해졌으며, 레위 지파에 속한 사람들만이 제사장이 될 수 있었습니다.

스가랴서 1:1절은 스가랴 선지자가 아버지와 할아버지를 이어 3대째 선지자였다는 것을 보여줍니다. 디모데후서 1:5절에 따르면 디모데의 믿음은 그의 어머니와 외조모 유니게에게서 유래한 것이었습니다.

현대 신유사역의 선구자인 오랄 로버츠 목사님의 경우, 그의 신유의 은사를 아들인 리차드 로버츠가 이어받아서 성공적으로 사역하고 있습니다. 하나님의 선지자인 빌 해몬 박사의 경우, 그의 가족을 포함하여 그의 집에서 시간을 보낸 28명 모두가 강한 예언의 은사를 받았음을 말한 적이 있습니다. 우리 교회도 마찬가지입니다. 우리 교회에서 장기간 치유 받고 교회에 다니는 분들이 모두 예언의 은사가 나타납니다. 그리고 치유와 신유의 은사도 나타납니다. 그래서 치유 받고 능력 받아 아주 목회를 잘하고 계시는 목회자와 성도가 많습니다.

사도행전에 21장 8-9절에 보면 "이튿날 떠나 가이사랴에 이르러 일곱 집사 중 하나인 전도자 빌립의 집에 들어가서 머무르니라. 그에게 딸 넷이 있으니 처녀로 예언하는 자라" 빌립집사의 딸 넷이 있으니 처녀로 예언하는 자라고 합니다. 이는 아버지 빌립집사에게 역사하는 성령의 권능이 딸들에게 전이가 된 것입니다.

이렇게 가계를 통해 은사와 능력의 전이가 일어납니다. 또 동거와 접촉과 같이 생활을 함으로 성령의 권능과 은사가 전이되기도 합니다. 그러므로 우리는 자신의 자녀와 후손들에게 악한 영들의 침입이 일어나지 않도록 함은 물론이요, 믿음과 고매한 인격과 성령의 은사와 능력의 전이가 일어날 수 있도록 해주어야 합니다.

09장 친구들을 통한 귀신의 침입과 피해

(고전15:33)"속지 말라. 악한 동무들은 선한 행실을 더럽히나니"

하나님은 친구를 사귀되 분별하여 사귀기를 원하십니다. 왜냐하면 친구를 통하여 좋은 영도 전이가 되고 악한 영도 전이가 되기 때문입니다. 유유상종(類類相從)이라는 말을 들어보셨을 것입니다. 한 마디로 끼리끼리 논다는 뜻입니다. 자연계에 무리의 법칙이 있듯이 인간사회에도 무리의 법칙이 있습니다. 사람은 같이 어울리고 함께 많은 시간을 보내는 사람을 닮게 되어 있습니다. 그래서 "친구를 보면 그 사람을 알 수 있다"는 말이 있는 것입니다.

육적인 사람들은 마귀의 영향력 아래 삽니다. 그런 사람들과 사귀는 것은 대단히 위험합니다. 왜냐하면 담배 연기가 자욱한 방안에 걸어 둔 옷이 담배 냄새를 흡수하듯이 그들의 영이 전이될 수도 있기 때문입니다. 예수를 믿고 성령으로 거듭난 그리스도인들은 영이 열려있는 사람들입니다. 영이 열려있는 고로 스폰지처럼 흡입력이 강한 사람들입니다. 정확한 분별없이 친구를 사귀거나 만날 때 상대방의 영들의 침입이 이루어질 수 있다는 것입니다. 대화를 할 때 마음이 자연스럽게 열리기 때문입니다. 마음이 열리면 상대방의 것들이 가감 없이 들어오게 됩니다.

그래서 믿음이 장성한 사람이라면 몰라도 믿음이 약한 그리스도인들은 다른 사람들에게 선한 영향을 끼치기보다 그들로부터 좋지 않은 영향을 받기가 더 쉽습니다.

인간의 영은 스펀지처럼 어느 것이든 자기가 접촉하고 사귀는 영을 흡수합니다. 그래서 바울은 세상 사람들과 깊이 교제하지 말라고 단호하게 경고한 것입니다. "너희는 믿지 않는 자와 멍에를 같이 하지 말라. 의와 불법이 어찌 함께 하며 빛과 어두움이 어찌 사귀며 그리스도와 벨리알이 어찌 조화되며 믿는 자와 믿지 않는 자가 어찌 상관하며 하나님의 성전과 우상이 어찌 일치가 되리요. 우리는 살아 계신 하나님의 성전이라. 이와 같이 하나님께서 가라사대 내가 저희 가운데 거하며 두루 행하여 나는 저희 하나님이 되고 저희는 나의 백성이 되리라 하셨느니라. 그러므로 주께서 말씀하시기를 너희는 저희 중에서 나와서 따로 있고 부정한 것을 만지지 말라. 내가 너희를 영접하여 너희에게 아버지가 되고 너희는 내게 자녀가 되리라 전능하신 주의 말씀이니라 하셨느니라."(고후 6:14-18).

모든 어머니들은 이와 같은 영들의 전이를 본능적으로 알고 있습니다. 아이들은 또래와의 사귐을 통해 서로 같은 태도를 취하게 되고 같은 행동을 하게 됩니다. 아이가 옆집의 반항적이고 말 안 듣는 아이와 놀면 반항적이며, 말 안 듣는 아이가 되어 집으로 돌아옵니다. 그렇게 되면 아이에게서 그런 태도나 영을 몰아내기 위해 얼마나 땀을 흘려야 하는지 모릅니다.

예수를 믿고 성령으로 거듭난 한 아버지가 아들이 못된 친구들과 어울려 다니는 모습을 보고 마음이 놓이지 않아 말렸습니다. 아들은 자기가 친구들을 변화시켜 예수를 믿게 할 터이니 두고 보라고 큰 소리를 쳤습니다. 그러나 아들은 못된 친구들을 변화시키기는커녕 친구들의 영향으로 점점 나쁘게 변해갔습니다.

어느 날 영안이 열린 아버지는 아들을 데리고 사과밭으로 갔습니다. 그리고 성한 사과 일곱 개와 썩은 사과 한 개를 한 접시에 담고 아들에게 방에 두라고 하였습니다. 아들은 "아버지! 이렇게 같이 두면 다른 사과도 금방 썩어 버립니다."라고 말했습니다. 아버지는 "아들아, 아니란다. 이 성한 사과가 썩은 사과를 성하게 만들 거야."라고 말했습니다. 아들은 "그럴 리가 없다"고 말했습니다.

그 때 아버지는 아들에게 "그렇단다. 아들아, 썩은 사람과 사귀면 성한 사람도 썩게 된단다."라고 말했습니다. 그러면서 못된 친구들과의 관계를 끊으라고 요청했습니다. 그러자 아들은 그 말에 수긍을 하고 못된 친구들을 끊어버렸다는 말이 있습니다.

또 이런 이야기도 있습니다. 어떤 사람이 두 앵무새를 각각 다른 새장에 길렀습니다. 한 마리에게는 노래를 가르치고 한 마리에게는 욕을 가르쳤습니다. 그런 후에 주인은 욕하는 앵무새에게 노래를 배우라고 같은 새장에 넣었습니다. 그런데 어떻게 되었겠습니까? 결국에는 두 마리 다 욕쟁이 앵무새가 되고 말았습니다.

어떤 목사님에게 친구가 있었는데, 그 친구에게는 어여쁜 딸이 하나 있었습니다. 십대 시절 그 아이는 주님께 자신을 드리고 전심으로 주님을 섬겼습니다. 교회에 착실히 다니고 매일 성경을 읽고 기도했습니다. 그렇지만 예전의 세상 친구들을 버리지 않았습니다. 왜냐하면 자신이 그 친구들을 예수께로 돌이킬 수 있다고 믿었기 때문입니다. 그 아이의 동기는 선하고 순수했습니다.

하지만 친구들을 통해 활동하는 세상 영의 끈질긴 유혹을 견딜 수 있을 만큼 그렇게 믿음이 견고하지는 못했습니다. 그 아이는 곧 술을 마시고 난잡한 파티를 즐기는 생활로 되돌아갔습니다. 얼마 후 그녀는 자신에 대한 감정은 매우 진실해 보였지만 예수님에게는 무관심한 한 청년과 사귀기 시작했습니다. 처음에 그녀는 그 청년을 주님께 인도할 수 있으리라고 생각했습니다. 그러나 그녀가 청년에게 좋은 영향을 끼치는 대신 그 청년이 그녀에게 세속적인 영향을 끼쳤습니다. 그리고 숨기고 있었던 본성을 드러내기 시작했습니다. 청년은 그녀에게 폭언과 폭력을 행사했습니다. 마침내 그녀의 삶이 잘못되기 시작했습니다. 차가 자주 고장이 나고 교통사고를 여러 번 당했으며 자주 병이 났습니다. 그럼에도 불구하고 이중생활은 계속되었습니다. 집에서는 그리스도인으로서 살고 친구들과 어울릴 때는 육적이고 세상적인 삶을 살았습니다. 그러다가 건강이 나빠져 큰 수술을 받기에 이르렀고, 마침내 큰 사고를 내고 음주운전으로 구속이 되었습니다.

이와 같은 쓰디쓴 경험을 통해 마침내 그녀는 "세상의 것과 그리스도 예수 안에서의 거룩한 삶을 함께 섞을 수 없다"는 것을 깨닫게 되었다는 것을 읽어본 적이 있습니다. 성경은 "속지 말라. 악한 동무들은 선한 행실을 더럽히나니"(고전 15:33). "악한 사람들과 속이는 자들은 더욱 악하여져서 속이기도 하고 속기도 하나니"(딤후 3:13)라고 경고합니다. "친구 따라 강남 간다"는 말이 있습니다. 그런데 친구 따라 강남만 가는 것이 아닙니다. 친구 따라 주일날 놀러

갑니다. 친구 따라 노래방에 갑니다. 친구 따라 술집에 갑니다. 친구 따라 나이트클럽에 갑니다. 친구 따라 놀음하는 곳에 갑니다. 그리고 친구 따라 창녀촌에도 갑니다. 마지막으로 수많은 사람들이 친구 따라 지옥으로 갑니다. 사람은 어쨌든 친구를 따라가게 되어 있습니다. 그러므로 친구를 잘 선택해야 합니다.

한편, "지혜로운 자와 동행하면 지혜를 얻고 미련한 자와 사귀면 해를 받느니라."(잠 13:20)라는 말씀이 있듯이 좋은 친구를 사귀면 바람직한 영적 전이가 이루어집니다. 저의 경우 어떤 목사님은 만나서 함께 교제를 나누자고 전화를 해도 제가 만나지 않는 목사님이 있고, 가급적 안 만나기로 결심한 목사님도 있습니다. 왜냐하면 그 목사님과 대화를 통하여 세상 것들이 전이가 되기 때문입니다. 세상 것들이 들어오기 시작하면 얼마 못가서 저의 영성은 메말라가기 시작하기 때문입니다. 그렇기 때문에 친구나 자주 만나는 사람을 분별하여 만나야 합니다. 과거 집안에 신전을 차려놓은 친구 집에서 놀았다든지, 무당이 부모인 친구와 접했다면 회개하고 귀신을 쫓아내야 합니다. 그래야 영적인 피해를 당하지 않게 됩니다.

그러므로 친구를 사귈 때 세상 사람들처럼 잘 노는 친구, 재미있는 친구, 돈이 많은 친구를 선호하지 마십시오. 기도하는 친구, 전도하는 친구, 사랑 충만하고 겸손한 친구, 성령 충만하고 신앙생활에 열심 있는 친구들을 사귀도록 하십시오. 그런 사람들을 가까이 하고 그들과 시간을 보내십시오. 그러면 머잖아 자신도 그렇게 변화될 것입니다.

10장 교우관계를 통한 귀신의 침입과 피해

(딤후 3:13)"악한 사람들과 속이는 자들은 더욱 악하여져서
속이기도 하고 속기도 하나니"

하나님은 우리들의 영적인 눈을 열기를 바랍니다. 그래서 바르게 분별하시기를 바랍니다. 교회에서 신앙생활을 하면서 많은 영들의 침입이 이루어집니다. 많은 성도들이 교회 안에는 악한 영들이 역사하지 않는 줄 착각하고 있습니다. 교회 안에도 성령으로 거듭나지 못한 성도들이 많이 있기 때문에 항상 경각심을 가져야 합니다. 성도라도 육을 가지고 있기 때문입니다.

특히 상처가 많고 조상이 우상 숭배가 심했다면 악한 영들이 자신에게 침입할 수가 있습니다. 수술을 받은 환자의 경우 사람이 많은 교회는 삼가는 것이 좋습니다. 우울증이나 조울증이나 정신적인 문제가 있는 분들도 사람이 많은 교회에서는 경각심을 갖는 것이 좋습니다. 임산부들도 체력이 약하기 때문에 악한 영의 침입 대상입니다. 불가피하게 이런 곳에 갈 때는 성령의 인도를 받는 깊은 영의기도로 무장을 해야 합니다.

좌우지간 예수를 믿고 성령으로 거듭난 성도들은 항상 마귀의 공격 대상이라는 것을 명심해야 할 것입니다. 성경 베드로전서 5장 8-9절에 "근신하라 깨어라 너희 대적 마귀가 우는 사자 같이 두루 다니며 삼킬 자를 찾나니, 너희는 믿음을 굳건하게 하여 그를

대적하라 이는 세상에 있는 너희 형제들도 동일한 고난을 당하는 줄을 앎이라" 하신 뜻을 잘 이해해야 합니다.

우리는 항상 경각심을 가져야 합니다. 그런데 영육의 문제가 있는 성도들이 꼭 사람이 많은 곳을 찾는 다는 것입니다. 이는 악한 영들이 그 성도를 그러한 곳으로 인도하기 때문입니다.

우리가 교회 생활을 하다 보면 대하기가 더 편한 사람들이 있고 그렇지 못한 사람들이 있습니다. 그 이유에 대해 궁금하게 생각해 본 적이 있습니까? 친구나 동업자나 심지어 교회를 찾을 때도 자신과 똑같은 영과 태도를 가진(마음이 맞는) 대상을 무의식적으로 찾는다는 것을 생각해본 적이 있습니까?

교회에서도 자기하고 입장이 같은 사람하고 통합니다. 이는 영이 같기 때문입니다. 말이 통하기 때문입니다. 전도를 해와도 꼭 그런 유형의 사람들을 전도하여 데리고 옵니다. 이것은 부인하려고 해도 부인을 할 수가 없는 사실입니다. 자신과 잘 통하는 사람들의 영을 분별하여 보시기를 바랍니다. 바로 그 사람이 나와 같은 영을 가지고 있는 성도이기 때문에 자신을 치유하는데 유익한 정보가 될 것입니다. 이는 본인이 인정하는 것이 중요합니다. 나는 아니야 하면 치유 받지 못합니다. 꿈에 어떤 성격이 좋지 못한 친구가 자주 보인다, 내가 그 친구 같다는 것을 인정하시기를 바랍니다.

마귀는 교회의 목사님들의 생각을 인본주의로 바꾸어 놓으려고 혈안이 되어 있습니다. 교회의 목사님들의 생각을 바꾸어 놓으면 그 교회의 모든 구성원들은 성령을 쫓지 않습니다. 인본적인 생각을 쫓는 것이 당연하다고 생각합니다. 그들은 그것이 그리스도의 일을 잘하고 있다고 생각하고 따라갑니다.

목사님과 장로가 교회에서 영향력을 행사하여 성도들의 신앙생활을 통제하고 잘못된 곳으로 이끌면서 자신은 그 잘못을 모르고 행동하는 경우가 많습니다. 이렇게 통치자와 권세는 지도자와 지도자를 돕는 참모들에게 역사하고, 그 자신도 모르는 경우가 많습니다. 그러므로 모든 성도는 영적 분별력이 있어야 합니다. 성도가 교회에서 목사님을 잘못 만나 잘못되는 경우가 있습니다. 또 교회에 목사님을 잘 못 들여서 모든 분이 잘못되는 경우가 많습니다. 율법주의 목사님이 지도하면 율법주의자가 될 수 있습니다. 성령 역사를 무시하는 말씀주의 목사님에게 지도 받으면 심령이 갑갑한 말씀주의 성도가 될 수밖에 없습니다.

교회는 모두 성령으로 세례를 받고 거듭난 성도만 모여 있지 않습니다. 고로 나쁜 영의 전이도 일어날 수가 있습니다. 제가 얼마 전에 어느 성도하고 상담을 하는데 그 교회에 들어가서 1~2년이 지나면 자연스럽게 허리 디스크와 목 디스크가 발생한다는 것입니다. 지금 많은 수의 성도들이 허리 디스크와 목 디스크로 고생을 하고 있다는 것입니다. 자신도 작년부터 목 디스크와 허리 디스크가 발생했다는 것입니다. 그러면서 담임목사 사모님이 허리 디스크와 목 디스크로 고생을 하고 계시다는 것입니다. 제가 이렇게 말했습니다. 교회에는 성령의 역사도 전이 되고, 악한 영의 역사도 전이 될 수 있는 장소입니다. 왜냐하면 성도들이라고 해도 모두 성령으로 세례 받고 거듭났다고 단정하지 못하기 때문입니다. 자신에게 성령의 역사가 약하면 질병을 일으키는 나쁜 영의 전이가 일어날 수 있습니다. 모든 성도가 전이되는 것이 아니고 성령의 역사가 약하고 영력이 약한 성도들에게 전이됩니다. 깊은 영의기도를 하여 심령에서 성령의 권능이 나오는 성도에게는 전이되지 않습니다. 자신의 영성에 문제가 있기 때문에 나쁜 영의 전이가 일어나는 것입니다. 이런 나쁜 영의 전이를 막으려면 자신이 성령으로 세례를 받고 깊은 영의기도를 해서 영성을 깊게 해야 합니다. 참고적으로 말씀을 드립니다.

제가 치유사역을 하면서 임상적으로 체험한 바로는 뼈 관절에 문제가 있는 분들의 대다수가 조상들이 무속에 깊이 관여한 분들이었습니다. 이렇게 교회에서 교우 관계를 통해서 질병도 전이가 됩니다. 교회도 바른 분별력을 가지고 정해야 합니다. 제일 좋은 것은 담임목사가 영성이 깊고 성령의 역사가 강한 교회를 정하여 다니면 금상첨화입니다. 그래서 저는 주일날도 일일이 안수를 하여 성도들에게 나쁜 영의 전이가 일어나지 않도록 영적조치를 하고 있습니다.

몸이 아프다고 아무 곳에나 가면 안 됩니다. 세상 사람들이 믿는 잡신을 섬기는 곳에 가면 영락없이 귀신의 전이가 있습니다. 일본에서 온 일련종정(일명 '남묘호랭객쿄'라고도 함)은 사탄의 지배에 속한 더러운 미신인 것입니다. 이것은 필자가 시화에서 목회할 때 우리 교회에 등록하여 다니는 성도의 간증을 듣고 알게 된 사실입니다. 이 성도가 하는 말이 자신이 예수를 믿게 된 동기는 몸이 하도 많이 아프고 가정에 여러 가지 환란과 풍파가 있어 고통을 당하고 있었습니다. 옆집에 살던 예수 믿는 성도가 와서 예수를 믿으면 모든 문제가 예수 이름으로 해결된다고 하여 예수를 믿었습니다. 그런데 예수를 믿고 교회를 열심히 다녀도 아픈 몸이 치유되지 않았답니다. 그러는 즈음에 '남묘호랭객쿄'를 믿는 사람이 자신의 처지를 알고 찾아와서 자꾸 자기가 다니는 곳에 한번만 갔다오면 병이 낫는다고 자꾸 설득을 하는 바람에 그 사람을 따라서 '남묘호랭객쿄'를 믿는 사람들이 모여 있는 신전에 갔답니다. 두 번에 걸쳐서 가서 기도를 받았는데 병이 나아버린 것입니다. 그래서 계속 다니다가 예수님 외에는 구원이 없다는 것을 깨닫게 되어, 내가 여기 계속 다니다가는 지옥에 간다는 생각이 들어서 다시 교회에 와서 예수를 믿기 시작했다는 것입니다. 그래서 제가 단단하게 주의를 시키고 회개를 하게하고 다시는 그런 일이 없게 하라고 하고 남묘호랭객쿄의 귀신을 축사했습니다. 2시간가량 안수기도를 하니 음매~ 음매~ 음매~ 하면서 목구멍이 확장이 되더니 '남묘호랭객쿄' 신전에 갔을 때 들어온 귀신 17마리가 떠나갔습니다. 축사를 마치고 제가 이 말씀을 가슴에 새기라고 알려주었습니다. "한 번 빛을 받고 하늘의 은사를 맛보고 성령에 참여한바 되고 하나님의 선한 말씀과 내세의 능력을 맛보고도 타락한 자들은 다시 새롭게 하여 회개하게 할 수 없나니 이는 그들이 하나님의 아들을 다시 십자가에 못 박아 드러내 놓고 욕되게 함이라."(히6:4-6).

　이렇게 이방신들도 신유의 역사를 일으킵니다. 병을 고치려고 아무 곳에나 가면 절대로 안 됩니다. 병을 고친다고 능력이 있는 것이 아닙니다. 많은 성도들이 저와 상담하면서 목사님은 능력이 많아서 귀신도 쫓고 병도 고치는 목사님이라 믿었다는 것입니다. 철석같이 믿었다가 자신이 상처받고 잘못되었다는 것입니다. 절대로 아닙니다. 생명의 말씀과 성령을 전이하는 목회자가 되어야 합니다. 특히 기 치료는 위험한 사탄의 역사입니다. 그래서 우리는 영적인 세계를 바로 알고 대처해야 하는 것입니다.

　종합하면 긍정적인 영들의 전이는 신앙적인 부모, 좋은 친구 혹은 영적인 지도자뿐 아니라, 하나님과의 직접적인 교제를 통해 이루어집니다. 그러므로 우리는 하나님과 날마다 교제하는 생활을 해야 합니다. 성경에 보면 하나님의 마음에 합한 사람이 나옵니다. 누구였습니까? 다윗입니다. 그러면 다윗은 어떻게 하나님의 마음에 합한 사람이 될 수 있었을까요? 다윗은 막내였지만 부모의 사랑을 크게 받지 못했습니다.

　그는 가족들에게 따돌림을 당했고, 들에 가서 양을 쳤습니다. 그런데 들에서 그는 주로 하나님을 생각했습니다. 하나님께 기도하고 하나님을 생각하고 많은 시를 쓰고 손수 악기를 타면서 하나님을 찬양했습니다. 그는 수많은 시간을 오직 양들과 하나님과만 보냈습니다. 그리하여 하나님께로부터 다윗에게로 영들의 침입이 일어났고 다윗은 하나님의 마음에 합한 사람이 되었던 것입니다. 그러므로 우리 모두 다윗처럼 하나님과 많은 시간을 보내도록 합시다. 그래서 다윗처럼 하나님의 마음에 합한 사람으로 변화되는 우리가 되시기를 바랍니다.

어느 여 집사의 이야기입니다. 이분이 우울증으로 고생을 하다가 필자에게 치유를 받으러 왔습니다. 우울증이 심하여 밤에 잠을 잘 자지 못하고 치과를 하는데 일을 제대로 하지 못하겠다는 것입니다. 그래서 치유 기도를 해주다가 성령께서 남편에 대하여 질문하라는 감동을 주었습니다. 그래서 남편의 신앙에 대하여 물어보았습니다. 그러니까, 이렇게 대답을 했습니다. 남편이 교회를 다니기는 하는데 시어머니가 제사라는 제사는 다 지낸다는 것입니다. 그리고 그렇게 이야기를 해도 절에 나간다는 것입니다.

그래서 멀리 떨어져있으면 대화나 전화통화 할 때라도 성령의 임재 하에 하라고 했습니다. 그랬더니 이렇게 대답을 하는 것입니다. 시어머니와 함께 산다는 것입니다. 왜 그러냐고 물었더니 시아버지가 일찍 대장암으로 돌아가셔서 무녀 독남인 자신의 현재 남편하고 함께 살았다는 것입니다. 그래서 그러면 시어머니가 제사를 지내면 집사님은 어떻게 하느냐고 물었습니다. 제사 음식을 다 준비해준다는 것입니다. 그러면 아들인 남편하고 제사를 지낸다는 것입니다. 은연중에 제사에 참여하는 것입니다. 그래서 남편이 교회를 다니는데 제사를 지내느냐고 했더니 지낸다는 것입니다.

그러면서 성령의 역사가 일어나니 이 여 집사에게서 향을 태우는 향냄새가 말도 못하게 나오는 것입니다. 그러면서 치유가 되었습니다. 그래서 이제 부터는 제사에 참석하지 말라고 했습니다. 그러니까, 자신도 그렇게 하고 싶은데 남편이 싫어한다는 것입니다. 만약에 제사지내는데 등한시하면 남편하고 관계가 험악하게 된다는 것입니다. 그래서 내가 질문을 했습니다. "결혼은 어떻게 했습니까?" "연애결혼을 했습니다." "그러면 집사님은 연애 당시 교회에 안 다녔습니까?" "아닙니다. 저는 모태신앙입니다. 지금 아버지는 장로님이시고, 어머니는 권사님이십니다." "그런데 어떻게 그런 분하고 결혼을 했습니까?" 그러니까, "연애기간을 한 8개월 정도 가졌습니다.

남편이 연애 시절에 교회를 착실히 잘 다녔습니다. 그리고 남편이 외과 의사입니다. 그래서 여러 조건도 좋고 해서 결혼을 결심하고 결혼을 하게 되었습니다. 부모님들도 그렇게 반대하지 않아서 결혼을 한 것입니다. 그런데 결혼해서 시어머니의 우상숭배를 알게 되었습니다. 분명히 결혼 전에 남편이 어머니도 전도하여 예수를 믿도록 하겠다고 했습니다. 그런데 지금 십 삼년이 지났는데 아직도 예수를 믿지 않고 절에 다닙니다." 그래서 내가 그러면 집사님이 시어머니에게 이렇게 말해보라고 했습니다. 만약에 시어머니가 계속하여 우상을 숭배하면 분가하여 살겠다고 해보라고 했습니다. 그랬더니 이렇게 말하는 것입니다. 남편이 어머니하고 절대로 분가하면 안 된다고 합니다.

자기 어머니가 자기만 보고 청춘에 혼자되어 살았는데 절대로 그럴 수가 없다는 것입니다. 그래서 어쩔 수 없이 지금까지 지내왔다는 것입니다. 이 집사에게 한 가지 걱정이 있었습니다. 자기의 시아버지가 사십대 중반에 대장암으로 세상을 떠났는데 남편이 걱정이 된다는 것입니다.

모태 신앙인 집사가 불신의 가정에 시집을 가서 제사를 지내고 살게 된 것입니다. 그러니 우울증이 찾아와서 고생을 하는 것입니다. 참으로 답답한 현실입니다. 결혼은 장난이 아닙니다. 결혼에 대하여는 "결혼 어떡하면 행복할까요"를 읽어보시기를 바랍니다.

이런 사람들이 우리 주변에는 너무나 흔합니다. 청년 때 믿음을 가졌던 사람이 그것도 열심히 믿었던 사람이 어느 날 불신자가 되어 있는 경우를 흔히 볼 수 있습니다.

이런 사람들 대부분이 믿음 있는 사람들과 가까이 하기보다는 믿음 없는 사람과 가까이 한 결과 이렇게 된 것입니다. 무리의 법칙은 경건한 무리와 항상 가까이 함으로써 믿음을 지키고 성장시킬 수 있음을 지적하는 말입니다. 이는 법칙이기 때문에 반드시 그렇게 지켜야만 한다는 말입니다. 성도들과 가까이하고 영적으로 능력 있는 사람들과 가까이 함으로써 자신도 능력 있는 사람으로 설 수 있게 되는 것입니다. 특히 젊은 세대들은 이 무리의 법칙을 잊어서는 안 됩니다. 아직 영적으로 성장하여야 할 시기이기 때문에 더욱 이 법칙을 마음에 담아두고 성도들과 어울리고 교회생활을 열심히 함으로써 영적 능력을 키워나가기 바랍니다.

11장 동거를 통한 귀신의 침입과 피해

(고후 6:14-18)"너희는 믿지 않는 자와 멍에를 같이 하지 말라. 의와 불법이 어찌 함께 하며 빛과 어두움이 어찌 사귀며 그리스도와 벨리알이 어찌 조화되며 믿는 자와 믿지 않는 자가 어찌 상관하며 하나님의 성전과 우상이 어찌 일치가 되리요. 우리는 살아 계신 하나님의 성전이라. 이와 같이 하나님께서 가라사대 내가 저희 가운데 거하며 두루 행하여 나는 저희 하나님이 되고 저희는 나의 백성이 되리라 하셨느니라. 그러므로 주께서 말씀하시기를 너희는 저희 중에서 나와서 따로 있고 부정한 것을 만지지 말라. 내가 너희를 영접하여 너희에게 아버지가 되고 너희는 내게 자녀가 되리라 전능하신 주의 말씀이니라 하셨느니라."

하나님은 동거를 하되 분별력을 가지고 분별하여 동거하라고 말씀하십니다. 속담에 근묵자흑이요, 근적자적(近墨者黑 近赤者赤)이라는 말이 있습니다. 깨끗하고 고결하다고 할지라도 사귀는 사람이 바르지 못하면 같이 거기에 물들게 된다는 말입니다. 사람은 가까이 하는 사람에게 영향을 주고 받게 된다는 말입니다. 우리가 믿음 있는 삶을 살아가기 위해서는 반드시 이 원칙이 지켜져야 합니다. 이 원칙을 무시하면 때로는 믿음에 큰 손상을 입을 수 있습니다. 자신의 영적인 능력이 세상의 어떤 도전도 모두 이길 수 있을 것 같지만 그렇지 않습니다. 우리는 한계를 가지고 있습니다.

우리에게 주어진 능력은 무한대가 아니기 때문에 늘 자신의 한계를 인식하고 그에 따른 행동을 취하는 것이 현명합니다. 반드시 성령으로 충만하여 성령의 인도를 받아야만 합니다.

자신의 한계를 알고 그에 맞는 행동을 취하기란 말처럼 쉽지 않습니다. 그렇기 때문에 우리의 믿음이 강해지기 위해서는 신실한 믿음이 있는 사람들과 어울리는 것이 절대로 필요하지요. 자신보다 영적으로 앞서가는 사람들의 무리에서 벗어나지 않고 항상 그들과 함께 하는 시간을 많이 갖는 것이 믿음을 강하게 유지하는 요령입니다.

그렇기 때문에 교회 생활을 해야 하는 이유가 여기 있는 것입니다. 같은 신앙고백을 하는 성도들과 교제를 나눔으로써 믿음을 상실하지 않고 더욱 키워나갈 수 있는 것이며, 여러 가지 위험으로부터 보호받을 수 있는 것입니다.

자신의 영적 능력의 한계를 망각하고 믿음 없는 사람들과 자주 어울리면 믿음은 심각하게 훼손됩니다. 물론 우리는 불신자들과 어울려야 합니다. 그들을 구원하기 위해서입니다. 그러나 자신의 믿음이 손상을 입어 소멸될 정도로 그들과 어울리는 것은 피해야 합니다.

어떤 부인은 믿음의 가정에서 성장했습니다. 가족 전체가 믿음을 가지고 있고, 가족 중에는 목회자도 있고 장로, 권사 등의 직분을 가진 사람이 많습니다. 이런 가정에서 모태 신앙으로 성장했지만 시집을 갈 때까지 거듭난 확신이 없이 그저 가족과 어울려 교회에는 빠짐없이 출석했습니다. 직장생활을 하면서 믿지 않는 청년과 사귀게 되어 집안의 반대에도 무릅쓰고 결혼을 했습니다. 결혼하여 그 가정을 구원시키겠다고 가족들을 설득시키고 결혼한 것입니다.

결혼하여 시댁에 들어가 시집살이를 했습니다. 불신자인 시댁은 제사를 드렸고, 며느리가 교회에 나가는 것을 반대하지는 않았지만 세월이 흘러가면서 아이들을 낳아 기르면서 그녀는 차츰 교회를 등한시하기 시작하였습니다. 주일에 가족들과 함께 야외로 나가게 되고, 믿음 없는 남편 따라 행동하다 보니 자신도 모르게 신앙생활에서 차츰 멀어지기 시작했습니다. 이렇게 세월이 흘러가면서 그 부인은 마침내 믿음을 잃게 되었습니다. 친정에서는 처음에는 그런 딸이 안타까워 충고하고 나무라기도 하였지만 세월이 지나면서 각각의 삶에 바쁘다보니 서로의 왕래도 뜸해지고 마침내는 거의 왕래가 없이 자신들의 삶을 각각 살아가게 되었습니다. 그 부인은 마침내 믿음을 완전히 잃어버리고 말았습니다. 완전한 불신자가 되어 이제는 교회라면 오히려 고개를 젓는 사람이 되고 말았습니다. 그런 까닭에 친정 식구들과는 담을 쌓고 살았습니다.

이런 사람들이 우리 주변에는 너무나 흔합니다. 청년 때 믿음을 가졌던 사람이 그것도 열심히 믿었던 사람이 어느날 불신자가 되어 있는 경우를 흔히 볼 수 있습니다.

이런 사람들 대부분이 믿음 있는 사람들과 가까이 하기보다는 믿음 없는 사람과 가까이 한 결과 이렇게 된 것입니다. 무리의 법칙은 경건한 무리와 항상 가까이 함으로써 믿음을 지키고 성장시킬 수 있음을 지적하는 말입니다. 이는 법칙이기 때문에 반드시 그렇게 지켜야만 한다는 말입니다. 성도들과 가까이하고 영적으로 능력 있는 사람들과 가까이 함으로써 자신도 능력 있는 사람으로 설 수 있게 되는 것입니다. 특히 젊은 세대들은 이 무리의 법칙을 잊어서는 안 됩니다. 아직 영적으로 성장하여야 할 시기이기 때문에 더욱 이 법칙을 마음에 담아두고 성도들과 어울리고 교회생활을 열심히 함으로써 영적 능력을 키워나가기 바랍니다.

제가 몇 년 전에 이런 분을 치유한 적이 있습니다. 시화에서부터 우리 교회를 다니면서 은혜를 받던 여자 성도입니다. 하루는 전화가 왔습니다. 요즈음 잠을 자지 못한다는 것입니다. 이유는 꿈속에서 미친 여자가 자기를 자꾸 따라오면서 괴롭힌다는 것입니다. 이런 현상이 자신의 남자 친구 부인 묘지에 다녀온 다음부터 이런 일이 생겼다고 합니다. 어찌하면 좋겠느냐는 것입니다. 그래서 제가 성령님에게 질문을 했습니다. 성령께서 남자 친구 부인이 어떤 병으로 죽었는지 물어보라는 것입니다. 여 성도에게 남자 친구 부인 묘지에 다녀왔다고 미친 여자가 나타나는 것이 아닙니다. 남자 친구에게 한번 물어보십시오. 부인이 어떻게 죽었는가, 며칠 있다가 전화가 왔습니다. 남자 친구 부인이 미쳐서 고통을 당하다가 죽었다는 것입니다. 제가 이렇게 이야기를 했습니다. 이는 남자 친구에게 역사하는 악한영이 부인을 미치게 하는 것이니, 미쳐서 죽으려면 계속 만나고, 아니면 절교하고 말씀과 성령으로 집중 치유를 받으라고 했습니다. 그래 3개월 동안 집중 치유를 받고 정상적인 생활을 하게 되었습니다.

동거를 하게 되면 서로에게 역사하던 영들의 침입이 저절로 이루어지는 것입니다. 우리는 경각심을 가져야 합니다. 방심은 금물입니다. 그래서 영적인 것은 무시하면 안 됩니다. 바르게 알고 바르게 조치를 취해야 합니다.

얼마 전에 토요일 날 집중 치유를 하는데 여 집사가 성령의 임재가 되니 사지가 뒤틀리는 것입니다. 성령님 이것이 무슨 현상입니까? "성령께서 감동하시기를 이 가계에 중풍의 영이 흐른다. 이 집사도 중풍의 영이 사로잡아 조금만 있으면 중풍을 당하게 될 것인데 다행히 집중 치유하여 정체를 폭로한 것이다. 조금만 있으면 다 풀고 떠나갈 터이니 조금 기다려라" 약 1시간 정도 지나니까 다 풀렸습니다. 여 집사에게 질문을 했습니다. 윗 어른들 중에 중풍으로 고생한 분이 없는가요. 그랬더니 할아버지, 할머니, 아버지, 어머니 모두 중풍으로 고생을 하다가 돌아 가셨다는 것입니다.

이와 같이 동거를 통하여 질병의 영들이 전이가 자연스럽게 이루어집니다. 기독교 신앙은 예방 신앙입니다. 사전에 예방해야 합니다. 어떻게 예방하느냐 성령의 역사로 악한 영의 정체를 폭로하게 하는 것입니다. 한마디로 영적인 진단을 주기적으로 받으라는 것입니다.

건강하게 살기 위해서 주기적으로 건강진단을 받아야 하는 것처럼, 건강한 영적 삶을 살기 위해서는 주기적으로 영적 진단을 받을 필요가 있습니다. 저는 주기적인 영적진단을 아주 많이 강조합니다. 성령의 역사가 강한 장소에 가서 자신의 영적인 상태를 주기적으로 진단하는 것입니다. 암은 조기에 진단하면 100% 치유가 되지만, 검진을 하지 않으면 말기가 될 때까지 우리 몸은 암을 느끼지 못합니다. 그래서 의사들이 하는 말이 암을 발견하는 것은 주기적인 검진 밖에 없습니다. 라고 합니다. 영적인 병도 이렇습니다. 병의 바이러스인 마귀나 귀신이 들어왔는데도 우리의 몸이 느끼지 못하는 경우가 많습니다. 영은 신호를 보내는데도 무지해서 그 신호를 놓치는 경우가 많습니다. 그러므로 주기적으로 자신의 영적인 상태를 점검할 필요가 있습니다. 주기적인 영적 상태 점검은 무엇보다 중요합니다.

세대에 역사하는 영적인 존재들은 태중에서 들어옵니다. 이것들이 평소에는 잠복하여 있다가 취약한 시기가 되면 고개를 들고 일어나 문제를 일으키는 것입니다. 이를 예방하기 위하여 주기적인 영적 검진이 필요한 것입니다. 저는 평소에 이렇게 말합니다. 예수를 믿고 교회에 들어오면 먼저 성령으로 세례를 받아야 합니다. 성령으로 세례를 받은 다음에 말씀과 성령으로 내면의 상처를 치유하는 것입니다. 상처를 치유 받으면서 병행하여 자아를 십자가에 매다는 것입니다.

성령의 역사로 혈통에 대물림되는 악한 영을 축귀하는 것입니다. 그리하여 영적체질을 만드는 것입니다. 이는 어려서부터 적용해야 되는 것입니다. 세대에 역사하는 악한 영을 성령의 역사로 드러내어 미리 축귀하는 것입니다. 그래서 저는 우리 충만한 교회에 다니고 있는 성도들의 자녀를 매주 안수를 해서 영적으로 맑은 상태를 유지하게 합니다. 이렇게 주기적으로 안수를 받으니 영적으로 깨끗해지는 것은 물론이고 육적으로도 건강하게 지냅니다.

기존 성도들은 주일날 영적점검을 받는 것입니다. 성령의 역사가 강하게 나타나니 세대에 대물림 되던 악한 영이 더 이상 숨어있지 못하고 정체를 폭로하는 것입니다. 폭로되어 떠나가게 하고 매 주일 성령의 역사를 체험하며 영적 상태를 유지하는 것입니다. 저는 항상 이렇게 말합니다. 성도들은 주일날이 아주 중요하다고 말입니다. 요즈음 세상 살아가는 것이 힘이 들어 주일 하루 밖에 교회를 나오지 못하는 분들이 많습니다. 이 중요한 주일을 성령으로 충만하게 예배를 드려서 영성을 유지하는 것입니다.

이렇게 신앙생활을 하지 못하니 세대에 역사하던 악한 영들이 예수를 믿어도 꼼짝하지 않고 숨어 있다가 영육으로 취약한 시기에 고개를 들고 나와 문제를 일으키는 것입니다. 제가 지금까지 성령치유 사역을 하면서 체험한 바로는 세대에 역사하던 악한 영이 장로가 된 다음에도 영육으로 이해 못하는 고통을 가하는 것입니다.

우리 충만한 교회 성령치유 집회와 주일 예배에 참석하여 성령의 강한 역사를 체험하고 자신 안에 도사리고 있던 중풍의 영들이 정체를 폭로하여 떠나보낸 분들이 부지기수입니다. 또 무속의 영들이 숨어 있다가 정체를 폭로하여 떠나보낸 성도 목회자가 많습니다. 이는 현재 진행형입니다. 지금도 역사가 일어난다는 것입니다. 오늘도 일어날 것입니다. 이렇게 사전에 성령의 역사로 정체를 폭로하여 떠나보내지 않고 취약한 시기에 드러나서 고통을 당하다가 찾아오는 분들 또한 부지기수입니다.

고통을 당하다가 이렇게 해도 안 되고, 저렇게 해도 안 되니, 할 수 없이 저희 교회 같은 곳에서 치유를 받는 것입니다. 그런데 때는 이미 늦은 것입니다. 이미 정체를 드러냈기 때문에 치유하려면 시간이 많이 걸리는 것입니다. 세대에 역사하는 악한 영은 태중에서 침입을 합니다. 침입하여 정체를 드러내는 시기는 두 가지가 있습니다. 첫째, 성령의 역사에 의하여 정체를 드러냅니다. 이것이 제일로 좋은 현상입니다. 두 번째는 여러 가지 상황이 좋지 못하여 스트레스를 당하여 영육으로 취약한 시기에 드러내는 것입니다. 이 상황이 제일로 나쁜 것입니다. 이런 취약한 시기에 드러나는 것을 방지하기 위하여 주기적인 영적 점검을 하여 악한 영들을 드러내는 것입니다.

그래서 성도는 교회를 잘 정해야 합니다. 그리고 주일을 효과적으로 보내면서 주기적인 영적 점검을 받아야 합니다. 많은 성도들이 이렇게 주기적인 영적 점검을 받지 않음으로 인하여 불필요한 고통을 당하고 있습니다.

어떤 분은 목사가 된 다음에 악한 영들이 드러나 고생을 합니다. 어떤 분은 안수 집사가 된 다음에 악한 영이 드러나 말로 표현 못하는 고통을 당하기도 합니다. 저는 하나님의 은혜로 성령치유 사역을 하고 있습니다. 사역을 하다 보면 영적으로 무지하여 예수를 잘 믿으면서 불필요한 고통을 당하면서 사는 분들을 볼 때 참으로 안타깝기 짝이 없습니다. 기독교 신앙은 예방 신앙입니다. 주기적인 영적검진이 필요한 것입니다.

우리 교회 정 집사님이 토요일 날 필자에게 전화를 하였습니다. 내일 교회에 나오지 못하겠다는 것입니다. 그래서 이유를 물었습니다. 지난 수요일 날 앞에 재활용을 모아두는 곳에 갔더니 장롱이 예쁜 것이 있어서 집에 갖다가 두었는데 그날 밤부터 잠을 잘 수가 없고 숨이 가프고 가슴이 답답하고 기도할 수가 없고 이상한 환상이 보여서 고통이 이만 저만이 아니라는 것입니다. 그래서 필자가 그것은 장롱에 역사하는 악한영의 영향 때문에 고생하는 것입니다. 제가 전화로 축귀를 해드릴 터이니 당장 가져온 곳에 버리세요. 우리고 전화로 한 10분정도 축귀를 해드렸습니다. 물어보니 가슴이 시원하고 정신이 돌아왔다는 것입니다. 물론 주일에 예배에 참석하여 은혜를 받았습니다. 이렇게 다른 사람이 사용하던 장롱 등을 통해서 악한 영의 전이가 일어날 수가 있습니다.

12장 감정을 통한 귀신의 침입과 피해

(왕하2:1-6)"여호와께서 회리바람으로 엘리야를 하늘에 올리고자 하실 때에 엘리야가 엘리사로 더불어 길갈에서 나가더니 엘리야가 엘리사에게 이르되 청컨대 너는 여기 머물라 여호와께서 나를 벧엘로 보내시느니라. 엘리사가 가로되 여호와의 사심과 당신의 혼의 삶을 가리켜 맹세하노니 내가 당신을 떠나지 아니 하겠나이다 이에 두 사람이 벧엘로 내려가니 벧엘에 있는 선지자의 생도들이 엘리사에게로 나아와 이르되 여호와께서 오늘날 당신의 선생을 당신의 머리 위로 취하실 줄을 아나이까 가로되 나도 아노니 너희는 잠잠하라. 엘리야가 저에게 이르되 엘리사야 청컨대 너는 여기 머물라 여호와께서 나를 여리고로 보내시느니라. 엘리사가 가로되 여호와의 사심과 당신의 혼의 삶을 가리켜 맹세하노니 내가 당신을 떠나지 아니하겠나이다 하니라. 저희가 여리고에 이르매 여리고에 있는 선지자의 생도들이 엘리사에게 나아와 이르되 여호와께서 오늘날 당신의 선생을 당신의 머리 위로 취하실 줄을 아나이까 엘리사가 가로되 나도 아노니 너희는 잠잠하라. 엘리야가 또 엘리사에게 이르되 청컨대 너는 여기 머물라 여호와께서 나를 요단으로 보내시느니라. 저가 가로되 여호와의 사심과 당신의 혼의 삶을 가리켜 맹세하노니 내가 당신을 떠나지 아니하겠나이다. 이에 두 사람이 행하니라."

하나님은 영들의 전이를 알고, 자신의 영을 자신이 지키기를 원하십니다. '전이'라는 것은 글자 그대로 '옮겨진다.' 즉 어떤 사람에게서 다른 사람에게로, 어떤 장소에서 다른 장소로 옮겨진다는 뜻입니다.

감정을 통한 영들의 침입이 일어납니다. 사람이 어떤 사람에게 상처를 받고 미워하면 자꾸 그 사람이 생각나게 됩니다. 자꾸 생각을 하므로 자신도 모르게 그 사람을 닮아가는 것입니다. 반대도 마찬가지 입니다. 좋아하고 사랑하는 사람에게 감정이 열리므로 상대방에게 역사하는 영들의 침입이 일어나는 것입니다. 이것이 감정을 통한 영들의 전이 입니다.

왜 멀쩡한 사람들이 이단에 빠질까요? 그것은 영의 전이의 문제가 결부되기 때문입니다. 사람은 육적이면서 영적인 존재입니다. 영적인 존재이기 때문에 영의 만족을 누려야 안정되는 것입니다. 성도가 영의 만족을 누리지 못하면 영의 만족을 누릴 수 있는 장소를 찾아다닙니다. 제가 지금까지 성령치유 사역을 하면서 체험한 바로는 상처가 많은 성도들이 영의 만족을 누리지 못합니다. 상처가 영의 통로를 막고 있기 때문입니다. 정상적인 교회를 다니다가 이단에 빠진 사람들은 거의 상처가 많은 사람들입니다. 제가 실제로 지하철역에서 신천지를 포교하는 여성들 6명을 영안을 열고 보니 상처가 말로 표현 할 수가 없이 많았습니다.

저는 하나님이 은혜를 주셔서 사람의 심령 상태를 보려고 하면 성령께서 보여주십니다. 정상적인 생활을 할 때는 사람의 심령 상태가 보이지 않습니다. 정확하게 심령을 읽으려고 할 때 성령께서 보게 하십니다. 저를 절대로 이상한 사람 취급하지 마시기를 바랍니다. 정상적인 생활할 때는 아무것도 안 보입니다. 이렇게 상처가 많은 성도가 영의 만족을 찾을 곳을 찾아다닙니다. 여기 저기 찾다가 이단들이 모이는 장소도 가게 됩니다. 거기에 가면 특별한 것이 있을 것 같은 호기심으로 간 것입니다. 그러나 여기에는 아주 중요한 영적인 요소가 숨어있습니다. 이단들이 모인 장소에 특별한 영이 흐른다는 것입니다. 이 악한 호기심에 마음을 놓은 성도에게 악한 영이 침입하여 분별력을 잃어버리게 합니다.

그래서 조금 지나면 거기서 전하는 말이 모두 진리이고 정확하다고 생각하게 만드는 것입니다. 하루 이틀이 지나면 분별력을 잃어버리게 되고 이단의 영이 자신을 장악하는 것입니다. 이렇게 되면 그곳의 교주가 세상에서 제일 신령하고 이 사람을 따라가야 자신이 천국에 입성할 수가 있다고 믿어버리는 것입니다. 교주 외에 다른 사람의 말은 듣지도 못하고 들으려고 하지도 않습니다. 그래서 집을 떠나기도 하는 것입니다.

이는 이단의 교주를 조종하고 있는 악령, 통치자와 권세가 교주에게 마음을 연 모두에게 들어가 장악하였기 때문입니다. 그래서 그들이 꿈을 꿀 때 꿈속에서 악령이 교주가 메시야라고 알려주기 때문입니다. 그래서 교주가 메시야라고 미혹하여 믿게 하는 것입니다. 그러므로 꿈도 잘 분별하여 보아야 합니다. 꿈도 성령으로부터 오는 꿈과 악령으로 부터 오는 꿈과 사람의 심리가 만들어 내는 꿈들이 있으므로 분별을 해야 합니다. 꿈과 환상에 대해서는 "꿈 환상의 해석을 통한 상담과 치유비결"을 읽어보시기를 바랍니다.

통일교의 실제적 인물은 박보희라는 사람입니다. 문선명은 사실 머리가 좋은 사람이 아닙니다. 박보희가 왜 문선명에게 심취해 오른팔 역할을 하게 되었을까? 박보희가 문선명을 처음 만났을 당시 문선명이 메시야라는 내용의 꿈을 자주 꾸었다고 합니다. 이는 마귀(통치자와 권세)가 박보희를 통하여 문선명을 신격화하여 자기 나라를 만들기 위하여 꿈을 통하여 보여준 것입니다. 이런 마귀가 보여주는 꿈을 자꾸 꾸는 과정을 통해 박보희는 문선명을 참 아버지로 믿게 되었고, 통일교의 교리에 심취하게 되었다는 것입니다.

어둠의 영들이 역사하고 있는 영역에서 영적 전이에 사로잡히게 되면 논리가 전혀 맞지 않는 것조차도, 그대로 믿게 되는 것입니다. 이는 그들을 장악하고 있는 영들이 그들의 생각과 사고까지 장악했기 때문입니다. 한마디로 마귀의 종이 되었다는 것입니다. 이렇게 되면 자기 의지로 아무것도 할 수가 없게 됩니다. 그래서 통일교 문선명이나 JMS 정명석이 하는 말에 절대 복종하며 종노릇을 하고 있는 것입니다. 일반적으로 볼 때, 통일교 여호와의 증인 등의 가르침이 상식으로 맞지 않는데도 받아들이게 되는 것을 영적 전이로 설명할 수 있는데, 이런 영적 전이가 일어나게 되는 데는 몇 가지 통로가 있으며, 이러한 통로를 거치지 않고는 영적전이가 거의 일어나지 않습니다.

첫째, 감정. 영적전이가 이루어지는 중요한 통로는 '감정'입니다. 세상말로 선입견이라는 것입니다. 사람을 처음 좋지 않게 보면 계속 잘 못 보게 된다는 뜻입니다. 처음 좋은 감정을 갖게 되면 계속 좋게 보이는 것입니다. 반대로 한번 나쁘게 보면 계속 나쁘게 보인다는 것입니다. 사람들은 객관적으로 볼 때 어떤 사람에 대해 그가 말하고 행동하는 것이 맞지 않고, 문제가 있으며, 도덕적으로 부도덕한 사람이라는 분명한 판단을 갖고 있다고 하더라도, 일단 그 사람에 대해 감정적으로 열리게 되고, 호감을 느낀다든지, 우정을 갖게 되거나, 연인 사이로 사랑에 빠지게 되면 그 사람의 도덕성, 행동, 가치 등을 다 받아들이게 됩니다. 일단 감정이 개입되고 마음이 열리면 상대방이 가진 영이 자신에게 쉽게 전이가 이루어지게 된다는 것입니다.

유유상종(類類相從)이란 말이 있습니다. 같은 종류, 같은 유형의 사람끼리 만난다는 것입니다. 끼리끼리 모인다고. 참새는 참새끼리 모이고, 뱁새는 뱁새끼리 모이고, 까치는 까치끼리, 까마귀는 까마귀 끼리 모입니다. 사람들이 자기와 비슷한 성향을 지닌 사람을 찾는다는 것은 어쩌면 모든 인간관계의 보편적인 원리일 것입니다. 그리고 이런 경우 사람들은 '저 사람은 나와 마음이 통한다'라고 표현합니다. 한마디로 영이 통한다는 것입니다. 영이 통하니 말이 통하는 것입니다. 같은 영이 장악했다는 것입니다.

여기에 주의해야 할 영적인 원리가 한 가지 있습니다. 영적 침체에 빠졌을 때는 새로운 친구를 사귀지 말라는 것입니다. 영적 침체에 빠졌을 때 만나는 사람은 거의 같은 성향의 침체된, 부정적이고, 어두운 사람이기 쉽습니다. 마음이 불편한 사람은 마음이 불편한 사람을 만나기 쉽습니다. 마음이 우울한 사람은 우울한 사람을 만나기가 쉽습니다. 서로의 처지가 같은 사람끼리 만나는 것입니다. 그리고 그 인간관계 속에서 서로 마음이 통한다고 느끼게 되고, 둘 사이에는 우정이라는 감정이 자라게 됩니다. 다행히 본인이 침체로부터 벗어나더라도, 친구로부터 좋지 못한 영적인 전이는 계속될 것입니다.

그 사람과 친구로서의 우정이란 감정이 남아 있기 때문에 친구의 어둡고, 부정적이고, 침체된 성향이 회복된 자신에게까지 계속 전이되어 다시 침체로 이끌어 갈 수 있습니다.

감정을 통해 영적 전이가 이루어진다는 사실은 우정을 기초로 한 친구관계 뿐 아니라, 이성 관계에서도 그대로 적용됩니다. 처음에는 상대가 크리스천이 아니고, 가치관이 다르다는 것을 알기는 하지만, 단지 상대의 외모 또는 이성적 매력에 끌려 교제를 시작하게 되고, 일단 그 사람에 대해 좋아하는 감정을 갖게 되면, 이 감정이 통로가 되어, 그 사람의 가치관, 영적인 부분까지 영향을 받게 됩니다. 이는 상대방에 대하여 커뮤니케이션, 마음이 열리기 때문입니다. 마음이 열리니 감정을 통해 영적전이가 이루어지게 되는 것입니다.

하나님의 지혜를 받은 사람, 그 지혜로 하나님의 백성을 다스리던 위대한 솔로몬 왕이 우상숭배에 빠지게 되었습니다. "솔로몬 왕이 바로의 딸 외에 이방의 많은 여인을 사랑하였으니 곧 모압과 암몬과 에돔과 시돈과 헷 여인이라. 여호와께서 일찌기 이 여러 국민에게 대하여 이스라엘 자손에게 말씀하시기를 너희는 저희와 서로 통하지 말며 저희도 너희와 서로 통하게 말라 저희가 정녕코 너희의 마음을 돌이켜 저희의 신들을 좇게 하리라 하셨으나 솔로몬이 저희를 연애하였더라. 왕은 후비가 칠백인이요 빈장이 삼백인이라 왕비들이 왕의 마음을 돌이켰더라."(왕상11:1-3).

솔로몬 왕이 우상을 숭배하는 이방 여인들을 향한 사랑의 감정이 통로가 되어, 여인들로부터 우상숭배의 영이 솔로몬에게 전이되는 영적전이가 이루어진 것입니다. 결코 사랑의 감정과 신앙이 별개로 가는 법이 없습니다. 누군가가 하나님을 사랑하고, 성령으로 충만하고, 경건한 사람과 교제하고 있다면 그 사람의 신앙도 함께 자라갈 수 있습니다.

반면 영적으로 죽어있거나 불경건한 사람과 교제하면서, 성령 충만하고, 영적으로 자라가는 것은 불가능합니다. 계속 상대방의 영이 자신에게 영향을 미치기 때문입니다. 영적전이는 어떤 경우든지 계속해서 이루어집니다.

사람은 영적인 존재라 마음만 열면 상대방의 영의 전이가 이루어지기 때문입니다. 이런 이유로 크리스천은 친구나 이성을 사귀는 문제에 있어 매우 신중해야 합니다. 분별력이 있어야 합니다. 만일 만나고, 교제하고 있는 어떤 사람이 지금 영적인 부분에서 미약하여 더욱 믿음이 자라야하거나, 성령으로 충만하고, 또는 복음을 들어야 하는 경우라면, 그를 배척하고 버리라는 것이 아니라, 그 사람에게 감정적으로 빠져서는 안 된다는 것입니다.

일단 감정에 빠지면, 비 신앙적인 가치, 윤리 등이 전이될 수밖에 없기 때문에 복음을 전한다거나, 영적인 도움을 주는 것이 실제적으로 어렵게 됩니다. 단순히 복음을 전하고, 지도하는 것과 감정에 빠지는 것은 분명히 다릅니다. 단순히 복음을 전하고, 가르치기 위한 만남이라면 영적인 좋은 영향을 줄 수 있지만, 일단 감정에 빠지면 영향을 주기보다는 감정이 통로가 되어 부정적인 영향을 받기가 쉽습니다. 사랑하는 여러분 모두 말씀과 성령으로 충만하여 분별력을 기르시기를 바랍니다.

둘째, 주도권. 영적전이가 잘되는 요소는 '누가 관계의 주도권을 갖고 있는가'의 문제입니다. 내가 주도권을 갖고 끌고 가는가, 상대에게 끌려가는가에 따라 상황이 전혀 달라집니다.

요한2서 7절에는 "미혹하는 자가 많이 세상에 나왔나니, 이는 예수 그리스도께서 육체로 임하심을 부인하는 자라. 이것이 미혹하는 자요 적그리스도니"라고 기록되어 있습니다. 요즘 식으로 표현하자면, 미혹하는 자는 한마디로 이단 또는 이단적인 가르침을 주는 사람을 말하며, 그들은 예수님의 인성을 부인하는 사람들입니다.

이런 이단에 속한 사람들에 대한 요한의 가르침은 다음과 같습니다. 요한이서 9-10절에 "지나쳐 그리스도 교훈 안에 거하지 아니하는 자마다 하나님을 모시지 못하되 교훈 안에 거하는 이 사람이 아버지와 아들을 모시느니라. 누구든지 이 교훈을 가지지 않고, 너희에게 나아가거든 그를 집에 들이지도 말고 인사도 말라. 그에게 인사하는 자는 그 악한 일에 참예하는 자임이니라."

요한은 그런 사람들을 집에 들이지도 말고, 인사도 하지 말라고 가르치고 있습니다. 왜 이런 말씀이 기록되어 있을까요? 이 말씀이 이단에 속한 사람은 구원받지 못할 사람이니까 배척하라는 뜻이겠는가? 아닙니다. 우리는 마땅히 기회가 되는대로 그들에게 복음을 전하고, 올바른 성경의 가르침으로 그들을 가르쳐야 할 것입니다. 그런데 왜 인사조차도 하지 말라고 했겠는가?

이것이 바로 주도권의 문제입니다. 예를 들어 이단에 빠진 사람에게 내가 주도권을 가지고 바른 신앙과 복음을 전하는 것은 괜찮습니다. 그러나 자신의 집에 이단에 속한 사람이 찾아와서 자신에게 이단의 가르침을 이야기한다면, 이때는 이단의 가르침을 이야기하는 자가 주도권을 가진 상태이기 쉽습니다.

이단에 속한 사람이 주도권을 가지고 이야기할 때, 자기에게 이단에 속한 악한 영의 영적 전이가 이루어질 수 있다는 것입니다. 누가 주도권을 갖느냐가 중요한 이유는 주도권을 가진 사람이 상대에게 영적으로 전이시킬 가능성이 매우 크기 때문입니다. 민수기 13장 25절부터 29절까지에 영적전이에 있어 주도권을 갖는 것의 중요성을 보여주는 예가 나와 있습니다.

"사십 일 동안에 땅을 탐지하기를 마치고 돌아와 바란 광야 가데스에 이르러 모세와 아론과 이스라엘 자손의 온 회중에게 나아와 그들에게 회보하고 그 땅 실과를 보이고, 모세에게 보고하여 가로되 당신이 우리를 보낸 땅에 간즉 과연 젖과 꿀이 그 땅에 흐르고 이것은 그 땅의 실과니이다. 그러나 그 땅 거민은 강하고 성읍은 견고하고 심히 클 뿐 아니라 거기서 아낙 자손을 보았으며, 아말렉인은 남방 땅에 거하고 헷인과 여부스인과 아모리인은 산지에 거하고 가나안인은 해변과 요단가에 거하더이다."(민13:25-29).

열 두 명의 사람이 가나안을 정탐하기 위해 보내졌고, 그들 중 열 사람이 먼저 주도권을 잡고, 그 땅에 대한 부정적인 견해를 말하고 있습니다. 땅은 좋은 땅이지만, 그 땅의 사람들은 장대한 사람들이기 때문에 그 땅을 얻는 것이 어렵겠다는 것입니다. 10명의 부정적인 사람들이 먼저 주도권을 잡고 말하자마자, 영적으로 어둡고 부정적인 영향력이 사람들에게 미치기 시작합니다. "갈렙이 모세 앞에서 백성을 안심시켜 가로되"(민13:30).

사람들은 이미 부정적인 말에 영향을 받아 요동하고 있습니다. 이런 상황을 수습하기 위해 믿음의 사람 갈렙이 그들을 안심시키며 믿음으로 바라보는 자신들의 긍정적인 견해를 말합니다. 그러나 먼저 주도권을 갖고 부정적으로 말하던 10명의 정탐꾼은 가나안 땅에 대해 악평하기를 계속합니다.

"우리는 능히 올라가서 그 백성을 차지하지 못하리라. 그들은 우리보다 강하니라 하고, 이스라엘 자손 앞에서 그 탐지한 땅을 악평하여 가로되 우리가 두루 다니며 탐지한 땅은 그 거민을 삼키는 땅이요 거기서 본 모든 백성은 신장이 장대한 자들이며, 거기서 또 네피림 후손 아낙 자손 대장부들을 보았나니 우리는 스스로 보기에도 메뚜기 같으니 그들의 보기에도 그와 같았을 것이니라."(민 13:31-33).

믿음의 사람 갈렙이 저지하려 했으나, 먼저 주도권을 쥐고 말한 10명의 정탐군의 영향을 받아서 사람들은 부정적인 말을 쏟아 놓고 있습니다. "온 회중이 소리를 높여 부르짖으며 밤새도록 백성이 곡하였더라. 이스라엘 자손이 다 모세와 아론을 원망하여 온 회중이 그들에게 이르되 우리가 애굽 땅에서 죽었거나 이 광야에서 죽었더면 좋았을 것을 어찌하여 여호와가 우리를 그 땅으로 인도하여 칼에 망하게 하려 하는고. 우리 처자가 사로잡히리니 애굽으로 돌아가는 것이 낫지 아니하랴."(민14:1-3).

사람들과의 관계와 대화, 교제에 있어서 누가 주도권을 갖는가는 굉장히 중요한 문제입니다. 신앙이 없는 사람과 신앙인인 내가 만났을 때, 내가 주도권을 가지면 좋은 영향을 미칠 수 있지만, 신앙이 없는 상대가 주도권을 쥐면 그 사람의 불신앙과 부정적인 것에 자신이 영향 받을 수 있습니다. 크리스천이 불신앙인과 결혼하는 것은 원칙적으로 안 되는 일입니다. 그러나 믿는 여자와 안 믿는 남자가 결혼한 경우와 믿는 남자가 안 믿는 여자와 결혼 한 두 경우를 비교해 본다면, 상황은 믿는 여자가 안 믿는 남자와 결혼한 경우가 훨씬 더 어렵습니다.

일반적으로 남녀관계에 있어서 주도권은 남자가 쥐고 있기 때문에 그렇습니다. 믿는 아내를 통해 남편이 신앙인이 되는 경우는 거의 없거나 매우 드물고, 오히려 믿는 여자가 신앙을 잃게 되는 경우가 훨씬 많습니다. 신앙인인 내가 주도권을 쥐지 않는 불신앙인과의 관계 가운데 있다면, 이것은 매우 주의를 기울여야 하는 상황입니다.

그래서 저는 평소에 불신 결혼의 위험성을 많이 강조합니다. 단 믿는 자를 안 믿는 자가 좋아서 어찌할 줄 모르고 접근한다면 문제는 다릅니다. 그러면 그 사람을 예수를 영접하게 하여 몇 년간 교회생활을 시키고 성령체험하게 하여 결혼하면 문제가 없을 것입니다. 그런데 반대로 믿는 자가 안 믿는 자를 좋아서 어찌할 줄 모르고 접근 한다면 백이면 백 모두 믿음을 지키지 못합니다. 그래서 주도권이 중요합니다.

부정적인 사람을 멀리하시기를 바랍니다. 부정적인 사람과 관계를 계속하다가 보면 나도 모르게 부정적인 영이 나에게 흘러들어와 나도 부정적이 되기 마련입니다. 그래서 친구를 잘 사귀어야 합니다. 친구 따라 강남 갑니다. 친구 따라 절에 갑니다. 친구 따라 역술원에 간 사람도 있습니다. 역술원에서 더러운 영이 침입하여 우울증이 발생했습니다. 저희 교회에 와서 3개월을 치유 받고 간 성도도 있습니다. 주도권을 자신이 가지고 상대방을 끌고 다닌다면 몰라도, 그렇지 못하면 백발백중 부정적인 성도가 됩니다. 교회 안에서 교우 관계도 주의해야 합니다. 교회 안에도 악한 영이 있습니다. 악한 영에 사주를 받은 성도가 자신도 모르게 신앙을 자라지 못하게 할 수가 있습니다.

교회에서 공동회나 제직회를 할 때에 의견충돌이 일어나 서로 다투는 현장에서도 영적인 전이가 이루어집니다. 교회행정에 반대하는 사람들과 동조할 때도 전이가 이루어집니다. 특별히 감정이 격해졌을 때 전이가 더 잘 이루어집니다. 그래서 교회에서 의견충돌이 일어난다면 피하는 것이 좋습니다. 만약 이러한 상황을 목격하고 본인의 감정이 격해진 경험이 있다면 축사를 하는 것이 좋습니다. 사람은 감정이 동물이기 때문입니다. 동물이 되어 육성이 강해지면 옛 주인 귀신이 와서 좌정하게 되는 것입니다. 그래서 교회는 작은 천국이 되어야 하는 것입니다. 우리 모두 교회를 작은 천국을 만듭시다. 교회를 천국을 만들기 위하여 교회에서 믿음의 말과 천국이야기만 하는 우리가 되시기를 바랍니다.

이단이 집에 방문해 왔을 때는 그쪽이 주도권을 쥐고 있습니다. 또한 믿는 자매가 안 믿는 남자와 교제를 하고 있다면, 그에게 영향을 미치는 것이 아니라, 영향을 받기 쉽습니다. 몇 달, 몇 년을 이런 교제를 하다보면, 그렇게나 헌신적이고 열정적이던 자매의 신앙은 간데없고, 영적으로 거의 바닥에 이르게 됩니다. 이는 남자의 불신의 악한 영이 자매를 장악하고 있기 때문입니다.

스펄젼목사에게 한 자매가 자신이 교제하는 남자에 대해 상담하고 있었습니다. 자매는 자신이 교제하는 남자가 성격도 좋고, 경제적인 능력도 있고, 위트와 재치가 있으며, 책임감과 배려하는 마음을 갖고 있다는 등 모든 것을 다 갖춘 사람이라고 말하고는, 맨

끝에 가서 딱 한 가지 문제가 있는데 신앙이 없다는 것이었습니다. 스펄젼은 그 자매를 테이블 위로 올라가게 하고 테이블 위에서 목사님의 손을 잡아끌어 올려 보라고 했습니다. 아무리 힘을 써도 불가능했습니다. 그 후, 스펄젼은 자매의 손을 확 잡아서 순식간에 자매를 바닥으로 끌어내렸습니다. 그리고는 "지금 자매가 하려는 결혼이 이런 것이다"라고 말해 주었다고 합니다.

끌어올리는 것은 불가능하지만, 끌어내리기는 너무 쉽습니다. 남녀 관계에 있어 남자가 주도권을 가지고 관계를 끌어가기 때문에 믿지 않는 남자와 교제하는 믿는 자매의 어려움이 더 클 수밖에 없습니다. 그만큼 불신의 결혼은 피눈물이 나는 영적인 투쟁과 영육의 고통이 따르므로 주의하지 않으면 안 됩니다. 영적 전이의 관계에서 누가 주도권을 갖는가는 매우 중요한 문제이며, 내가 주도권을 가지고 영향력을 미칠 수 있는 관계가 아니라면 조심해야 합니다.

셋째, 성생활. 영적전이의 통로 중 가장 확실한 통로가 되는 것이 있는데, 이것은 다른 어떤 것보다도 더 확실한 일치와 전이를 갖게 하는 통로입니다. 이 통로는 바로 성관계입니다. 성관계를 가졌다면 어찌하든지 언어로 몸으로 접촉이 이루어진 것입니다. 상대방의 모든 것이 자신에게 전이되는 것입니다.

그래서 성폭행을 당한 사람들이 정신적인 질환이나 영적인 질환이 발생하여 고생하는 것입니다. 이는 상대방의 나쁜 영들이 순간 충격을 통하여 침입했기 때문입니다. "너희 몸이 그리스도의 지체인 줄을 알지 못하느냐 내가 그리스도의 지체를 가지고 창기의 지체를 만들겠느냐 결코 그럴 수 없느니라. 창기와 합하는 자는 저와 한 몸인 줄을 알지 못하느냐 일렀으되 둘이 한 육체가 된다 하셨나니 주와 합하는 자는 한 영이니라. 음행을 피하라 사람이 범하는 죄마다 몸 밖에 있거니와 음행하는 자는 자기 몸에게 죄를 범하느니라."(고전6:15~18).

하나님께서 인간을 만드신 창조원리에 의하면 두 사람이 합법적인 부부이든 아니든 성관계를 통해 두 사람 사이에는 영적인 일치와 전이가 일어나도록 되어있습니다. 하나님의 말씀은 결혼에 대해 남자가 부모를 떠나 그 아내와 연합하여 둘이 한 몸을 이루는 것(창2:24)이며, 그 관계는 사람이 나눌 수 없는 것이라고 가르치고 있습니다. 남편과 아내가 결혼이라는 울타리 안에서 한 몸을 이루고 성적인 관계를 갖게 될 때, 그들 사이에는 사람이 나눌 수 없는 깊은 영적인 일치와 전이가 이루어집니다.

그러나 이러한 일치와 전이는 부부관계가 아닌 다른 사람과의 성관계에서도 이루어집니다. 창녀와의 관계든, 결혼한 남편이, 아내가 아닌 다른 여자와 갖는 성관계이든 간에 이러한 현상이 동일하게 나타난다는 것입니다. 그렇기 때문에 그런 경우에 있는 사람은 자신의 아내와도 영적으로 한 몸을 이루며, 동시에 다른 여자와도 한 몸을 이루는 것이 됩니다.

결과적으로 그런 사람은 심한 영적 결박과 혼돈스러운 일치와 전이가 생기게 됩니다. 이렇게 잘못된 성관계를 갖게 되면, 자기의 의지만으로 이런 관계를 쉽게 청산하는 것이 매우 어려운데, 그 이유는 성관계라는 것이 단순한 육체의 하나 됨이 아닌 영적인 결박과 영들의 침입이 이미 이루어졌기 때문입니다. 상대방의 나쁜 영들의 침입이 이루어졌기 때문입니다.

내적치유 사역자인 존 샌드포드(John Sandford)는 "하나님께서 한 여인이 한 남자의 아내가 되도록 만드셨는데, 만일 한 여자가 여러 사람과 성관계를 맺으면, 그녀는 그녀가 관계를 가진 여러 사람을 그리워하고, 찾게 되고, 그녀의 영은 여러 갈래로 찢겨집니다. 또 한 남자는 한 여자를 복주며, 돌보고, 그녀의 필요를 공급하며, 그리워하도록 창조됐는데, 한 남자가 여러 명의 여자와 관계를 갖게 될 때, 그의 몸과 마음과 영이 나뉘며, 여러 여자를 찾게 되고, 혼란스러운 영적 전이와 결박이 가해지게 된다"고 말했습니다.

이 세대의 풍조가 젊은 시절 적당히 즐기기 위해 하룻밤 자고 헤어지는 것이 일반적인 풍조가 돼가고 있지만, 여기에는 분명히 심각한 영적 일치와 결박, 그리고 영들의 침입이 존재합니다. 더 나아가 동성애의 문제는 여타 다른 문제보다 벗어나기가 어려운 문제들 중 하나입니다. 물론 본인이 동성애를 죄로 인정하고 진정으로 치유받기 원한다면 가능한 일이기는 하지만, 본인이 인정하지 않는 많은 경우 벗어나기가 어렵습니다.

왜 그럴까? 동성애자들은 대부분의 경우 그들의 어린 시절 또는 청소년 시절에 주변의 동성으로부터 성적으로 희롱 또는 유린을 당한 경험을 갖고 있습니다. 분명히 자신이 원했던 것도 아니고, 그 상황을 좋아했던 것도 아닌데, 일단 그렇게 성적 유린을 당하면 성인이 되어 자신도 모르게 동성애의 파트너를 찾게 됩니다. 그것은 동성애의 영적 전이가 이루어져서 자신도 모르게 반복적으로 동성애에 빠지게 되기 때문입니다.

믿지 않는 사람, 불경건한 사람, 부정적인 사람으로부터 받는 영적 전이를 통해 나도 똑같이 그런 사람과 같이 되어 갈 수 있습니다. 그러나 성경은 이런 문제에 대한 기쁨의 해답을 분명하게 제시하고 있습니다. 우리는 부모와 조상으로부터 혈통적으로 안 좋은 영향을 받았을 수도 있습니다. 그러나 우리가 하나님의 은혜로 예수 그리스도를 믿고, 예수 그리스도의 보배로운 피의 권세 아래 있고, 성령의 임재 하에 있으며, 또 성령의 권세를 적절히 사용할 때, 우리는 조상으로부터 유전된 좋지 못하고 악한 영적인 전이나 잘못된 성관계로 인한 영적 전이로부터 자유로워질 수 있습니다. 그러나 그냥 자동적으로 자유 함을 받는 것이 아니라, 본인이 인정하고 예수님의 보혈의 권세와 성령의 역사를 적용하여 끊고 떠나보내야 한다는 것입니다. "믿는 자들에게는 이런 표적이 따르리니 곧 그들이 내 이름으로 귀신을 쫓아내며 새 방언을 말하며 뱀을 집어 올리며 무슨 독을 마실지라도 해를 받지 아니하며 병든 사람에게 손을 얹은즉 나으리라 하시더라."(막16:17-18).

그러나 여기서 더 나아가 우리는 악한 동무들과의 영적인 전이가 되는 관계를 끊고, 청년의 정욕을 피하고, 주를 깨끗한 마음으로 부르는 성령으로 충만한 성도들과 함께 하기를 힘써야 합니다. 그래서 성도는 영을 분별할 줄 알아야 합니다. 모두 말씀과 성령으로 분별의 능력을 가지시기를 바랍니다. 그래서 우리의 인간관계를 잘 검토해보시기 바랍니다. 친구, 이성, 직장상사 등, 여러 관계 속에서 나의 신앙이, 영적인 것이, 좋은 것으로 상대에게로 흘러가는가, 그렇지 않으면 그 사람의 악한 것이 내게로 흘러들어오는가, 즉 누가 주도권을 갖는가를 점검해 보아야 합니다.

그래서 만일 내가 상대를 함께 초대해가는 것이 아니라, 부정적으로 끌려가고 있다면 그 관계를 신중하게 다시 생각해 보아야 합니다. 이것은 상대를 외면하고, 버리라는 것이 아니라, 영적인 주도권을 가진 상태에서 도울 수 있는 다른 길을 찾으라는 것입니다. 궁극적으로 안좋은 영적 전이를 막을 수 있는 가장 좋은 방법은 청년의 정욕을 피하고, 주를 깨끗한 마음으로 부르는 자들과 함께 의와 믿음과 사랑과 화평을 좇으며(딤후2:22), 모이기를 힘쓰고(히 10:24), 성령 충만한 믿음 생활을 하며, 경건의 훈련을 사모하고, 성경의 가치관 속의 신실한 교제 안에서 자신의 삶을 추구해 가는 것입니다. 모두 말씀과 성령으로 귀중한 자신의 영을 지키는 모두가 되시기를 바랍니다.

요약입니다. 주도권은 영적전이에 중요합니다. 그러므로 우리 그리스도인은 전도할 때나 세상에서 사람을 만날 때나 주도권을 가지려고 노력해야 합니다. 그리고 항상 영적 전이가 있다는 것을 염두에 두고 세상 생활을 해야 합니다. 악한 영의 전이는 환영하지 않아도 들어오게 됩니다. 그러므로 항상 성령의 충만한 생활과 깊은 영의기도로 성령의 임재 가운데 지내려고 노력하고 영적인 경각심을 가지고 지내시기를 바랍니다.

그리고 교회에서도 마찬가지입니다. 교회는 영적인 곳입니다. 성령의 역사도 있지만 악한 영의 역사도 있을 수 있습니다. 분별력을 가지고 성도들과의 인간관계를 맺으시고 자신의 귀중한 영을 지키시기를 바랍니다. 영을 지키는 것은 본인의 힘이나 지식으로는 불가능합니다. 반드시 말씀과 성령으로 충만하고 본인이 주의해야 하는 것입니다. 그리고 잘못된 영이 자신에게 전이가 되었다고 생각이 되면 본인이 인정을 하고, 성령의 깊은 임재 가운데 예수 이름으로 끊고 몰아내시기를 바랍니다.

나쁜 영의 전이가 예수를 믿는다고 말씀과 이론을 안다고 그냥 떠나가는 것이 아닙니다. 영은 살아있는 실체입니다. 살아있는 실체이기 때문에 반드시 천지 만물을 초차연적으로 역사하시는 성령으로 만이 해결할 수가 있는 것입니다. 모두 말씀과 성령으로 충만하여 악한 영들을 몰아내고 자신의 영을 깨끗하게 지키시기를 바랍니다.

13장 시각 매체를 통한 귀신의 침입과 피해

(벧전 5:8-9)"근신하라 깨어라 너희 대적 마귀가 우는 사자 같이 두루 다니며 삼킬 자를 찾나니, 너희는 믿음을 굳건하게 하여 그를 대적하라 이는 세상에 있는 너희 형제들도 동일한 고난을 당하는 줄을 앎이라"

하나님은 우리에게 성령으로 충만하게 하라고 말씀하십니다. 영적 전이란 표적적인 은사 또는 은사의 접목이라고도 표현합니다. 순간적으로 성령의 기름부음이나 은사가 전이되어 장기 또는 일시적으로 나타나는 현상입니다. 그러나 성령이나 은사뿐만 아니고, 악한 영이 전이되어 장기 또는 일시적으로 나타나는 현상이기도 합니다. 왜냐하면 우리 성령 충만한 사람들은 스폰지와 같이 심령이 열려있는 상태라 영적인 것을 잘 흡수할 수 있습니다. 대부분은 일시적인 경우가 많으며 사울이 예언자의 틈에서 예언하게 되는 것과 같은 현상입니다.

"네게는 여호와의 영이 크게 임하리니 너도 그들과 함께 예언을 하고 변하여 새 사람이 되리라. 이 징조가 네게 임하거든 너는 기회를 따라 행하라 하나님이 너와 함께 하시느니라. 너는 나보다 앞서 길갈로 내려가라 내가 네게로 내려가서 번제와 화목제를 드리리니 내가 네게 가서 네가 행할 것을 가르칠 때까지 칠 일 동안 기다리라. 그가 사무엘에게서 떠나려고 몸을 돌이킬 때에 하나님이 새 마음을 주셨고 그 날 그 징조도 다 응하니라. 그들이 산에 이를 때에 선지자의 무리가 그를 영접하고 하나님의 영이 사울에게 크게 임하므로 그가 그들 중에서 예언을 하니 전에 사울을 알던 모든 사람들이 사울이 선지자들과 함께 예언함을 보고 서로 이르되 기스의 아들에게 무슨 일이 일어났느냐 사울도 선지자들 중에 있느냐 하고, 그 곳의 어떤 사람은 말하여 이르되 그들의 아버지가 누구냐 한지라 그러므로 속담이 되어 이르되 사울도 선지자들 중에 있느냐 하더라. 사울이 예언하기를 마치고 산당으로 가니라"(삼상 10:6-13).

이것은 자신의 영성과 관계없으며 곧 사라지는 것이 일반적입니다. 그러나 때에 따라서는 오래 지속되기도 하지만 그것은 전이된 사람의 영성에 절대적으로 좌우되게 됩니다. 그리고 불순종하는 사울에게 악신이 임하게 됩니다. "여호와의 영이 사울에게서 떠나고 여호와께서 부리시는 악령이 그를 번뇌하게 한지라. 사울의 신하들이 그에게 이르되 보소서 하나님께서 부리시는 악령이 왕을 번뇌하게 하온즉"(삼상16:14-15).

하나님의 말씀에 불순종하여 성령이 떠나니 그곳에 악신이 임합니다. 고로 성령을 받는 것도 중요하지만 유지하는 것이 더 중요합니다. 왜냐하면 무엇인가 우리 안에 채워지기 때문입니다. 성령으로 충만하지 못하면 악한 영이 와서 좌정하고 있을 수 있다는 말입니다. 사람은 영적인 존재로서 악한 영에 의해서나 성령에 의해서 지배를 받을 수밖에 없습니다. 중간지대나 아무런 영의 점령 없이 지내는 것은 불가능한 것입니다.

과학이 발전함에 따라 사진술, 전화, TV, 영화, 비디오, 음반, 컴퓨터(인터넷) 등 여러 가지 문명의 매체들이 나왔습니다. 그런데 안타깝게도 원수 마귀가 이것들을 악용하고 있습니다. 그리고 이런 것들로 인해 바람직하지 못한 영들의 침입이 무서운 속도로 이루어지고 있습니다. 그러면 사탄은 구체적으로 어떤 매체들을 어떻게 사용하여 사람들에게 악한 영들을 전이시킬까요? 당신이 악한 영들의 전이에 효과적으로 대처할 수 있도록 부분별로 구체적으로 말씀드리도록 하겠습니다.

첫째, TV를 통해서 악한 영들의 전이. 제가 성령치유 사역을 하다 보니까, 조상이 우상을 숭배한 사람들의 자녀들이 TV에 나오는 납량 특집극을 자주 본다는 것입니다. 그러다가 스트레스를 받고 체력이 약화되면 영적이면서 정신적인 문제로 발전이 되어 고생을 하는 것을 자주 보게 됩니다.

세상에 살아가는 사람들 중에 정상적인 사고를 하는 데에도 귀신의 영향을 받는 사람들이 다수 있습니다. 우리는 영안을 열고 분별하여 속지 말아야 합니다. 매년 7-8월이 되면 방송사들은 단골 메뉴로 납량 특집물로 귀신 이야기를 내놓습니다. 고전적인 전설의 고향으로부터 시작해서 여고 괴담 등과 같은 귀신을 주제로 한 영화를 극장가도 관객에게 내놓습니다. 올 해는 어떤 형태로 귀신 이야기를 만들어낼지 궁금합니다. 이런 특집물을 만드는 사람들을 인간의 눈으로 보면 정상적입니다. 그러나 영안을 열고 보면 그 생각을 조종하는 귀신이 있다는 것입니다. 귀신이 그런 특집물을 만들어 방영하도록 생각을 주장하는 것입니다. 또, 기독교를 폄하하는 프로그램을 만들어 방영하도록 조종하는 귀신도 있습니다. 세상 사람들은 이 사람들이 귀신이 들려서 이런 일을 하는 줄을 모릅니다. 그러나 영의 눈을 열고 보면 정상적인 사고 속에 역사하는 귀신입니다.

귀신은 우리가 이처럼 영화나 드라마에서 보는 것 같은 그런 낭만이나 재미가 있는 존재가 결코 아닙니다. 20대 젊은이들이 관념적으로 철없이 만든 케릭터 '붉은 악마'는 전통적인 우리 민족 설화에 등장하는 도깨비를 형상화한 것을 상징으로 사용하고 있는데, 우스꽝스런 모양의 형상은 민담설화를 바탕으로 하고 있습니다. 설화에 등장하는 도깨비는 모든 설화가 공통으로 지향하는 '권선징악'(勸善懲惡)의 도구로 사용되었습니다. 그러나 실제로 귀신은 권선징악의 도구가 되는 경우는 거의 없습니다. '권선징악'(勸善懲惡)이란 착한 일을 권장하고 악한 일을 징계하는 것을 뜻합니다. 이 '권선징악'(勸善懲惡)을 TV에서 귀신이 악한 사람에게 나타나서 보복을 하는 것으로 종종 묘사가 됩니다. 이것을 즐겨서 보다가 결국 그와 같은 영에 사로잡혀서 고통을 당하는 것입니다. 그런데 모두 그렇게 되는 것은 아닙니다. 상처가 많고 죄가 있고, 조상들이 우상을 섬겨서 영이 혼탁한 사람들에게 잘 전이가 됩니다.

저는 이와 같이 프로를 TV에서 즐겨보다가 환영과 환청에 빠져서 불면증과 정신 분열증으로 고생하는 사람들을 많이 치유하였습니다. 부모님들은 자녀들이 TV에서 무엇을 즐겨보고 있는지 관심을 가지고 지켜보아야 할 것입니다.

하나님은 모든 것을 합력하여 선을 이루게 하십니다. 하나님은 모든 현상을 궁극적으로 선한 결과로 변환시키시는 분이기 때문에 귀신 들림도 결국에는 하나님의 은혜로 바뀌게 하는 것이라고 볼 때 권선징악의 의미가 있다고 할 것입니다. 예를 들자면 욥에 대한 사단의 공격은 일종의 귀신들림의 원형(遠形)이라고 볼 수 있다고 가정할 때 사단의 공격은 결과적으로 욥으로 하여금 하나님의 변함없는 은혜에 관한 설명이 되는 것입니다.

한 유명한 탈렌트가 '전설의 고향' ○○"무당 연기하다 신내림"을 겪었다고 동아일보가 2008년 8월 2일자 신문에 발표했습니다. 그는 "무당 연기를 한 후에 이상한 꿈을 자주 꾼다고 합니다." KBS 2TV '전설의 고향'에서 무당역을 맡은 ○○이 신내림과 비슷한 경험을 했다고 밝혔습니다. ○○은 8월 7일 방송하는 '아가야 청산가자'편에서 표독한 무당으로 출연했다고 합니다. ○○은 원래 독실한 크리스천이어서 무당 캐릭터를 맡고 적지 않은 고민을 했다고 합니다. 하지만 좋은 연기를 위해 함경도 굿을 하는 무당을 찾아가 굿과 칼춤을 배웠습니다. 자료 테이프를 보며 공부를 한 덕분에 무당 선생님으로부터 "재능이 있다"는 칭찬까지 들었으나 막상 촬영에 들어가면서 이상한 경험을 하게 됐다는 것입니다.

○○은 최근 제작발표회에서 "칼춤을 추며 굿판을 펼치는 신에

서 갑자기 이유 없이 눈물이 쏟아졌다. 나중에 알았는데 내가 울 때 모니터도 꺼졌다고 합니다"고 공개했습니다. 이밖에도 무당 연기를 준비하면서 살이 갑자기 찌기 시작했습니다. 또한 캐스팅 후 무속 신앙인들이 꿈에 나오고 가위에 눌리는 경험을 하기도 했습니다. ○○은 무당 연기를 하면서 자신에게 이상한 일이 생기자 걱정이 돼 두 돌이 안 된 아이와 원치 않는 '별거'를 하기도 했다고 했습니다. 이와 같이 영들의 전이는 생각지도 못하는 곳에서 일어납니다. 이 ○○은 축사를 받아야 합니다. 만약에 축사를 받지 않고 그냥지내면 건강할 때는 문제가 생기지 않지만 스트레스를 많이 받아 체력이 떨어질 때, 악한 기운에 사로잡혀 무당 같은 행동을 할 수도 있습니다. 이런 경우는 빠른 시간에 내적치유와 축사를 받아 예방하는 것이 중요합니다.

이 드라마를 본 사람도 영의 전이가 이루어지지 않았다고 자신하지 못합니다. 경각심을 가지고 치유해야 할 것입니다.

둘째, 음악을 통해서 악한 영들의 전이. 우리는 이사야 14:11, 에스겔 28:13을 근거로 사탄이 타락하기 전에는 수많은 천군 천사들과 함께 하나님을 찬양하던 찬양 인도자였다고 믿습니다. 이 사야 14:11에 비파로 번역된 단어는 현악기의 상징이며, 에스겔 28:13에 소고와 비파로 번역된 단어는 각각 타악기와 관악기를 상징하고 있습니다.

그러므로 사탄은 현악기, 관악기, 타악기 등의 모든 악기를 가지고 하나님을 찬양했음을 알 수 있습니다. 문제는 사탄이 타락한 후에도 하나님께서 그들에게 주신 음악적 재능을 **빼앗지** 않으셨다는 데 있습니다. 사탄은 오늘날 세속적인 록 가수들에게 그들이 자신을 섬기는 조건으로 음악의 영을 부어주어 돈과 명예를 쥐게 하겠다고 약속하고 있고 많은 가수들이 사탄과 계약을 맺고 있습니다.

아시는지 모르겠지만, 로큰롤이라는 단어 자체가 흑인들 사이에서 카섹스와 관계된 은어로 사용이 되었습니다. 그리고 상당수의 록 음악은 변태성욕, 동성애, 그룹 섹스, 강간, 수간, 시체들과의 성관계, 자살을 묘사하고 있습니다. 그러므로 이런 노래들에 심취할 때 악한 영들의 침입이 일어나는 것은 당연한 일입니다.

한 예로 최근에 로스앤젤레스 타임지는 사탄숭배자이며 인기 있는 락 가수 오지 오스본이 부른 '자살의 해법'이라는 노래를 계속해서 들은 후 결국 자살을 하고 만 어떤 젊은이의 기사를 실었습니다. 그 젊은이는 그 노래를 들음으로써 그에게 전이된 자살의 영의 희생물이 된 것입니다.

개리 그린월드 목사님은 "혐오스러운 주술적 물건들 뿐 아니라 특히 하드록 앨범들과 많은 청소년들이 자기 방에 걸어두는 브로마이드"에 대해 "이러한 물건들을 방에 둠으로써 실제로 귀신들을 초대하고 있는 셈"이라고 경고했습니다. 그는 청소년들이 로큰롤의 신을 숭배할 때, 그들의 오디오가 실제로 사단의 제단이 될 수도 있다고 경고합니다. 하드록 스타들 가운데는 자신의 영혼을 사탄에게 내어주고, 그 대가로 힘과 돈과 인기를 산 사람들이 있습니다.

그들의 앨범 표지와 브로마이드들은 해골, 만자형 십자가, 염소 머리, 거꾸로 된 십자가, 귀신, 관, 쇠사슬 등 사탄의 상징들로 가득하며, 어떤 앨범들은 실제로 사단 의식을 통해 '축복'되기도 합니다. 하드록은 해독하기 어려울 때가 많지만 그럼에도 불구하고 악마적인 가사를 통해 사단숭배, 비교(祕敎), 반항, 사디즘, 성도착, 자살, 살인, 그 외 반사회적이며 반기독교적인 가치들을 조장합니다.

더구나 하드록의 강한 비트는 남미와 아프리카의 여러 부족들이 귀신을 부를 때 사용하는 것과 같은 리듬인 것으로 드러났습니다. 그러므로 우리는 이런 사탄적인 음악으로부터 자녀들을 지켜야 할 필요가 있습니다. 본인도 두 번이나 컴퓨터에서 음악을 듣고 악령에 시달리는 학생을 두 명이나 만났습니다. 한번은 축귀를 하는데 귀신이 떠나가지 않아서 목걸이를 보니까, 악마의 형상이 있었습니다. 그래서 목걸이를 벗어내고 축귀하니 그때서야 귀신이 떠나갔습니다.

셋째, 게임을 통해서 악한 영들의 전이. 때로는 아이들이 즐기는 게임이 아이들에게 악한 영들을 전이시킵니다. 제가 이런 청년을 치유한 적이 있습니다. 이 청년은 정신적인 문제로 인하여 고통을 당하는 청년이었습니다. 그때가 "귀신축사 속전속결"라는 과목으로 치유사역을 할 때입니다. 이 청년이 정신문제가 심각하여 정신

병원에 입원하여 있다가 수요일 날 퇴원하여 저희 교회에서 치유를 받았습니다.

말씀을 전하고 기도를 하게 했습니다. 우리 충만한 교회 치유집회는 특색이 있습니다. 매시간 40분 정도 기도를 하게 한다는 것입니다. 기도를 하게 한 후에 저는 돌아다니면서 일일이 안수를 합니다. 청년 옆에 서서 안수를 하는데 성령께서 갑자기 정체를 밝히라고 말하게 하는 것입니다. 그래서 청년의 머리에 손을 얹고 "예수 이름으로 명하노니 더러운 귀신은 정체를 밝혀라" 했더니 청년이 이러는 것입니다. "나 호랑이다" 그러면서 눈을 부릅뜨고 목을 굽히는 것입니다. 영락없이 호랑이 모습이 된 것입니다. "예수 이름으로 명하노니 호랑이 귀신은 떠나가라" 했더니 한동안 기침을 하면서 발작을 통하여 귀신들이 떠나갔습니다. 성령께서 또 "정체를 밝혀라"하라고 시키시는 것입니다. "예수 이름으로 명하노니 더러운 귀신은 정체를 밝혀라" 했더니 청년이 이러는 것입니다. "나 원숭이다" 그러면서 원숭이 모습을 하는 것입니다. 영락없이 원숭이 모습이 된 것입니다. "예수 이름으로 명하노니 원숭이 귀신은 떠나가라" 했더니 한동안 기침을 하면서 발작을 통하여 귀신들이 떠나갔습니다. 또 "정체를 밝혀라." 이번에는 "술취한 사람이다.""예수 이름으로 명하노니 술취한 귀신은 떠나가라." 또 "정체를 밝혀라." 이번에는 "뱀이다.""예수 이름으로 명하노니 뱀 귀신은 떠나가라." 또 "정체를 밝혀라." 이번에는 "노인이다.""예수 이름으로 명하노니 노인 귀신은 떠나가라."이렇게 한동안 하면서 귀신을 축사했습니다.

조금 지나서 청년이 이러는 것입니다. "천왕폐하 만세! 천왕폐하 만세! 천왕폐하 만세!" 하는 것입니다. 그래서 성령님에게 문의했습니다. 그랬더니 게임을 통하여 들어온 귀신이라는 것입니다. 완전하게 정신이 돌아온 청년에게 질문을 했습니다. "자네 컴퓨터 게임을 한일이 있느냐" 그랬더니 초등학교, 중학교, 고등학교 시절에 게임을 말로 표현 할 수 없을 정도로 많이 했다는 것입니다. 게임에 무술 하는데 호랑이 동작, 뱀 동작, 원숭이 동작, 노인 동작, 술취한 사람 동작 등이 있다는 것입니다.

일본 게임에 고지를 탈환하면 "천왕폐하 만세! 천왕폐하 만세! 천왕폐하 만세!"를 한다는 것입니다. 이때 더러운 영들이 침입을 하여 청년의 인생을 망가지게 한 것입니다. 이렇게 게임을 통하여 귀신들이 전이 됩니다. 우리는 아이들 관리를 잘해야 합니다.

미국의 어떤 어머니가 "지하 감옥과 용" 게임이 주술적 성격이 있다는 강연을 듣고 아이들의 게임 기구를 불태워 버리기로 결심했습니다. 아이들의 반대에도 불구하고 엄마는 게임 기구를 소각로에 던져 넣었습니다. 그런데 놀랍게도 불 속에 던지는 즉시 끔찍하고 소름이 오싹 끼치는 비명이 그 속에서 들려 왔습니다. 그로 인해 아이들은 게임 기구가 악하다는 것을 확신할 수 있게 되었다고 합니다.

이와 같이 사탄은 주술적이고, 폭력적이고, 선정적인 게임들을 통해 아이들에게 접근하고 악한 영들을 전이시킵니다. 그러므로 자녀들을 그런 게임들로부터 차단해야 합니다. 게임을 통해서도 악한 영의 전이가 이루어지는 것입니다. 모두 주의하시기를 바랍니다.

넷째, 음란물들을 통해 악한 영들의 전이. 어느 자매의 이야기입니다. 2010년 7월에 지방에서 목회하시는 목사님이 딸(21세)을 데리고 와서 치유를 받는 일이 있습니다. 이 자매는 정신을 완전하게 마귀에게 **빼**앗겨서 정상적인 상황이 아니었습니다. 성령님에게 문의하니 어렸을 때부터 상황이 좋지 않았다고 사모에게 물어보라고 했습니다. 그랬더니 이렇게 대답을 하는 것입니다. 어렸을 때부터 학교에서 왕따를 잘 당했다는 것입니다. 초등학교 4학년 어느날, 머리를 쥐어뜯어 가지고 한쪽 머리가 훤하게 보일 정도가 된 경우도 있었다는 것입니다. 그래서 아이를 붙들고 자초지종을 물어봤더니 친구 집에서 또래들과 함께 음란 비디오를 보았다는 것입니다. 그 후 눈만 감으면 그 광경이 떠올라 자책을 하면서 머리를 쥐어뜯은 것입니다. 그래도 부모의 관심으로 고등학교를 졸업하고 대학을 진학했습니다.

대학을 진학하니 집에서 다닐 수가 없었습니다. 학교근처에서 자취를 했답니다. 교회에서 운영하는 고시텔에 새벽기도에 참석하는 조건으로 들어갔습니다. 대학 1학년 생활이 시작이 된 것입니다. 그런데 목사님의 딸이라고 하여 기독교 동아리 총무를 맡아 일을 했다는 것입니다.

공부하랴, 총무하랴, 바쁜 생활을 하다 보니 스트레스를 많이 받아 체력이 고갈된 것입니다. 어느날 잠을 자다가 성폭행 당하는 가위눌림을 당했다는 것입니다. 그 후 정신이 혼미해지고 몸을 마음대로 할 수가 없었다는 것입니다. 1학기를 마치고 집에 가서 어머니에게 자신의 상태를 말하고 도저히 학교를 다닐 수가 없다고 했답니다. 어머니가 딸을 치유하려고 전주 기도원에 가서 20일 금식을 시켰다는 것입니다. 체력이 떨어진 사람을 금식 시켰으니 불이 붙은 곳에 기름을 뿌린 격이 된 것입니다. 완전히 정신을 놓아버린 것입니다.

그래서 제가 상세하게 치유할 수 있는 방법을 가르쳐주고 집에 가서 목사님이 직접 치유하시라고 한 적이 있습니다. 이와 같이 음란비디오를 통하여 음란의 영이 전이가 이루어집니다.

미국의 플린트 저널이라는 신문은 다음과 같은 기사를 보도한 적이 있다고 합니다. "열다섯살 소년과 열두 살 된 여동생, 그리고 이들의 두 친구가 부모 몰래 녹음된 섹스 메시지를 제공하는 회선에 전화를 걸었다. 노골적인 언어로 성행위를 묘사하는 여자의 목소리는 어린아이들에게 깊은 영향을 끼쳤다. 다음날 아이들의 어머니는 열 두 살짜리 딸아이가 두 친구에게 성추행을 당했으며, 열다섯 살짜리 오빠는 다른 여자아이와 성관계를 가졌다고 말했다. 경찰과 아동보호국이 조사한 이 사건은 연관된 가족들의 삶에 커다란 상처를 입혔다."

여러 해 전에 포르노 잡지와 누드로 가득한 포스터에 중독된 한 청년이 있었습니다. 그는 그리스도인인 자신이 왜 정욕에 휩싸이며, 지나가는 예쁜 여자마다 소유하고 싶은 욕망이 있는지 이해할 수가 없었습니다. 그런데 그가 찾아간 목사님에게 주님은 포르노 잡지를 통해, 정욕의 영이 그에게 전이되었다는 것을 보여주셨습니다. 그 말을 듣고 청년은 회개하고 포르노 잡지와 포스터를 집과 사무실에서 가져다 폐기시켜 버렸습니다. 그러자 주님께서 그를 맹렬한 정욕의 영으로부터 해방시켜 주셨습니다.

그 청년이 하는 말입니다. 오래 전 저는 굉장히 섬뜩한 꿈을 꾸었습니다. 제가 컴퓨터 앞에 앉아 있는데 컴퓨터의 모니터에서 여자의 다리가 나오더니 저의 몸을 휘어 감는 꿈이었습니다. 저는 꿈 속에서 이것이 음란의 영이라는 것을 알았습니다. 하나님께서는 제가 인터넷을 통해 음란 사이트에 접속하게 되면 음란의 영에 사로잡힐 수 있다는 것을 경고하신 것입니다. 실제로 컴퓨터를 사용하는 모든 사람들에게 이런 위험이 있습니다.

며칠 전 기독교신문이 배달되어서 읽어보았는데, "학교음란물 접촉방지를"이라는 제목으로 다음과 같은 기사가 실려 있는 것을 읽어보았습니다. "최근 통계조사에 의하면 중고생 49.1%가 친구보다는 인터넷이 좋고, 가족친지와 어울리기보다는 인터넷을 하겠다는 비율이 30.3%나 된다고 한다. 인터넷은 청소년들에게 다양한 정보를 제공해줄 수도 있으나 반대로 커다란 해악을 끼칠 수도 있다. 지난 99년 11월 초등학교의 한 컴퓨터 교실에서 '오양의 비디오' 동영상을 관람했다는 충격적인 보도가 그것이다."

"최근 기독교윤리실천운동에서 서울 시내 초,중,고등학교를 대상으로 학교 내 음란물 접촉실태를 검색프로그램을 이용해 조사했다고 한다. 조사 결과 33.3%인 20개 학교에서 음란물을 접촉한 흔적이 발견됐다. 학교 유형별로 초등학교 3개교, 중학교 6개교, 고등학교 11개교 등으로 고학년으로 갈수록 접촉 빈도가 높았다고 한다. 또한 음란물 차단 프로그램을 설치한 학교는 단 1개에 불과했다고 한다. 각 학교는 음란물차단을 위한 인터넷 차단 프로그램을 하루 속히 설치해야 할 것이다. 특히 인터넷 전용선이 설치되었다면 고성능 인터넷 차단 프로그램을 반드시 설치해야 한다."

초중고교생이 학교에 있는 컴퓨터로 음란 사이트에 접속할 정도면, 밀폐된 자기 방에서는 어떠하겠습니까? 이것은 정말 보통 심각한 문제가 아닙니다. 그러므로 가정에 컴퓨터가 있는 분들은 반드시 음란물 차단 프로그램을 설치해야 합니다. 그리고 컴퓨터를 개인 방이 아니라 거실과 같이 온 가족이 활동하는 노출된 공간에 두도록 해야 합니다.

미국의 어떤 목사님이 여러해 전, 자신의 삶이나 가정에서 주님을 노하게 하는 것이 있느냐고 주님께 여쭈었습니다. 주님은 즉시 케이블 텔레비전의 영화 채널을 지적하셨습니다. 밤늦은 시간이면 이러한 영화 채널들은 준 성인용과 성인용 영화들을 방영했으며, 때때로 채널을 돌리는 동안 그런 영화의 장면들이 힐끔힐끔 그 목사님의 눈에 들어오곤 했습니다.

그 목사님은 그런 정욕적이고 폭력적인 영화들을 결코 보지 않앉음에도 불구하고, 주님은 그에게 텔레비전의 이런 채널이 나오지 않게 함으로써 악의 모양조차 용납하지 말라고 명령하셨습니다. 주님은 그 목사님이 연약한 순간에 세상의 영이 그에게 전이될까 염려하신 것입니다.

또 이런 일도 있었습니다. 한 청년이 심한 가슴 통증으로 몇 달씩이나 고통당하고 있었습니다. 그러나 케이블 텔레비전을 끊어버리자 이러한 통증은 사라져 버렸습니다. 결국 케이블 텔레비전이 원인이었던 것입니다. 이상 말씀드린 대로 각종 음란물을 통해 음란의 영들의 전이됩니다. 그러므로 이러한 영들의 전이를 막으려면 가정에서 모든 음란물을 치우고 그것들과 결별해야 합니다.

14장 주술적 물건 통한 귀신의 침입과 피해

(고전15:33-34)"속지 말라 악한 동무들은 선한 행실을 더럽히나니 깨어 의를 행하고 죄를 짓지 말라 하나님을 알지 못하는 자가 있기로 내가 너희를 부끄럽게 하기위하여 말하노라"

주술적 물건들을 통해서 악한 영들의 침입이 이루어집니다. 성경에 보면 열두 해를 혈루증으로 고생하던 여인 뿐 아니라, 예수님의 옷에 손을 댄 모든 사람이 나음을 입었습니다. 또 바울에게서 그의 앞치마나 손수건을 얻어다가 병든 사람이나 귀신들린 사람에게 얹으면 병이 낫고 귀신이 도망갔습니다. 그리고 야고보는 병든 자를 위해 기도할 때 기름을 바르며 기도하라고 말했습니다. 기름을 바르며 기도할 때 병든 자들이 나음을 받았던 것입니다.

영적인 능력은 사물, 장소, 물건에까지 전달 될 수 있습니다. 즉 장소와 물건이 바쳐지는 대상에 의하여 영적인 권능이 나타납니다. 하나님의 언약궤, 성전, 예수님의 옷자락, 바울의 손수건에서는 하나님의 능력이 나타납니다. 반면에 우상물, 제물, 부적에서는 악한 영의 역사가 나타납니다. 실제로 필자가 군대에 있을 때 이런 일이 있었습니다. 믿음이 좋은 여 집사님이 군인 아파트에 이사를 온 다음부터 이상하게 꿈에 뱀들이 집안에 돌아다니는 꿈을 연속적으로 한 달 이상을 꾸었습니다. 그러다가 불면증에다가 우울증까지 발전을 했습니다. 그래서 군대 목사님이 그 가정에 가서 심방을 하고 성가대 연습을 아무리 해도, 그러한 꿈을 계속해서 꾸었습니다. 그러다가 집사님이 집안을 청소하기로 작정하고 집안 구석 구석을 청소했습니다. 그런데 거실에 있던 장식장을 열어보니 그 속에 부적들이 말도 못하게 많이 붙어있는 것입니다. 그래서 부적 들을 다 떼어내고 불에 태우고 물로 씻어내고 목사님을 청해 다가 심방을 하고 나니 뱀 꿈이 꾸어지지 않고 우울증과 불면증에서 해 방이 되었습니다. 악한 영은 이런 영적인 물건을 통해서도 역사합 니다. 만약에 이사를 가시거든 모든 부분을 다 열어보고 확인하고 영적인 청소를 하고 성령의 역사를 일으키고 예수 피를 뿌리시기 를 바랍니다.

강북에 어느 목사님의 이야기입니다. 목사님이 교회를 개척하여 능력 전도하여 2년 만에 성도가 170명이 되도록 성장을 했습니다. 주변에 능력 있는 소문이 나니 절의 주지에게 까지 소문이 들린 것 입니다. 그 즈음에 주지의 손자가 병이 들어 병원에 치료를 해도 치유가 되지 않았습니다. 별짓을 다해도 병이 고쳐지지 않으니 목 사님을 찾아왔습니다. 손자를 고쳐주면 예수를 믿고 무엇이든지 다 하겠다고 하여 예수를 영접시켰습니다. 예수 영접을 시키고 절 에 가서 심방을 했습니다. 심방하면서 집안 영적인 청소를 했습니 다. 부적이 하나 걸려있었습니다. 귀한 부적이라 당시 가격으로 3 천만 원을 호가하는 부적 이었다고 합니다. 이 부적을 회수하여 교 회로 가지고 온 것입니다. 목사님이 부적을 태우지 않고 교회에서 보관을 했습니다.

당시 제가 교회에 방문을 했는데 저에게 자랑을 하는 것입니다. 이 부적을 벼룩시장에 내 놓아 팔고 싶다는 것입니다. 제가 저것을 빨리 태우거나 처리를 해야 하는데 왜 보관을 하고 있나 걱정이 되었습니다. 그런데 교회가 성장한다는 이야기를 듣고 주변에 떠돌이 장로가 2명이 찾아와 저번 교회에서 상처를 받고 나왔는데 예배를 드릴 곳이 마땅하지 않다고 교회에 들어와서 신앙생활을 하고 싶다고 하더라는 것입니다. 몇 번 거부를 하다가 승인을 하여 신앙생활을 같이 하게 되었습니다. 이 장로들이 신앙생활에 신임을 얻게 되자 성도들을 찾아다니면서 밥을 사주고 하면서 자기편으로 만든 것입니다. 1년여 만에 성도들의 60%정도를 자기편으로 만들었다고 합니다.

때가 되자 목사님의 비리를 잡아서 성도들과 함께 목사님을 공격하여 결국 목사님이 사임을 하고 다른 곳에 가서 개척을 했다고 합니다. 저는 이 일이 부적을 통하여 역사하는 귀신의 일이라고 생각을 합니다. 이렇게 부적을 통하여 악한 영의 역사가 일어나는 것입니다. 부적을 회수하여 왔으면 즉각 불에 태워야 불필요한 고난을 당하지 않습니다.

예수를 믿고 성령으로 거듭난 크리스천들이 경각심을 가져야 할 분야가 바로 이것입니다. 귀신으로부터 능력을 받은 적그리스도들과 거짓 선지자들도 큰 표적과 기사 등의 많은 능력을 행하고 물론 많은 병도 고칠 수 있었습니다. 그러나 이는 할 수만 있으면 택하신 자라도 미혹하게 하려는 악령의 역사였던 것입니다(마 24:24; 막 13:22). 말세에 나타난 불법자들은 강림하신 주 예수님의 입 기운으로 죽임을 당할 자들이며(살후 2:8), 결국 사탄의 역사를 따라 모든 능력과 표적과 거짓 기적과 불의의 모든 속임으로 멸망하는 자들에게 주 예수님이 강림하실 것(살후 2:9,10)이라고 하였습니다. 귀신의 힘으로 치유뿐만 아니라 큰 이적으로 사람들 앞에서 불을 하늘로부터 땅에 내려오게 했을지라도(계 13:13) 영혼을 탐하던 자들은 더 이상 볼 수 없게 될 것입니다(계 16:14).

지금도 이 세상에서의 '혼(魂)적 생명'에 집착한 나머지 귀신의 힘을 의지하여 병을 고치는 무당, 점쟁이, 심령연구가, 이단에 속한 수많은 부류의 사람들을 좇아가 안수나 안찰을 받기도 하고 최근 유행하는 가정 제단의 예수 무당(?)들을 찾아가 기독교의 간판 아래 예수의 이름을 가장한 백색 무당들에 의해 치료받으려고 몰려다니는 일도 허다한데 성도들은 이상의 말씀을 명심해야 할 것입니다. 잘못된 귀신론자들이 모든 병을 귀신에 의한 것으로 보고 축귀에 의한 치유만이 유일 최상의 방법이요, 목적으로 알고 행하는 그들의 말로(末路)는 어떻게 될 것이며 그들의 능력이 어디로부터 무슨 목적으로 행하게 된 것인가에 대해서는 너무도 분명합니다.

예수님은 육적 건강보다는 먼저 영적 건강을 요구하십니다. 사도 요한은 "네 영혼이 잘됨같이 범사가 잘되고 강건하기를 소원하였다."(요삼 1:2). 산상수훈을 통해서도 "만일 네 오른 눈이 너로 실족하게 하거든 빼어 내버리라. 네 백체 중 하나가 없어지고 온 몸이 지옥에 던져지지 않는 것이 유익하며 또한 만일 네 오른손이 너로 실족하게 하거든 찍어 내버리라. 네 백체 중 하나가 없어지고 온 몸이 지옥에 던져지지 않는 것이 유익하니라"(마 5:29,30)고 하셨습니다. 분명 귀신의 힘을 의지해서라도 건강해지는 것이 결코 복이거나 인생의 목적일 수는 없다는 것을 바울은 '그의 약함이 오히려 그에게 은혜'라고 고백함에서 깨달을 수 있습니다. 예수님의 치유 사역의 목적은 복음 전파의 한 수단으로 사용하셨을 뿐입니다. 진리의 말씀과 성령으로 치유를 받으면 받을수록 예수님의 인격으로 변해야 합니다. 예수님의 인격으로 변화되기 위하여 치유 사역을 하는 것입니다. 결코 병만 고치고 귀신만 쫓아내서는 변화되지 않습니다. 그러므로 적그리스도를 분별하는 것은 병을 고치느냐, 귀신을 쫓아내느냐에 있는 것이 아니고, 대상자를 예수님의 인격으로 바꾸면서 병을 고치고 귀신을 쫓아내고 내면을 치유하느냐에 있는 것입니다. 병은 고쳐지고 귀신을 떠나가는 것 같은데 변화가 되지 않으면 분별의 대상입니다.

제가 시화에서 목회할 때의 일입니다. 이자녀 집사님이 계셨습니다. 심방을 가서 예배를 드리는데 거북이 조각물이 주방 앞에 걸려있었습니다. 그런데 예배를 드리다가 보니 거북이 조각상에서 순간 빛이 나오는 것입니다. 예배를 마치고 거북이 조각상을 누가 갖다가 걸어 놓았느냐고 물었습니다.

집사님의 며느리가 갖다가 걸어놓았다는 것입니다. 집사님에게 질문을 했습니다. 며느리가 부지런 합니까? 목사님 속옷을 세탁하고 목욕도 하지 않을 정도로 게으릅니다. 거북이를 좋아하는 사람은 이렇게 게으른 것입니다. 그래서 며느리가 집을 비웠을 때 멀리 버려버리라고 했습니다. 그리고 거북이를 찾거든 내가 깜박하고 출입문을 잠그지 않고 노인정에 갔다가 오자 거북이가 없어졌다고 하라고 했습니다. 그래서 거북이를 버렸습니다.

제가 부목사 할 때에 담임 목사님이 심방을 가면 꼭 저를 대동하고 갔습니다. 어느 성도집을 방문 했는데 외국에 여행을 가면 그곳 토산물을 사다가 모았다고 합니다. 거실에 진열장이 4개가 있는데 진열장을 모두 채웠습니다. 그런데 문제는 사업이 되지를 않는 것입니다. 안산에서 65평 아파트에서 살았는데 시화에 43평 아파트로 이사를 왔습니다. 다시 사업이 되지 않으니 이제 33평으로 이사를 가는 것입니다. 이는 장식장에 있는 토산물들을 통해서 악한 영의 역사가 일어나서 점점 가산을 탕진하게 되는 것입니다. 악한 영은 이런 것들을 통해 합법적으로 들어와서 역사함으로 이유 없는 문제가 발생하거나 재산을 탕진하게 하는 것입니다. 경각심을 가져야 합니다. 절대로 여행가서 토산물 사다가 모아놓는 일을 하지 말아야 합니다.

이러한 사실들에 기초해서 프란시스 맥너트는 매우 중요한 지적을 합니다. "하나님께서 복을 주시기 위해 어떤 특정한 물건을 사용할 수 있는 것처럼, 특히 그 물건이 마법사의 방법으로 축복을 받은 것이라면 사탄은 사람들에게 악을 주기 위해 물건을 사용할 수 있다." 예전에는 부적과 주술적 상징들을 골동품 가게에서나 볼 수 있었지만 요즘은 어느 곳에서나 쉽게 볼 수 있습니다. 반지, 목걸이, 핀, 그리고 행운을 불러오기 위해서나 악귀를 쫓기 위해 고안된 다양한 액세서리들이 가게 진열대에 놓여 있습니다. 이들 중 많은 것들이 실제로 저주를 불러옵니다.

특히 위험한 것은 해외여행에 가서 아무 생각 없이 사온 토산품들입니다. 이 중 많은 것들이 거짓 신들이나 주술과 관련이 있고, 어떤 나라들에서는 이런 물건들을 정기적으로 악한 영들에게 바침니다. 그러므로 우리가 그 사실을 알든 모르든 그렇게 바쳐진 물건들은 사탄이 우리를 공격할 수 있는 통로가 됩니다.

저는 이와 관련 있는 수많은 실화들을 알고 있습니다. 그중 한 가지만 소개해 드리도록 하겠습니다. 미국에 매우 인기 있는 텔레비전 전도자가 있었습니다. 그 전도자는 방송 비용과 그 밖의 비용을 지불하기 위해 100만 달러가 넘는 돈이 필요할 정도로 경제적으로 큰 어려움을 겪고 있었습니다. 그때 매우 영향력 있고 부유한 가정에서 선교 사업에 써달라고 대략 40만 달러가 넘는 아름다운 여신상을 포함해서 100만 달러가 넘는 동양의 보석을 기증했습니다.

이 정도면 빚을 갚기에 충분했습니다. 그러나 그는 주술적 물건들과 관계하지 말라는 성경의 명령을 알고 있었습니다. 전도자는 기증자에게 왜 주술적 보석들을 받을 수 없는지 설명했습니다. 그러자 기증자는 그렇다면 다른 사람에게도 줄 수 없으니 같이 그것을 부수자고 했습니다. 그들은 큰 쇠망치를 들고 단숨에 여신상을 산산조각 내 버렸습니다.

여신상을 부수자 기증자의 아내가 대궐 같은 집에서 달려 나와 무슨 일이 있었냐고 물었습니다. 여신상이 부서지는 순간 고통과 통증이 떠나 버린 것입니다. 그러므로 이방 신들과 관련이 있거나 주술적인 골동품, 토산품, 그리고 액세서리들을 조심해야 합니다. 왜냐하면 그것들을 통해 악한 영들이 집과 가족들에게 침투할 수 있기 때문입니다. 그밖에도 부적 등을 통하여 영적전이가 이루어집니다.

15장 지방풍속을 통한 귀신의 침입과 피해

(레18:3) "너희는 너희가 거주하던 애굽 땅의 풍속을 따르지 말며 내가 너희를 인도할 가나안 땅의 풍속과 규례도 행하지 말고, 너희는 내 법도를 따르며 내 규례를 지켜 그대로 행하라 나는 너희의 하나님 여호와이니라"

하나님은 우리에게 풍속을 통해서도 악한 영들의 침입이 일어난다고 하십니다. 지방에서 목회하시는 목사님들에 의하면 지역의 영들과 싸우는 것이 제일 힘이 든다고 하십니다. 지역마다 역사하는 영들이 있습니다.

지역의 악령은 그 대상이 지역이므로 피대상이 전혀 반응을 하지 않기 때문에 자신이 느끼지 않으면 그 지역에 어떤 악령이 있는지를 알 수 없는 것입니다. 영 분별력이 없는 사람은 편하게 살아가지만 이 능력이 있는 사람은 처음에는 피곤합니다. 여기저기서 영적 느낌을 자주 받기 때문입니다. 영적 분별력이 제대로 자리를 잡을 때까지 피곤할 정도로 느낌을 받게 됩니다. 만나는 사람의 영적 상태에 대한 느낌을 받기 때문에 그 사람이 지금 어느 정도 악령으로부터 침해를 받고 있는지를 알게 됩니다.

마치 장사꾼이 자신이 다루는 것만 눈에 들어오는 것과 같습니다. 옷장사는 옷만 보이고 신발장사는 신발만 보입니다. 이처럼 영분별의 능력을 받은 사람은 영만 보입니다. 이런 현상은 초기에 집중되지만, 어느 정도 성숙하면 자신이 처리해야 할 필요가 있을 때에만 느낌을 받게 됩니다. 만나는 사람마다 영적 느낌을 받는다면 이것은 자신이 초기 단계에 있다는 증거이기도 합니다.

지역의 영은 지역을 근거로 활동하며 자신들이 점거하고 있는 영역에 있는 모든 사람들에게 영향을 끼칩니다. 그러므로 이런 지역의 악령에 제대로 파악하기 위해서는 영적 매핑이 필요합니다. 영적 매핑이란 지역을 직접 다니면서 영적인 상태를 파악하는 것입니다. 지역에서 벌어졌던 과거의 사건들을 분석하고, 그곳에서 드려진 무속행위나 제사의식에 대한 연구가 있어야 합니다. 그리고 지식의 말씀을 받을 수 있어야 합니다.

지역의 악령이 존재하고 있다는 사실은 몸으로 느껴지지만, 그 정체가 무엇인지는 지식의 말씀에 의지해야 합니다. 영적 매핑을 통해서 그 사실을 알 수 있다면 그 방법을 사용하여야 합니다. 그러나 그런 도움을 받을 수 없다면 지식의 말씀에 의지해서 악령의 성향을 알 수 있습니다. 그런 정보가 있어야 악령을 묶을 수 있는 것입니다. 지식의 말씀을 받는 법에 대해서는 많은 곳에서 이미 언급하였습니다.

지역의 악령을 파악하는 방법은 영적 매핑과 영분별 능력이 함께 할 때 가능합니다. 철저한 조사뿐만 아니라 지식의 말씀과 영적 분별력을 이용하여 악령이 행하고자 하는 바를 파악하고 그 모든 악령의 역사는 불법임을 예수의 이름으로 선포하고 축출합니다. "우리의 씨름은 혈과 육에 대한 것이 아니요 통치자와 권세와 이

어두움의 세상 주관자들과 하늘에 있는 악의 영들에게 대함이라.”
(엡 6:12).

　과거에는 이 말씀이 그다지 주목받지 못했습니다. 그러나 오늘날은 이 말씀에 관한 활발한 연구가 거듭되고 있고, 결국 학자들은 어떤 지역을 장악하고, 그 지역을 다스리는 고위층의 악령이 있다는 것을 알아내게 되었습니다. 피터 와그너 박사를 위시해서 오마르 카브레라, 존 도슨, 신디 제이콥스, 에드실보소, 테드 헤가드, 조지 오티스, 밥 베게트 등 많은 사람들이 이와 같이 지역을 장악하고 있는 귀신들과의 영적 전쟁을 벌이고 있고, 어마어마한 가시적인 열매들을 맺고 있습니다.

　피터 와그너 박사가 주장하는 대로 실제로 한 도시나 심지어는 나라 전체를 다스리면서, 그 안에 있는 사람들에게 영향을 끼치고, 그들의 성격을 규정짓는 지역의 영들이 존재합니다. 우리나라를 예로 들면, 우리나라에는 지역감정이라는 것이 있습니다. 그러면 지역감정은 어디에서 나왔습니까? 물론 정치적인 이유도 있고, 국토 개발의 불균형에도 그 이유가 있습니다. 그러나 더 근본적인 이유는 다른 것에 있습니다.

　그것은 각 지역에 사는 사람들의 공통적인 어떤 기질에 있습니다. 분명히 각 지역에 따라 기질이 서로 다릅니다. 경상도와 전라도는 민감하니까 그만두고 충청도를 예로 들면, 충청도 사람은 반응이 느린 것이 흠입니다. 어떤 부흥 강사 목사님의 말에 의하면 충청도 사람들은 설교 도중 우스운 얘기를 하면 가만히 있다가 집에 가서 잘 때, 이불을 뒤집어쓰고 혼자 키득키득 웃는다고 합니다. 가만히 생각해 보니 낮에 그 얘기가 웃기더라는 거지요. 그러면 이런 지방색은 어디서 나왔습니까? 저는 그것이 지역을 다스리는 통치자와 권세들과 상관관계가 있다고 생각합니다. 지역을 장악하고 있는 악한 영의 영향인 것입니다.

미국을 예로 들면, 라스베가스는 도박과 파티의 영이 도시를 다스리고 있습니다. 그리고 할리우드는 출세와 거짓된 매력 및 성적 문란의 영들이 도시를 지배하고 있습니다. 어떤 사람은 '그래서 어떻다는 말이냐?'라고 생각할지 모릅니다. 저는 이것이 전략적 수준의 영적 전쟁을 수행할 때 뿐 아니라, 예방학적인 측면에서 매우 중요하다고 생각합니다. 왜냐하면 이것은 그 도시에 가는 사람들은 그런 유혹에 직면하게 되고 그 문제로 넘어지기가 쉽다는 것을 말해주기 때문입니다.

오래전에 어떤 미국 목사님이 한 청년을 전도하여 상담하고 훈련시켰습니다. 그 목사님은 많은 시간을 그 청년과 보내며, 성경과 주님과 동행하는 삶을 가르쳤습니다. 그런데 어느 날 청년은 샌프란시스코로 이사할 계획이라고 말했습니다. 목사님은 아직은 그가 샌프란시스코의 영을 견뎌낼 수 있을 만큼 영적으로 성숙하지 못했다고 생각했습니다. 그렇지만 그 청년은 한사코 샌프란시스코로 가겠다고 고집했습니다.

그래서 목사님은 그에게 날마다 하나님의 말씀 안에 거하며, 바른 그리스도인들과 교제하고, 즉시 건전한 교회를 찾아 신앙생활을 계속 하라고 간곡한 마음으로 권면했습니다. 그 청년은 전에도 샌프란시스코에 가 보았지만, 그 도시의 영이 자신에게 아무런 영향도 끼치지 않았으니 아무 걱정 말라고 말하곤 그 도시로 떠나갔습니다. 그런데 안타깝게도 청년은 그 도시로 이사한 후, 결국에는 타락하여 동성연애자가 되었습니다.

물론 샌프란시스코에 간다고 모두가 게이가 되는 것은 아닙니다. 그러나 샌프란시스코에 동성애가 유난히 심하다는 것은 그 곳에 동성애의 유력한 영이 역사하고 있다는 증거입니다. 그러므로 그 도시에 사는 사람은 동성애에 굴복할 가능성이 다른 도시에 살때보다 더 높아지는 것이 사실입니다.

자신의 교단 선배 목사님들로부터 성자라고 불리 우는 아주 경건한 전도사님이 한 분 있었습니다. 그 사람은 정말 경건한 사람이었습니다. 그런데 그는 내게 이런 얘기를 해주었습니다. 그분의 집이 거여동인데 어느 날 집으로 가기 위해 전철을 탔습니다. 그런데 어느 지역을 지나가는데 갑자기 원인 모를 강력한 성욕이 일어나고, 성적 유혹이 느껴지더라는 것입니다.

이상하게 여긴 그는 옆에 있는 사람에게 지금 지나고 있는 곳이 어디쯤이냐고 물었습니다. 그 곳이 어디였겠습니까? 그 곳은 바로 청량리 588번지에 위치한 창녀촌이었습니다. 이와 같이 실제로 어떤 도시 그리고 어떤 지역들은 특정 영이 장악하고 있고, 그 곳을 지나거나 그 곳 가까이 사는 사람들은 다른 사람들보다 더 집중적으로 그 영의 공격을 받습니다.

경상도 지방은 불교가 강합니다. 기독교가 5%밖에 안 됩니다. 그런데 전라도로 넘어오면 기독교가 30%가 넘습니다. 우상숭배가 심한 곳이 재해도 많이 당합니다. 그래서 해안이 재해를 많이 당하는 것입니다. 그래서 지역에 통치자와 권세가 역사한다는 것이 이해가 되고 믿어지는 것입니다.

어떤 사람들은 저의 이런 주장을 이상한 눈초리로 바라볼지도 모릅니다. 그러나 저는 성경에서도 이런 실례를 찾아볼 수 있다고 생각합니다. 하나님은 소돔과 고모라를 불과 유황으로 멸망시키셨습니다. 왜냐하면 그 도시는 동성애와 탐욕과 폭력의 영이 악성 종양처럼 퍼져 모든 사람들을 다스리고 있었기 때문입니다. 아브라함은 그 도시를 위해 하나님께 중보 했습니다. 창세기 18:32절에서 아브라함은 하나님께 이렇게 간구했습니다. "아브라함이 또 가로되 주는 노하지 마옵소서. 내가 이번만 더 말씀하리이다. 거기서 십인을 찾으시면 어찌 하시려나이까? 가라사대 내가 십인을 인하여도 멸하지 아니하리라."

하지만 슬프게도 그 도시에는 그 도시를 다스리는 영들에게 오염되지 않은 의인 열 명조차 없었습니다. 롯 하나를 제외하고는 심지어는 그의 처와 딸들까지도 다 영적으로 심각하게 오염되어 있었습니다. 이와 같이 특별히 악한 영이 장악하고 있는 지역에 살면서 자신을 깨끗하게 지키는 것은 굉장히 어렵습니다. 어떤 사람들에게는 어려운 정도가 아니라 불가능하기까지 합니다.

영들의 전이는 가족, 친구, 교우 관계를 통해서 일어날 뿐 아니라 지역을 통해서도 일어납니다. 그러면 우리는 어떻게 해야 할까요? 우리는 아브라함이 하나님의 명령을 따라 갈대아 우르를 떠났듯이 신앙생활에 방해가 된다면 아무리 정든 고향이라도 그 곳을 떠나야 합니다.

그리고 어느 도시에 거주하든 집값이나 편리한 것만 보고 집을 사거나 얻지 말고, 우상숭배가 심한 곳이나, 무당집이 많이 있다거나, 술집이나 여관, 나이트클럽이 운집해 있는 유흥가는 피하는 것이 좋습니다. 그것이 악한 영으로부터 자기와 가족들을 지킬 수 있는 영적 지혜입니다. "너희 중에 다른 신을 두지 말며 이방신에게 절하지 말찌어다"(시81:9). 신앙생활 한다고 하지만 우리 삶을 냉철하게 살펴보면 육신과 돈 이외에도 하나님보다 더 사랑하는 것이 많이 있습니다. 하나님보다 자식을 더 사랑하는 이들도 있고 하나님보다 명예나 권력, 세상에서의 성공을 더 사랑하는 사람도 있습니다. 이처럼 하나님보다 더 사랑하는 것이 있다면 그것이 우상숭배입니다.

우리 삶에 깊이 뿌리내리고 알게 모르게 우리를 하나님 중심으로 살지 못하게 만드는 것들이 있는데 그것이 바로 세상과 세상 문화입니다. 우리는 육신을 입은 이상 세상 속에서 세상 문화의 혜택을 누리며 살게 됩니다. 그러나 그 문화 속에 묻혀 하나님을 잊어버린다면 그는 세상과 벗된 자입니다. 하나님 말씀대로 행하는 신앙생활의 가치보다 세상의 것을 더 우선하고 가치 있게 여긴다면 이 사람은 하나님보다 세상을 더 사랑하는 사람입니다.

성경은 세상과 벗된 것이 하나님 앞에 간음한 것이며 하나님과 원수 된 것이라고 말하고 있습니다(요일2:15~17). "간음하는 여자들이여 세상과 벗된 것이 하나님의 원수임을 알지 못하느뇨 그런즉 누구든지 세상과 벗이 되고자 하는 자는 스스로 하나님과 원수 되게 하는 것이니라"(약4:4). 또 세상 풍속을 좇는 것은 곧 공중의 권세 잡은 악한 영을 좇는 것임을 알 수 있습니다. "그때에 너희가 그 가운데서 행하여 이 세상 풍속을 좇고 공중의 권세 잡은 자를 따랐으니 곧 지금 불순종의 아들들 가운데서 역사하는 영이라"(엡2:2). 세상 문화 곧 세상 풍속을 좇는 것이 악한 영을 좇는 것인데도 세상 문화가 우리 삶 속에 얼마나 깊숙이 자리 잡고 있는지 모릅니다. 세상 문화가 만들어 놓은 것은 모두가 세상 풍속을 따르게 만드는 것들입니다.

이렇게 세상 문화는 육체의 정욕이 원하는 대로 이끌어 가고 사람들은 세상의 가치가 좋아서 따라갑니다. 그러나 성경은 분명히 말하기를 세상과 벗하는 것이 하나님 앞에 간음한 것이라고 했습니다. 하나님 앞에 간음한 자가 어떻게 하나님 나라에 들어가겠습니까? 예수께서 재림하실 때 들림 받는 자들은 "여자와 더불어 더럽히지 않은 자"라고 말했는데(계14:4) 여기서 "여자"는 세상을 말합니다. 세상에 빠져 자신을 더럽히고 세상에 마음이 빼앗겨 하나님 앞에 간음한 자는 주님 오시는 날에 들림 받을 수 없고, 하나님 나라에 갈 수도 없습니다.

16장 활동장소를 통한 귀신의 침입과 피해

(마8:28-34)"또 예수께서 건너편 가다라 지방에 가시매 귀신 들린 자 둘이 무덤 사이에서 나와 예수를 만나니 그들은 몹시 사나워 아무도 그 길로 지나갈 수 없을 지경이더라. 이에 그들이 소리 질러 이르되 하나님의 아들이여 우리가 당신과 무슨 상관이 있나이까 때가 이르기 전에 우리를 괴롭게 하려고 여기 오셨나이까 하더니 마침 멀리서 많은 돼지 떼가 먹고 있는지라. 귀신들이 예수께 간구하여 이르되 만일 우리를 쫓아내시려면 돼지 떼에 들여보내 주소서 하니 그들에게 가라 하시니 귀신들이 나와서 돼지에게로 들어가는지라 온 떼가 비탈로 내리달아 바다에 들어가서 물에서 몰사하거늘 치던 자들이 달아나 시내에 들어가 이 모든 일과 귀신 들린 자의 일을 고하니 온 시내가 예수를 만나려고 나가서 보고 그 지방에서 떠나시기를 간구하더라"

귀신이 좋아하는 장소나 환경이나 사람을 통하여 영적전이(轉移)됩니다(마8:28-34). 귀신에게 접신된 자에게 안수를 받든지, 환자를 안수하다가 사역자에게 전이되기도 합니다. 귀신을 섬기는 곳, 절이나 사당, 제사 지내는 곳. 굿하는 현장, 귀신을 축사하는 현장, 음침한 물가, 환자 임종시, 더럽고 음침한 곳, 지하실, 굴속, 포르노 영화관이나 변태적인 성적 유희가 벌어지는 곳과 같은 음란한 곳, 뉴 에이즈들이 광란하는 곳, 무덤이나, 울창한 숲속, 한적한 고가(古家), 굴속,

고목나무….등 기타 귀신들이 좋아하는 장소가 있습니다. 할 수만 있으면 이런 장소는 피하는 것이 좋습니다. 정 피할 수가 없다면 강하게 내면에서 올라오는 능력기도로 무장하고 대적하며 출입해야 합니다. 귀신을 축사할 때 이런 곳에 있다가 들어왔다는 말을 합니다. 주로 음침하게 느껴지고 소름이 끼치거나 으스스하게 느껴지거나 불쾌하거나 골치가 아파 옵니다. 영적으로 민감한 사람은 영감으로 느껴지기도 하고 환상으로 보이기도 합니다.

그러나 이러한 장소나 접촉을 통한 전이가 이루어지더라도 전부가 다 되는 것이 아니라, 귀신이 전이되기 쉬운 상태와 조건에 있는 사람일 경우에 전이가 잘 됩니다. 제가 십여 년을 사역을 하다가 임상적으로 경험한 바로는 나쁜 영의 전이가 잘되는 사람은 상처가 많이 있거나 임산부나 병중에 있는 환자나 체력이 허약한 사람과 자신의 집안에 무당이 있거나 우상을 숭배하여 영이 열린 영매체질인 사람들에게 잘 전이 됩니다.

그래서 저는 임산부나 병원에서 수술한 환자는 장례식장에 가지 못하게 막고 있습니다. 이렇게 자신도 모르는 사이에 전이된 악한 영은 예배나 말씀이나 찬송이나 기도나 능력자의 축사로 추방이 비교적 쉬운 편입니다. 그러나 침입 당한 것을 모르고 잠복된 채 오랫동안 계속 눌려 지내게 되거나 깊이 침입 당하게 되면 이 역시 추방이 힘들게 됩니다. 그래서 성령으로 자신을 분별해야 합니다. 사람의 성품도 일종의 전이현상을 일으킵니다. 그래서 성격이 포악한 사람과 자주 가까이 하면 포악해진다는 것입니다.

1) 영적 전이가 일어나는 수단은 이렇습니다. 안수, 접촉(손, 어깨), 대화, 성생활, 동거, 스킨십, 특정인을 사모할 때, 특정인을 닮으려고 할 때, 혈통, 언어, 찬양, 장기접촉(목회자, 가장, 직장 상사 등….)3-6개월 이상 함께 지내면 전이 됩니다.

2) 예를 들어 부부가 멀리 떨어져 있는 목회자라면 무슨 영이 역사하겠습니까? 쉽게 생각하여 ① 음란의 영: 생각을 타고 들어옴. ② 부부 분란의 영, ③ 별거시키는 영, ④ 이혼의 영…. 그래서 보수적인 교단에서는 이혼한 목회자의 경우에 제명 하는 것입니다. 음란이 있는 목회자에게 음란이 전이되어 그 교회는 모두 이상한 짓을 하고 목회자와 같은 영을 가진 자가 모이니 목회자를 변호하게 되는 것입니다.

영은 영끼리 통하는 것입니다. 목회자의 부부간에 분란의 영이 있으면 그 교회 성도들의 가정의 부부간에 분란이 있을 수 있습니다. 앞에 설명한 목회자의 경우 별거의 영이 있으므로 성도들의 가정에 각방 사용하는 성도가 있을 수 있습니다.

3) 그럼 목회자가 성도를 저주 잘하면 저주의 영이 전이되는 가? 저주가 전이될 수 있는 자만 전이됩니다. 저주와 축복의 권한은 하나님에게 있습니다. 성품이 똑 같은 성품인 사람만 전이됩니다. 그래서 성경은 이렇게 말합니다. "그가 저주하기를 좋아하더니 그것이 자기에게 임하고 축복하기를 기뻐하지 아니하더니 복이 그를 멀리 떠났으며 또 저주하기를 옷 입듯 하더니 저주가 물 같이 그의 몸속으로

들어가며 기름 같이 그의 **뼈** 속으로 들어갔나이다. 저주가 그에게는 입는 옷 같고 항상 띠는 띠와 같게 하소서."(시109:17-19). 저주하지 마시기를 바랍니다. 잘못하면 자신에게 저주가 임할 수가 있습니다.

4) 부부 서로 간에 있는 질병도 70%정도가 전이된다고 합니다. 2005 년 6.29 SBS방송발표에 의하면 우울증, 당뇨, 고혈압, 혈기, 중풍. 치매는 27%가 유전된다고 합니다. 가계력을 점검하여 예방하시기를 바랍니다.

실제로 우리 교회에 오셔서 치유 받은 어느 분은 자신의 시누이가 영육의 질병이 있어 10년 동안 같이 기거하며, 간호하여 주었는데, 어느 날부터 자신에게 시누이와 같은 질병이 생겨 고생하다가 치유 받고 갔습니다.

5) 축복도 전이가 됩니다. 아브라함과 롯. 요셉과 보디발 가정을 보면 이해가 됩니다. 그래서 우리는 사람도 잘 만나야 합니다.

6) 가정에서 우상숭배에 참여한 가족이 있는 경우는 100%전이가 이루어집니다. 예를 들어서 무당이나 남묘호랭객교 등등…. 만약이 조상들이 이런 잡신을 섬겼다면 어렸을 때부터 강하게 영적인 전쟁을 해야 없어집니다.

7) 환자가 많은 기도원, 절이나 무당 집, 제사를 지내는 곳. 병원,

중환자 실, 장례식장. 경찰서 유치장, 노인 복지시설, 장애인 시설 등 등에서 전이가 일어날 수 있습니다. 그러나 다 전이되는 것이 아니고 상처가 많다든지, 육신이 허약하다든지, 조상이 우상을 많이 숭배했다든지 하는 성도들이 잘 전이 됩니다.

예를 든다면 이렇습니다. 어느 전도사가 기도원에서 은혜를 받고 사역자가 되었습니다. 환자들을 안수해주었습니다. 영적인 탈진이 찾아와 병원에 여러번 입원을 했다는 것입니다. 이는 자신이 성령으로 충만한 상태가 아이었기 때문에 환자들에게 역사하는 영들의 침입이 일어나 탈진에 빠진 것입니다. 자신이 성령으로 치유되고 성령의 인도 하에 사역을 해야 합니다.

어느 목사님이 영의전이 집회에 참석하여 필자에게 이렇게 말했습니다. 제가 고등학교 2학년 때 월남으로 수학여행을 갔습니다. 거기에서 토속종교시설 견학을 했는데 밖으로 나오자, 눈이 충혈 되고, 머리가 어지러웠습니다. 목사님! 아마 그때 나쁜 영의 전이가 일어난 것 같습니다. 그래서 필자가 성령의 임재를 요청하고 월남 토속 종교시설에 들어갔을 때 들어온 귀신은 떠나가라고 명령하자 오물을 토하면서 귀신들이 떠나갔습니다.

이분은 상당한 기간 동안 필자의 교회에서 치유를 받았는데 그때 들어온 귀신이 떠나가지 않은 것입니다. 그러므로 귀신은 꼭꼭 집어주어야 해당되는 귀신이 떠나간다는 것입니다. 무조건 "귀신아 떠나가라"하면 어느 귀신이 나가야 할지 알지 못해서 나가지 않는 것입니다.

강북에 사는 권사가 우울증이 걸려서 치유를 받으러 왔습니다. 어느 기도원장이 남편이 사명자인데 사명을 감당하지 않아서 자신에게 우울증이 찾아와 밤에 잠을 못자고 있다는 것입니다. 남편이 당시 67세 이였습니다. 신학을 마치고 목사가 되면 74세가 됩니다. 그래서 필자가 절대로 그렇지 않다.

우울증을 일으키는 원인 제공자를 찾아서 떠나보내면 된다고 했습니다. 필자가 이렇게 질문을 했습니다. 혹시 전도한다고 돌아다닌 일이 없습니까? 하니까, 경찰서 유치장에 전도하려 한 3년을 다녔다는 것입니다. 그다음부터 불면증과 우울증이 생겼다는 것입니다. 필자가 성령의 임재를 요청하고 안수를 하기 시작을 했습니다. 말로 표현할 수 없을 정도로 귀신들이 떠나갔습니다.

어느날 집회시에 본인이 은평 경찰서 유치장에서 들어온 귀신아 떠나가라. 하니까 사지가 뒤틀리면서 귀신들이 떠나갔습니다. 그러고 나니 우울증과 불면증이 치유가 되었습니다.

우리가 알아야 될 것은 무엇을 하지 않아서 영육의 문제가 생긴 것이 아닙니다. 무엇을 하면 문제가 풀리는 것도 아닙니다. 반드시 원인을 찾아 해결해야 문제가 치유되는 것입니다. 이런 무지한 소리에 속지 마시기를 바랍니다.

이렇게 영적으로 혼탁한 장소에 방비 없이 전도하러 다니면 잘못된 영의 전이가 일어날 수가 있습니다. 다니면서 마음으로 기도하여 성령이 충만하게 하면서 전도를 해야 합니다. 특별히 조상이 무당이나 남묘호랭객교 등 우상을 많이 숭배로 인하여 영적으로 혼탁한 사람과 상처가 많은 분들이 잘못된 영들의 침입이 잘 일어납니다. 특별하게 관심을 가지고 행해야 합니다.

8) 술집, 노래방, 카바레, 퇴폐이발소, 등 음란의 장소에서 전이가 일어날 수 있습니다. 영육으로 건강하고 성령의 충만함으로 보호를 하고 가면 문제가 없지만 그냥 가면 전이됩니다. "예" 삼손의 경우 드릴라 집에 가서 죽었습니다. 가지 말아야 할 곳을 가니 악한영이 전이되어 죽은 것입니다. 마귀를 좋아하니 자기가 아무리 능력이 있어도 결국은 망했습니다. 그래서 성경은 이렇게 경고 합니다. "무법한 자들의 음란한 행실로 말미암아 고통 당하는 의로운 롯을 건지셨으니, (이는 이 의인이 그들 중에 거하여 날마다 저 불법한 행실을 보고 들음으로 그 의로운 심령이 상함이라)."(벧후2:7-8).

9) 믿는 자가 믿지 않는 세상 사람을 좋아하고 함께 있으면 전이되어 믿음이 없어지고, 반대로 예수를 안 믿는 자가 믿는 자와 함께 있으면 믿게 됩니다. 결혼도 믿는 자가 믿지 않는 자를 좋아하고 함께 있으면 전이되어 믿음이 없어집니다. 반대로 안 믿는 자가 믿는 자와 함께 있으면 믿게 됩니다.

10) 예수를 믿는 자가 술집하면 어찌하여 망할까요? 술 먹는 사람에게서 술 귀신이 따라 들어와서 망하게 됩니다. 그래서 믿는 자는 주님의 영광이 드러나는 일을 해야 합니다.

11) 믿음도 전이 됩니다. 성경에 엘리야가 사르밧 과부를 찾아갔을 때 사르밧 과부는 마지막 남은 밀가루를 가지고 떡을 해 먹고 죽으려고 하였습니다. 그러나 엘리야의 말에 순종함으로 엘리야의 믿음이 전이되어 그에게 기적이 일어나게 됩니다.

엘리야 시대에 하늘이 3년 6개월을 온 땅에 큰 흉년이 들었을 때 많은 사람이 굶어 죽어서 이스라엘에 과부가 많았습니다. 그런데 그 많은 과부가 이스라엘 땅에 있었으면서도 그 과부들은 하나님을 믿지 아니하고 순종치 아니했습니다. 그러므로 하나님은 그들에게 도움을 베풀지 아니했습니다. 이스라엘이 아닌 이방 사렙다에 과부가 있었습니다. 사렙다 과부는 시돈 땅에 사는데 시돈 땅은 바로 바알을 섬기는 이방 땅입니다. 그럼에도 불구하고 사렙다의 과부는 하나님을 두려워하고 하나님을 믿고 순종하는 사람이었습니다.

그분에게는 비록 이방인이지만 하나님께서 엘리야를 보내셨습니다. 엘리야가 가니까 이 사렙다의 과부가 나무를 줍고 있었습니다. 엘리야는 말했습니다. "빨리 가서 빵을 만들어서 물 한 사발 가지고 내게 오너라." 그때 과부가 말했습니다. "나는 밀가루 한 움큼과 기름 조금밖에 없고 이것을 가지고 마지막 빵을 구워서 먹고 나와 내 아들은 죽으려고 합니다.

그래서 나무를 줍고 있습니다." 이 말은 들은 엘리야가 "그것은 당신 마음대로 하려니와 먼저 가서 당신이 그 밀가루와 기름으로 빵을 만들어서 내게 가지고 오시오. 나에게 물 한사발도 가지고 오시오. 그러면 이 가뭄이 끝날 때까지 당신의 밀가루 통에 밀가루가 떨어지지 아니하고 기름병에 기름이 마르지 아니할 것입니다." 사렙다의 과부는 이 엘리야의 말을 믿었습니다. 배가 고팠습니다.

밥을 달라고 우는 어린아이를 데리고 있었습니다. 그럼에도 불구하고 그는 믿음과 순종을 가지고 우는 어린아이를 떨치고 그것으로 떡을 구워서 엘리야에게 갖다 주었습니다. 엘리야가 그 떡을 받아먹고 물을 마시고 난 다음에 하나님의 축복이 임하여서 그 3년 6개월 동안 가뭄이 지나갈 동안에 밀가루 통에 밀가루가 떨어지지 아니하고 기름병이 기름이 말라지지 않았었습니다. 믿음과 순종이 있는 곳에는 주님이 찾아가시는 것입니다. 이와 같이 믿음도 전이 현상을 일으킵니다. 믿음이 좋은 성도와 친하게 지내시기를 바랍니다.

12) 영적 전이는 비단 좋은 영의 영향력만이 전이되는 것이 아닙니다. 고로 사역자들은 늘 자신의 성품, 기질, 도덕성 등, 안좋은 영향력이 전이되지 않도록 조심해야합니다. 그리고 영적인 거룩성에 대한 주의와 노력이 필요합니다. 안수를 조심해서 해야 하며 안수 받는 자들도 안수 받는 것을 조심해야 합니다. "아무에게나 경솔히 안수하지 말고 다른 사람의 죄에 간섭하지 말며 네 자신을 지켜 정결하게 하라."(딤전 5:22).

"만일 누가 가서 우리가 전파하지 아니한 다른 예수를 전파하거나 혹은 너희가 받지 아니한 다른 영을 받게 하거나 혹은 너희가 받지 아니한 다른 복음을 받게 할 때에는 너희가 잘 용납하는구나."(고후 11:4). 말씀과 성령으로 분별력을 기르시기를 바랍니다. 그리하여 자신의 귀중한 영을 지키시기를 바랍니다.

참으로 더러운 영의 전이는 다양합니다. 어떤 사람은 기도 굴에서…. 어떤 사람은 무덤 옆을 지나다가…. 어떤 사람은 절에서 공부를 하다가…. 어떤 사람은 중에게 침을 맞으러 다니다가…. 어떤 사람은 교회 옆에 절이 있어 계속 염불 외우는 소리에 눌려서…. 어느 사람은 무당이 굿하는 것을 구경하다가 혹은 어떤 사람은 TV의 충격적인 장면을 보다가….등등 악한 영의 전이는 이루 헤아릴 수 없습니다.

그리고 예기치 않은 뜻밖의 현상이나 형체로 사찰이나, 신사, 토속종교시설, 공동묘지나 상엿집, 시체 등을 목격하였을 때, 일시에 음산한 기운, 즉 소름이 끼지는 상황이 엄습하여, 온몸에 전율을 느끼면서, 등골이 오싹해지거나, 간담이 서늘해지고, 머리가 쭈뼛해지며, 사지에 힘이 쭉 빠지고, 온몸이 오그라들며, 다리가 후들거려 꼼짝달싹을 못 하고, 귀에서는 이상한 소리가 들리며, 헛것을 보고 헛소리를 내는 등의 이상 현상을 체험했을 경우는 악한 영의 영적전이가 이루어 진 것입니다. 이런 경험을 하신 분들은 필히 축사를 받아야 합니다.

저는 영들의 전이와 관련 있는 매우 중요한 2가지 권면을 함으로써 말씀을 마치도록 하겠습니다.

첫째로, 우리는 우리가 자주 만나고 대화하고 사귀는 사람들을 닮게 되어 있습니다. 그래서 아브라함에게 네 고향 친척 아비 집을 떠나라고 명령하신 하나님은, 때로는 우리에게도 동일한 명령을 내리실 때가 있습니다. 때때로 하나님은 우리에게 가족이나 친구나 심지어 지도자들을 떠날 것을 허락하거나 명하시기까지 합니다. 왜냐하면 하나님은 주변 사람들의 부정적인 태도와 좋지 않은 성격이 사귐을 통해 우리에게 전이되는 것을 원치 않으시기 때문입니다. 그러므로 하나님께서 그런 명령을 내리시면 우리는 즉각 하나님께 복종해야 합니다. 하나님의 음성을 들으시고 순종하시기를 바랍니다.

둘째로, 부정적인 영들의 전이를 막으려면 말씀과 성령으로 충만해야 합니다. 이미 말씀드린 대로 영들의 전이는 여러 가지를 통해 이루어집니다. 가족, 친구, 교회, 지역, 여러 가지 매체들, 그리고 영적 지도자들을 통하여 일어납니다. 그리고 이 여섯 가지 모두 긍정적인 전이 뿐 아니라, 부정적인 전이가 일어나는 도구가 될 수 있습니다. 그러면 우리가 이, 악하고 음란한 세상에서 죄 많은 사람들과 부딪치고 살면서 부정적인 영들의 전이를 피하려면 어떻게 해야 할까요?

요한 일서 4:4절에서 요한은 이렇게 말했습니다. "너희 안에 있는 이가 세상에 있는 이보다 크심이라." 우리는 오직 성령 안에서 행할 때만이 부정적인 영들의 전이로부터 자유로울 수 있습니다. 그러므로 우리는 항상 성령 충만해야 합니다. 성령 충만한 교회에서 신앙생활을 하면 금상첨화 일 것입니다. 깊은 영의기도로 성령이 충만하게 지내는 것이 예방책입니다.

3부 영적인 피해를 당하지 마라.

17장 영적인 피해를 당한 사례들

(마7:21-23)"나더러 주여! 주여! 하는 자마다 다 천국에 들어갈 것이 아니요 다만 하늘에 계신 내 아버지의 뜻대로 행하는 자라야 들어가리라. 그 날에 많은 사람이 나더러 이르되 주여! 주여! 우리가 주의 이름으로 선지자 노릇 하며 주의 이름으로 귀신을 쫓아내며 주의 이름으로 많은 권능을 행하지 아니하였나이까 하리니 그 때에 내가 그들에게 밝히 말하되 내가 너희를 도무지 알지 못하니 불법을 행하는 자들아 내게서 떠나가라 하리라"

하나님은 우리들에게 영적전이 뿐만 아니라, 영적손상이 있다는 것을 알고 대비하게 하십니다. 영적인 치유사역을 하다 보면 영적전이 뿐만 아니라, 영적인 손상도 있다는 것을 알게 되실 것입니다. 영적전이와 영적 손상이라는 말을 들어보셨습니까? 신령한 은사를 받아서 사역에 임하는 과정에서 흔히 경험하게 되는 두 가지 비슷한 영적 현상으로서 '전이'(transference)와 '손상'(damage)이 있습니다. 이 두 가지는 증상으로는 서로 비슷하기 때문에 구분이 잘 되지 않지만 면밀히 점검하면 분별할 수 있는 것입니다. '영적 전이'는 은사를 받은 초기에 주로 많이 나타나며, 전이를 체험하는 가운데에는 자신의 은사의 한 기능으로 자리 매김이 되는 경우가 있습니다.

그러나 '영적 손상'은 사단과 마귀 또는 귀신으로부터 공격을 받아 생기는 증상이기 때문에 주로 축사의 신유은사를 받은 사람에게 나타나며, 때로는 악한 영에 의해서 질병이 생겼을 경우, 그 질병을 치유하는 사역자에게서 경험되는 것입니다. 악한 영은 아직 영적 능력이 약하거나 경험이 많지 않은 초보 사역자를 위협하여, 사역을 약화시키거나 두려움을 주어, 사역을 못하고 물러나게 하기 위해서 충격을 주는 것입니다. 악한 영은 이렇게 악랄하게 영적인 사역을 못하도록 온갖 방법을 다 동원하는 것입니다.

실제로 안양에 사시는 목사님이 저에게 이렇게 말했습니다. 저는 나이가 들어 목회자가 된 사람인데 나이가 있어 육십 오세부터 신학대학원을 다니면서 교회를 개척하여 목회를 했습니다. 그런데 오시는 성도 분들이 모두 환자만 오셨습니다. 그래서 예수 이름으로 기도하면 병이 낫기도 했습니다. 그러던 어느날 할머니 한 분이 기도를 해달라고 하며 교회를 찾아오셨습니다. 그래서 머리에 손을 얹고 예수 이름으로 명하노니 질병은 떠나가라, 했더니 이 할머니가 막 울더랍니다. 야~ 이놈아, 네 놈 때문에 내가 나가야 한다. 야 이놈아, 네 놈 때문에 내가 나가야 한다. 하며 우는데 등골이 오싹하고 등에서 찬물이 줄줄 흐르는데 도저히 사역을 할 수가 없더랍니다. 그런 일이 있은 다음부터는 두렵고 불안하여 기도도 못하고 사역도 하지 못했다고 했습니다. 이것이 바로 영적 손상입니다. 이분은 아직 성령으로 장악당하지 못하고 성령 충만하지 못하여 악한 영으로부터 영적 손상을 당한 것입니다. 이 분은 자신이 축사를 받았어야 합니다. 당신도 만약에 이런 경험이 있었다면 귀신축사를 받으시기를 바랍니다.

첫째, 영적손상의 경우. 영육치유를 행하는 사역자나 축사를 행하는 사역자는 환자의 상태에 대한 지식의 말씀으로 영적 전이를 경험하게 됩니다. 환자가 앓고 있는 질병의 정도나 또는 아직 환자가 질병을 제대로 깨닫지 못하고 있는 경우에 또는 사역자가 어느 곳에 손을 얹어야 할 것인지를 깨닫게 하기 위해서, 그리고 자신이 감당할 수 있는 문제인지를 가늠하게 하기 위해서 성령께서 환자의 고통을 사역자에게 전이시켜 느끼게 하는 것입니다. 예를 들어서 머리가 아픈 사람을 치유 기도하려고 하면 사역자의 머리가 아프다는 것입니다.

예를 든다면, 상대방의 통증부위가 동일하게 아프고 힘들게 되기도 하고…. 속이 더부룩하거나…. 쓰리거나…. 어지럽거나…. 현기증을 느끼거나…. 구토증이 생기거나…. 냉기를 느끼거나…. 온 몸의 뼈나 근육이 뭉쳐들고 뻣뻣해지는 것 같은 체험을 하게 되며…. 눈앞이 아찔해지며…. 독한 약에 취한 사람처럼…. 넋을 잃은 것처럼…. 몽롱한 현상을 겪기도 합니다.

아주 약한 전기에 노출된 듯 손이나 팔이나 어깨에 찌릿해지는 정전기 같은 체험도 있고요…. 몸살이나 오한처럼…. 몸이 밑으로 쳐지며…. 미열이 나고…. 식은땀이 나기도하고…. 몸이나 팔다리가 욱신욱신 아프게 되는 영적다운 현상을 경험하기도 합니다. 이것이 바로 영적인 손상의 현상입니다.

저도 이런 일을 경험합니다. 한 일 년이 지난 일인 것 같습니다. 이 근방에서 기도원을 한다는 권사가 왔습니다. 그래서 권사를 나오라고 해서 기도하려고 하니까, 제 머리가 많이 아팠습니다. 기도를 해주고 상당한 시간동안 깊은 기도를 해서 해결했습니다.

또 치유 사역 초기에 이런 경우가 있었습니다. 집회에 처음 오는 사람이 많을 경우 첫 시간에 집회를 인도하기가 영적인 힘이 버거워지다가 두 시간 정도 지나면 장악이 되는 경우도 있습니다. 좌우지간 치유 사역자는 성령이 충만한 가운데 사역을 해야 합니다. 그래서 성령께서 앞서시면서 성령치유 사역과 축사를 하시게 해야 합니다. 사역자는 성령을 따라가는 사역자가 되어야 합니다. 그래야 사역자에게 피해가 생기지 않는 것입니다. 사역자는 부단하게 자신의 영성에 관심과 힘을 써야 합니다. 만약에 환자가 영적으로 강하여 귀신이 축사되지 않을 경우는 성령으로 완전하게 장악한 다음에 축사를 하도록 해야 합니다. 어느 정도 시간이 경과되어야 합니다. 절대로 영적인 사역은 급하게 되지 않습니다. 하나님의 시간표를 따라야 합니다. 치유를 받으러 다니는 성도님들도 이점을 알고 사역자에게 조금하게 안수기도를 받으려고 하지 말아야 합니다. 성령의 역사를 따라가지 않으면 악한 영의 영향으로 사역자가 고통을 당합니다.

실제로 어느 여 목사님은 류마치스 관절염을 앓는 환자를 기도해 주었는데 자신이 류마치스 관절염이 걸려서 손가락이 틀어졌다고 하는 분을 기도해준 경험도 있습니다. 또 제가 시화에서 목회 할 때 어느 권사님이 벌침을 배우겠다고 해서, 제가 저희 교회에 와서 영성

훈련을 받으면 신유은사가 나타나니, 신유은사를 가지고 전도를 하라고 했더니, 그 권사님 하시는 말이 저 신유은사 받지 않을래요, 전에 우리 교회 목사님이 신유은사가 있어서 환자들을 자주 기도해 주었는데, 기도해 주고나면 환자는 병이 낫는데 자신이 아파서 며칠씩 고생하는 것을 보았습니다. 저는 그런 고생을 하기 싫으니까 신유은사 받지 않겠습니다.

이런 경우 환자의 고통이 고스란히 사역자에게 전달되어 오는 것입니다. 자신이 감당할 수준이 아닌 문제를 다루고자 하면 문제가 해결 되지 않을 뿐만 아니라, 자신도 피해를 입게 되는 것입니다. 영적 전이의 현상은 사람마다 상황마다 다를 수 있습니다. 환자를 접촉하기 전인 중보기도 단계에서도 경험할 수 있으며, 환자를 직접 대하고 사역을 행할 때 느낄 수 있으며, 사역을 마치고 귀가한 후에 나타날 수도 있습니다.

현장에서는 전혀 느끼지 못했던 것을 집에 돌아온 후에 서서히 증상을 느끼기 시작하여 힘이 빠지고 통증이 일어나기도 합니다. 이런 경우 대부분은 잠깐 경험하게 되지만, 경우에 따라서는 몇 시간 또는 며칠이 될 수도 있습니다. 그러나 이런 경우는 예외적이며, 대부분은 기도하면 사라지게 됩니다. 성령으로 인도받지 못하고 성령이 보증해 주지 않는 이런 영적 사역은 자신이 지니고 있는 영적 능력을 소진하게 되는 소모성 사역입니다. 성령이 보증을 하여 주지 않는다는 증거입니다.

그러므로 사역자는 사역 전후로 충분한 기도로 무장해야 합니다.

이런 증상을 자주 경험하게 되는데, 치유하지 않고 그냥 방치한 일부 사역자에게는 악한 기능으로 고정되기도 합니다. 영적 사역은 영적 분별을 몸으로 느껴야만 하기 때문에 환자의 질병 정도를 가늠하기 위한 인식 수단으로 사역자의 영적 전이 현상이 환자 분별의 기능이 됩니다. 이런 기능을 갖추는 사람은 치유 사역자이며, 능력 전도자에게는 거의 찾아볼 수 없는 기능이기도 합니다. 일명 성령의 지식의 말씀의 은사입니다.

다시 한 번 말씀드리면 자신에게 강하게 고통이 찾아오는 경우는 영적으로 강하게 눌린 상태이므로 말씀과 영의 찬양과 안수로 치유를 받아야 합니다. 그리고 계속 성령의 깊은 임재로 완전히 심령이 장악된 다음에 사역을 하시기를 바랍니다. 성령의 사역은 급하게 인간 욕심으로 사역하면 안 됩니다. 대규모 군중집회에서 치유의 역사를 일으키는 전도자에게 있어서 영적 전이는 사실상 필요하지 않습니다.

이 기능은 일대일 치유를 하는 경우 전인치유를 위해서 주어지는 성령의 지식의 말씀의 한 부분이기도 합니다. 그러나 지식의 말씀의 은사는 환자를 치유할 때 나타나는 현상이지, 치유가 끝난 다음에 나타나는 현상은 아니라는 것을 아셔야 합니다. 사역을 끝낸 다음에 나타나는 현상은 영적손상으로 나타나는 현상이니 치유하고, 사역자 자신의 영성관리를 하여야 합니다.

이런 영적 전이와 비슷한 영적 손상은 악령의 공격에 의해서 영적 능력이 급격히 소진되었을 경우에 나타나게 되며, 간혹 충분한 기도와 성령의 역사 없이 인간적인 욕심으로 혼적인 사역을 행한 결과 영적 능력이 상당히 소진되어 버렸기 때문에 나타나는 현상입니다. 저는 이렇게 사역을 하시다가 체력과 영력이 소진되어 사역을 하지 못하는 목회자를 많이 치유하여본 경험이 있습니다. 이런 분들의 공통적인 특징이 목회를 할 수 없을 정도로 탈진을 경험한다는 것입니다.

영적 탈진은 과도하게 능력을 소모했거나, 자신이 감당하기에 벅찬 악한 영으로부터 충격을 받았을 경우 나타납니다. 마귀의 집요한 공격을 받게 되면 영적 탈진이 일어나, 영적인 일이 시들해지거나, 무기력해져서 무덤덤한 신앙생활을 하게 되는 경우가 있습니다. 성령 충만이 사라지고 육신적으로 신앙생활을 해야 하기 때문에 교리적이고, 형식적인 신앙생활에 빠지게 됩니다. 그리고 기도가 되지 않고, 몸이 이곳저곳 아프기도 하고, 힘이 없고 피곤하기만 합니다. 짜증이 심해지기도 합니다. 이것이 일반적인 성도들과 경험이 부족한 사역자들이 경험하게 되는 영적 탈진의 현상입니다.

영적 사역자들이 경험하는 영적 손상으로 인한 능력의 소진은 점진적으로 나타나는 것이며, 악령으로부터 지속적으로 공격을 받게 되면 영적 능력이 소멸되어가게 됩니다. 일부 사역자들이 이런 증상을 영적 전이로 오해하게 되어 자신에 대한 축사를 하지 않게 되어 지속적으로 악령의 공격을 받게 되며, 그럴 때마다 영적 탈진이 일어나고, 마침내는 더 이상 사역을 할 수 없는 지경에 이르게 되는 것입니다. 체력도 소진되고 여러 영육의 문제가 발생하여 더 이상 사역을 하지 못하게 되는 것입니다. 일 년을 치유해도 회복이 되지 않는 사역자도 있습니다.

악한 영에 의해서 발생한 질병이나 문제를 다룰 때는 반드시 악령으로부터 공격을 받게 됩니다. 그러나 경험이 부족하거나 이에 대한 지식이 부족한 사역자의 경우 단순한 질병이나 문제로만 여기고, 주님이 주신 영적인 권세로 축사를 제대로 하지 못하고, 성령께서 치유하시거나 해결해주시기만을 간구하는, 치유하여 주시옵소서하는 나약한 기도를 하게 됩니다. 이런 경우에도 치유가 일어나고 문제가 해결될 수도 있지만, 사역자는 자신도 모르는 사이에 악한 영으로부터 심각한 영육의 훼손을 받게 되는 것입니다.

영적 손상을 받게 되면 육신적으로 힘이 빠지고, 쑤시고 아파서 환자처럼 눕게 되거나, 머리가 어지럽고, 매스꺼우며, 정신이 혼미해지고, 힘이 빠져 행동할 수 없게 됩니다. 몸은 매를 맞은 듯이 쑤시고, 이곳저곳 아프며, 머리가 어지러운 현기증 증상에 시달리게 되며, 이명 현상(tinnitus)이 나타나 정신을 차릴 수가 없습니다.

때로는 정신이 맑아져 잠을 잘 수 없게 되어, 불면증에 시달리기도 합니다. 환상이 보이고 환청이 들리며, 육신이 고단해져서 신음소리를 내기도 합니다. 이런 육신적 고통을 단순히 영적 전이로만 이해한다면 문제가 생길 수도 있습니다. 왜냐하면 축사를 받은 후에 나타나는 증상과 비슷하기 때문에 속기 쉽습니다. 일반적으로 축사를 받을 후 며칠 동안은 힘이 없는 경우가 많습니다. 그래서 특히 축사사역에 있어서 영적 능력을 가늠하는 것이 중요합니다. 자신이 감당할 수 있는 악령의 수준이 있는 것입니다. 성령이 앞서서 하시게 해야 합니다. 그리고 강력한 영권으로 무장하여 대적기도를 해야 합니다.

감당하지 못할 강한 악령을 만나게 되면 심각한 타격을 받게 될 뿐만 아니라, 심하면 귀신 들리게 될 수도 있습니다. 능력도 없는 스게와의 일곱 아들들이 함부로 귀신을 쫓으려다가 봉변만 당하였듯이, 능력이 되지 않는 상태에서 귀신을 섣불리 상대하려고 하다가 불행한 일을 당하는 경우가 있습니다. 귀신들린 청년을 불쌍히 여기고 믿음으로 귀신을 쫓아주려던 사모가 귀신 들려 고생한 경우가 있었습니다.

축사 사역자의 경우에 기본적으로 어느 정도의 귀신들은 감당할 수 있는 능력이 있지만, 계속 되는 영적 전투에서 많은 능력과 체력을 소진할 수 있습니다. 그런 경우에 더 강력한 악령을 만나게 되면 심각한 손상을 받을 수 있습니다. 악한 영의 공격을 단순히 영적 전이로 오해하여 사역자 자신에 대한 적절한 축사를 하지 않으면 계속 탈진을 경험하게 됩니다. 악한 영에 의해서 생긴 문제를 다룰 때마다, 심각한 영적 탈진을 경험하게 되면 자신에 대해 축사를 해야 합니다.

악한 영을 대적하여 몰아내지 않기 때문에 악령은 사역자를 얕잡아보고 계속 공격을 하게 되고, 그럴 때마다 영적 전이라고만 생각하고 아무런 대응을 하지 않으면 이런 고통은 계속 당하게 될 것입니다. 영적 전이는 환자가 가지고 있는 영적 문제에 대한 정보를 성령으로부터 받아서 효과적으로 사역을 할 수 있게 하기 위한 성령의 기능으로 주어지는 일종의 지식의 말씀인 것입니다.

그런데 사단은 사역자를 괴롭게 하기 위해서 손상을 주게 됩니다. 사역 초기에 또는 이런 사실을 제대로 이해하지 못하는 사역자에게 마귀는 집요하게 공격을 하게 됩니다. 이렇게 되면 그 사역자는 영적 전이와 영적 손상을 함께 경험하게 됩니다. 그래서 자신에게 나타나는 모든 경험은 다 성령께서 주시는 영적 전이라고 믿어버리게 됩니다. 그 결과 육신적 고통을 계속 치르게 되는 것입니다. 더 나가서는 사역을 하지 못하게 되는 것입니다. 이를 흔히 '양신 역사'라고 부르는데, 성령과 악령이 그 사람을 함께 사용하는 것입니다.

그러나 이런 상태는 결국 오래 가지 못합니다. 사역자가 알아차리고 자신을 축사하고 관리하면 금방 없어집니다. 그러나 이런 사실을 제대로 파악하지 못하면 성령은 차츰 위축되고 악령의 역사가 더 강해지게 됩니다. 사단은 교묘하게 사역자를 속여서 그릇된 일을 하도록 만듭니다. 결과적으로 시간이 지나면 사역자의 타락으로 나타나게 됩니다. 인간 방법을 동원한 사역을 하게 됩니다.

그러다가 성령의 기름부음이 없는 사역자가 되어 필경에는 사역을 못하게 되는 것입니다. 이렇게 하는 것이 마귀의 목적입니다. 하나님의 일꾼을 타락시켜 사역에서 제외시키려는 것입니다. 영적 충격은 서서히 영적 능력을 소멸시켜 무기력하게 만들려는 사단의 전략이기도 합니다. 능력을 받아서 사역을 행하던 사람이 몇 년이 지나고 나면 무기력해져서 치유 사역을 더 이상 할 수 없게 되는 모습을 볼 수 있습니다. 이런 경우에 상당수는 이와 같은 과정에서 제대로 대처하지 못했기 때문에 있는 것도 빼앗긴 경우라고 볼 수 있을 것입니다. 그래서 사역자는 자신의 내면관리에 힘써야 합니다. 그리고 깊은 기도로 심령이 항상 성령의 임재 가운데 있어야 합니다.

그래야 자신의 영성을 보존하며 건강을 유지하며 사역할 수 있습니다. 특히 축사 사역을 할 때는 성령의 강한 역사를 일으켜서 성령께서 하시도록 해야 합니다. 절대 자신의 의지로 사역을 하려고 하면 영락없이 영적 손상을 당하게 됩니다. 그러므로 사역자는 항상 성령의 충만과 내면관리에 힘써야 합니다. 기도가 깊어져서 자신의 영성을 맑게 유지해야 합니다. 그래야 사역시 악한 영의 공격을 받지 않고 자신을 보호 할 수가 있습니다. 자신을 보호하며 사역을 해야 사역자의 수명이 길어지고 길게 사역을 할 수가 있는 것입니다.

얼마 전에 한 집사님이 저에게 메일로 상담을 하신 내용입니다. 저는 24년째 믿음 생활을 하고 있는 집사입니다. 제가 상담하고 싶은 것은 이런 것입니다. 제 생각 같아서는 충만한 교회에 직접 가서 은혜 받고 능력 받고 싶은 것이 솔직한 심정이나 그렇지 못할 상황이다 보니 저의 신앙을 상담 드립니다. 언제부터인가 금요 철야예배에 가서 찬양하고 기도 드리다보면 하품이 나는 것을 깨달았습니다. 저희 목사님도 성령 충만 하시다보니 기도 하던 중 넘어지기도 하고요. 말씀을 듣는 것도 아니고, 환상을 보는 것도 아니기에 능력을 받는 다는 느낌은 받지 못하고 그냥 그런 현상만 나타나는 것이었습니다. 그런데 "귀신축사 알고 보니 쉽다"라는 책과 "가계의 고통을 끊고 축복받는 비결" "영안을 밝게 여는 비결"이라는 책을 보면 영안이 열릴 때 가슴이 답답하고 하품이 나온다고 했습니다.

저의 경우에는 새벽기도 때 환자를 위해 기도하다보면 주체할 수 없는 하품이 나오며 가슴이 답답하고 온몸에 힘이 다 빠지는 것을 몇 번 체험을 하였습니다. 물론 환자를 놓고 기도 할 때 다 그런 것은 아니지만 정말 하품을 할 때는 입이 찢어지는 것 같고 눈물도 주체가 되지 않습니다. 그러다 보면 온몸에 힘이 다 빠지는 것을 느낍니다. 그러나 책을 보면 이러한 현상은 성령 세례를 받을 때 한번 나타난다고 설명이 되어있는 것 같아서요. 정말 영안이 열려서 주의 일을 하고 싶고 기회가 닿으면 꼭 충만한 교회에 가서 능력 받고 싶어요. 저 같은 경우 왜 이런 현상이 자꾸 나타날까요? 그래서 제가 이렇게 답변을 해주었습니다.

　성령의 체험은 이론을 알고 이론을 들어서 체험할 수 있는 것이 아닙니다. 성령은 살아있는 실체이기 때문에 이론으로는 이해할 수가 없는 것이지요. 집사님의 교회 목사님이 안수하시면 넘어지기도 한다고 하는데, 넘어지고 아무런 영적인 현상이 일어나지 않으면 한번 잘 생각해볼 문제입니다. 성령의 권능으로 영. 혼. 육이 순간 성령으로 장악이 되어 넘어지는 것인데, 저의 지금까지 임상적인 경험으로는 이렇게 성령으로 장악되어 넘어지면 영적인 무슨 현상이 일어나야 진정한 성령에 권능에 의해 넘어진 것입니다.

　우리 교회에서 제가 안수를 할 때 넘어지는 사람은 더러운 영들이 떠나고, 성령으로 충만함을 받아 방언을 말하는 영적인 현상이 눈에 보이게 나타납니다. 그리고 집사님이 자꾸 하품이 나오고 가슴이 답답한 것은 미약한 성령의 역사가 집사님에게서 나타나는 현상입니다. 이런 상태를 가지고 환자를 기도해주면 집사님에게 환자에게서 잘못된 영이 전이 되어 집사님이 고생을 합니다. 왜냐하면 집사님의 영이 열린 상태이기 때문에 영들이 쉽게 들락거릴 수가 있습니다.

그래서 기도해주고 나면 힘이 없고 자신을 감당하기 어려운 영적 다운 현상을 경험하는 것입니다. 이것은 신학적인 용어로 영적 손상 이라는 것입니다. 내가 상대방의 악한 영의 전이로 인하여 고통을 당 한다는 것입니다. 우리 교회에 교재와 테잎 중에 영의전이와 성령의 역사라는 것이 있습니다. 여기에 제가 아주 자세하게 설명해 놓았습 니다. 권면을 드리자면 집사님은 아직 성령이 완전히 장악하여 내면 에서 올라오는 상태가 아니기 때문에 환자를 기도해주는 것은 삼가 는 것이 본인의 영성관리를 위하여 좋습니다.

한번 오셔서 강한 불같은 성령을 체험하여 심령 안에 답답함을 말 씀과 성령으로 씻어 내는 것이 좋겠습니다. 그리고 제가 지금 까지 출판한 책을 읽어보시면 많은 영적인 도움이 있고 집사님이 궁금해 하는 것이 많이 풀릴 것입니다.

영적인 은사를 사용하려면 영감이 깊어져야 하고 영력이 있어야 합니다. 영적 삶이란 성령의 일과 마귀의 일을 분별하는 능력을 길러 내는 과정이라고 생각할 수 있습니다. 하나님의 아들 예수께서 오신 이유는 마귀의 일을 멸하고자 함이 아닙니까? 그리고 그의 제자들인 성도들 역시 마귀의 일을 멸하는 것이 의무입니다. 그러려면 마귀의 속임수를 파악해야 하며, 특히 성령의 일로 위장한 짝퉁을 분별해낼 줄 알아야 할 것입니다. 날이 갈수록 교묘해지는 사단의 전략 전술을 밝혀내고, 그 정체를 폭로하는 일은 영적 사역자가 할 일입니다. 말씀을 왜곡시키는 이단은 말씀 사역자인 신학자가 할 일이며, 육신적인 고통을 주어 무기력하게 하려는 사단의 음모는 능력 사역자가 폭로해야 할 영역입니다.

신학자와 능력 사역자가 서로 보조를 맞추어서 사단의 책략을 밝혀내어 성도들을 안전하게 지키는 것이 주님이 우리들에게 권세와 능력을 주신 목적이기도 합니다. 이단과 악령은 우리가 잠시, 조는 틈을 타서 가라지를 뿌리고 갑니다. 그래서 정신을 차리고 우는 사자처럼 다니는 악령들을 멸해야 할 것입니다. 깨어 기도하지 않고는 이런 일을 이길 장사가 없습니다. 정신을 놓으면 속아 넘어갈 수밖에 없는 짝퉁들이 너무 많습니다.

둘째, 영적인 사역자에게 잘 발생하는 영적손상의 경우

1) 안양의 어느 목사님의 경우에 부흥회를 인도하면 꼭 자녀들이 다칩니다. 이는 이 목사님이 자신의 가정 사역을 등한시 해서 일어나는 현상입니다. 자신의 가정에 역사하는 악한 영의 역사를 성령으로 청소하면 이런 일이 일어나지 않습니다.

2) 경찰서 유치장에 전도를 열심히 하던 권사님의 경우입니다. 우울증으로 불면증으로 고생하다가 본 교회에 와서 치유 받고 갔습니다. 이는 경찰서 유치장 같은 곳에 역사하는 잘못된 악한 영이 자신에게 전이되었는데 영적 지각능력이 없어서 자신을 관리하지 않아 누적되어 일어나는 현상입니다. 이런 곳에 전도하는 성도는

항상 성령 충만해야 하고 깊은 영의 기도로 자신의 영성관리에 힘써야 합니다.

3) 무당집에 방비 없이 무당집에 다니며 전도하다가 가슴이 답답하고 가정의 여러 문제가 발생한 경우도 있습니다. 이경우도 마찬가지로 성령으로 충만하여 자신의 심령에서 성령의 능력이 올라오게 한 다음 무당집을 출입하는 것이 좋습니다. 자신의 영적인 상태가 약하면 악한영이 육을 타고 들어올 수가 있는 것입니다. 절대로 방심은 금물입니다. 강하게 영적인 무장을 하고 무당집에 전도하시기를 바랍니다.

4) 부적을 통하여 문제가 발생하기도 합니다. 성도 집에서 부적을 회수하여 교회에 두었는데 그 부적을 통해 문제가 발생했습니다. 부적에 대하여는 앞 14장에서 자세히 설명했으니 참고하시고 부적은 회수하여 반드시 소각처리 하시기를 바랍니다.

5) 절 옆에서 살던 아이가 성령이 임재 하니 중이 염불하는 소리를 아주 능숙하게 했습니다. 이는 염불을 외우게 하는 귀신이 아이를 장악하여 그렇게 된 것입니다. 그러므로 저는 우리 예수를 믿는 성도들은 이사를 가더라도 아무 곳에나 가면 안 된다고 권면을 합니다. 자신에게 해악을 끼치는 곳은 가지 않는 것이 상책입니다. 그러나 불가분 갔다면 피를 흘리면서 싸워이겨야 합니다.

6) 어느 여 목사님이 저에게 상담한 내용입니다. "목사님! 저는 상대방에 대하여 전화로 기도를 해주어도 제가 기침을 해댑니다. 어느 때는 강단에서 설교할 때도 기침이 나오고 구역질이 나와서 덕이 되

지 못합니다. 환자들을 기도할 때 환자는 아무런 역사도 나타나지 않는데 저만 막 기침을 해댑니다." 그래서 내가 이렇게 대답을 했습니다. "목사님 자신의 관리에 힘써야 하겠습니다. 상대방을 안수하는데 목사님이 구역질이 나오고 기침을 한다는 것은 목사님 안에 있는 상처가 나오는 것입니다. 원래 성령의 역사는 사역자가 먼저 일어납니다. 그 다음에 피 사역자에게로 성령의 역사가 전이되는 것입니다. 그래서 목사님에게서 일어난 성령의 역사로 목사님 안에 있던 상처가 나가면서 기침을 하는 것입니다." 그랬더니 이 목사님이 이렇게 말합니다. "목사님 어떤 영성 사역하는 목사님이 그러시는데 상대방의 악한영이 나에게서 나가는 현상이라고 합니다." 그래서 "잘못 아신 것입니다. 어떻게 상대방의 악한 영이 목사님을 뚫고 들어와서 목사님의 입으로 나갑니까? 절대로 잘못 아신 것입니다." 이런 경우는 그 여 목사님이 치유가 완전히 되지 않아서 자신의 더러운 것들이 나오는 것입니다. 원래 성령의 역사는 자신이 먼저 나타나는 것입니다.

자신에게 나타난 성령의 역사가 상대방에게 전이가 되는 것입니다. 그래서 자신에게 나타난 성령의 역사로 자신에게 있던 상처들이 나가는 것입니다. 이런 분은 많은 시간을 치유하여 자신을 깨끗하게 하고 사역을 해야 합니다. 정 그렇게 하지 못한다고 한다면 일주일에 하루라도 자신이 치유를 받으면서 사역을 해야 합니다. 그렇지 못하면 자신의 건강에 문제가 올 수가 있습니다. 젊을 때는 문제가 없을 수 있지만 나이가 들어 체력이 떨어지면 탈진현상이 나타나 사역을 하지 못할 수도 있는 것입니다. 그러면서 목사님에게 이렇게 경각심을 가지고 사역을 하도록 했습니다. "목사님! 앞으로 주의하셔야 합니다. 지금같이 목사님이 성령으로 완전하게 장악되지 않고 치유되지 않은 상태로 계속 환자들을 상대하면 어려움을 당할 수도 있습니다.

왜냐하면 환자들에게 역사하던 악한 것들이 목사님에게 전이 될 수 있습니다. 목사님은 기도를 많이 하는 편이므로 영이 열린 상태라, 환자에게 역사하던 악한 영이 목사님에게 들어올 수가 있다는 것입니다. 이는 목사님이 육체를 가지고 있기 때문입니다. 그러므로 개인을 대상으로 치유 사역을 하는 사역자는 자신의 관리를 잘해야 합니다. 자신의 관리가 잘되지 않으면 상대방에게 역사하던 악한 영들이 사역자에게 전이 될 수가 있다는 것입니다. 이것을 신학적인 용어로 영적 손상이라고 합니다. 앞으로 좀 더 자기 관리에 힘쓰면서 사역을 하시기를 바랍니다."

성도나 목회자나 영적 손상을 당할 수가 있습니다. 그렇기 때문에 영적 손상을 당할 때 나타나는 현상을 바르게 인식하고 대처해야 합니다. 지금 영적인 사역을 하는 목회자가 무분별하게 성령의 능력을 사용하다가 영적인 손상을 당하여 목회를 하지 못하는 분들이 많습니다. 영적인 것은 성령으로 분별이 가능합니다. 성령의 인도를 따라서 사역을 감당하는 지혜로운 성도, 목회자가 되시기를 바랍니다.

18장 권능이 흘러오고 흘러가는 수단들

(딤후1:6)"그러므로 내가 나의 안수함으로 네 속에 있는 하나님
의 은사를 다시 불일듯 하게 하기 위하여 너로 생각하게 하노니"

하나님께서는 하나님의 사람을 통하여 권능을 전시키킵니다. 인생의 본질은 사람과의 접촉이라고 할 것입니다. 첫째, 하나님이 함께하는 사람의 만남이라는 것입니다. 무수한 사람과의 만남의 연속이지만 중요한 고비에서 중요한 인물과의 만남은 그 사람의 삶 전체를 바꿀 수도 있는 것입니다. 만남을 갈망해야 합니다. 영적 갈망이 있다고 해서 당장에 되는 것은 아닙니다.

이런 갈망이 끊임없이 자신의 내부에서 샘솟듯 해야 어느 날 그 문을 찾을 수 있게 됩니다. 열망이 때로는 부정적인 형태로 나타나기도 합니다. 하나님에 대한 원망이나 불평으로 나타나기도 합니다. 우리는 사랑과 관심에 대한 표현이 긍정적일 때는 존경과 기쁨으로 표현되지만 부정적일 때는 원망과 불평으로 나타납니다. 이 모든 것이 관심의 표현입니다. 하나님에 대한 관심이 없으면 이런 원망과 불평도 생기지 않습니다.

둘째는 찾는 일입니다. 이 과정은 영적 여정에 대한 지식을 얻는 것을 의미합니다. 영적 여정은 반드시 올바른 지식을 갖추어야 합니다. 무지하면 절대로 그 여정에 들어갈 수 없지요. 그러므로 영적 지식을 얻는 배움의 과정은 필수입니다. 이 배움은 신실한 신앙

의 선배나 지도자를 통해서 배우게 됩니다. 영적 여정을 통과한 증거가 있는 지도자에게서 배워야 합니다. 검증된 영적 서적을 통해서 지식을 얻을 수 있지만, 살아있는 사람을 통해서 배우는 것이 가장 바람직합니다. 영적 맨토를 찾아서 만나는 것은 그 입구로 들어가는 중요한 포인트입니다. 영적 지식은 자신의 영적 성향과 같아야 쉽게 배우게 되고 이해도 잘 됩니다.

지적이고 사변적인 성향이 강한 좌뇌형 인간과 감성적이고 즉흥적인 성향이 강한 우뇌적 인간이 있습니다. 영적 경로를 추구하는 성향이 이와 같이 분명하게 대조됩니다. 그러므로 이런 자신의 성향에 따라서 지도자를 만나야 합니다. 영적 성향을 이해하지 못하면 여러 가지로 어려움을 겪게 됩니다. 영적 지식은 깊이와 폭이 중요합니다. 한쪽으로 치우치는 일은 바람직하지 못합니다. 깊이와 넓이가 균형을 이루어야 합니다. 그러므로 너무 서두르는 일은 올바르지 못합니다. 영적 지식의 깊이와 넓이는 그 입구를 찾았을 때 비로소 온전해지는 것입니다. 영적 경로에 들어간 이후에는 영적 지식이 나침반과 같습니다.

셋째, 두드리는 일은 매우 중요합니다. 적용이 없는 경험은 아무런 의미가 없습니다. 두드리는 일은 입구를 찾는 일보다는 찾고 난 이후에 더 소중합니다. 영적 여정에서 우리는 계속해서 또 다른 문을 열어야 합니다. 첫 문을 열면 그 이후의 문들은 영적 성장을 위한 문입니다. 이문을 두드리는 일이 곧 적용이며, 수행이며, 실행입니다. 적용하지 않으면 아무런 변화를 얻지 못합니다.

무엇보다 중요한 것은 첫 관문을 발견하고 그 관문을 통과하는 것입니다. 이 관문은 찾기도 어렵지만 통과하기도 어려운 문입니다. 앞에서 언급한 세 가지 과정을 진행하는 가운데 그 문이 찾아지게 됩니다. 이것은 비전을 얻는 일이며, 소명을 확인하는 일입니다. 자신의 길을 찾음으로써 비로서 영적 여정의 길에 들어서게 된 것입니다. 보다 쉬운 것은 영적 지도자를 통해서 개발하는 길입니다. 영적 관문을 찾았지만 그 관문을 확인하여 자신이 들어갈 길로 인식하기까지 어려움이 많습니다.

　이 과정에서 신중한 성향을 지닌 사람들은 더 어렵습니다. 믿음이 적은 사람도 어렵습니다. 영적 입구는 획기적인 변화를 의미합니다. 사고의 변화와 가치관의 변화가 영적 여정의 입구입니다. 생각이 바뀜으로써 삶이 바뀌게 됩니다. 새로운 세계로 들어가는 것은 새로운 경험을 얻게 되는 것을 의미합니다. 영적 여정의 입구는 이런 변화를 가져오는 것입니다. 그 변화는 획기적이기 때문에 누구나 의식할 수 있습니다. 사람에 따라서 획기적인 변화를 획기적으로 느끼지 못하는 사람도 있을 것입니다.

　획기적인 변화의 시점이 영적 경로로 들어가는 입구입니다. 이 변화는 중요한 인물을 만나는 것을 포함해서 중대한 시련과 삶의 고비일 수도 있고, 환경의 변화와 육체의 질병일 수도 있습니다. 가장 바람직한 것은 중요한 인물과의 만남입니다. 엘리사가 엘리야를 만나고, 여호수아가 모세를 만나고, 디모데가 바울을 만난 것과 같은 영적 지도자를 만나는 것이 가장 이상적인 입구입니다. 사람과의 만남을 통해서 자신의 영적 경로의 입구에 들어서게 되지만 이것을 인식하기까지 거쳐야 하는 몇 가지 단계들이 있습니다. 이 부분에 대해서 다음에 다루겠습니다.

인생의 본질은 사람과의 접촉이라고 할 것입니다. 무수한 사람과의 만남의 연속이지만 중요한 고비에서 중요한 인물과의 만남은 그 사람의 삶 전체를 바꿀 수도 있는 것입니다. 세속적 삶에서도 사람과의 만남은 중대한 영향을 주고받지만 영적인 일에서는 하나님의 인도하심과 계획하심이 있기 때문에 더욱 중요한 것입니다. 영적인 변환의 고비에 사람을 잘못 만나면 좋지 못한 결과를 가지고 올 수도 있습니다. 영적인 일에서 사람의 만남은 반드시 영적 영향을 주거나 받게 됩니다. 이 일은 힘의 법칙이기 때문에 당사자의 의지와는 별로 상관이 없습니다. 물은 높은 곳에서 낮은 곳으로 흐르듯이 영적인 힘 역시 강한 쪽에서 약한 쪽으로 흘러 들어가게 됩니다. 영의 순수함이나 부정함은 상관없이 힘에 의해서 흐르게 되는 것입니다.

우리가 가장 먼저 만나는 상대는 말씀이신 그리스도입니다. 우선 이 만남이 있어야 다음의 만남이 가능해집니다. 예외적으로 영이신 그리스도를 먼저 만나는 사람들도 있기는 하지만 이런 일은 흔하지 않습니다. 우리는 전도를 통해서 말씀이신 예수님을 영접하고 신앙생활을 하기 시작하며, 이어서 영이신 그리스도를 만나게 됩니다. 이로써 영적 여정의 길에 들어서게 되는 것입니다. 이런 만남은 이제 인격이신 그리스도로 이어지기 위해서 부득불 우리는 사람과의 접촉을 이루게 됩니다. 실제로 이런 일들은 담임목사가 행하여야 하지만, 이 일을 제대로 하지 못하는 경우가 많습니다. 여기에는 제도적인 문제를 비롯해서 목회자의 자질 문제까지 다양한 이유들이 있습니다. 우리가 생각하기보다 훨씬 더 많은 사람들이 영적인 지도를 제대로 받지 못해서 방황하는 경우를 볼 수 있습니다. 주님에게 헌신해야 하는 데 어떻게 해야 할지를 몰라 방황합니다. 예언기도도 받기도 하고 상담도 하지만 그 이후에 어떻게 해야 할지를 잘 모릅니다. 신학교에 들어가면 배우는 동안은 그래도 괜찮은 편인데 그 이후에 더 깊은 갈등을 경험하게 됩니다.

담임목사는 자신에게 속한 성도의 영적 변화에 대해서 정확하게 설명할 수 있어야 합니다. 성도들의 영적 경험은 단순한 경험이 아니라 하나님의 뜻이 드러나는 의미 있는 변화입니다. 영적 경험은 그 사람의 영적 상태와 그에 대한 하나님의 인도하심이며, 더욱 구체적으로 나아가면 그 사람을 이끄시는 하나님의 손길임을 알게 됩니다.

구약에 엘리 제사장은 비록 하나님에게는 책망 받을 결점이 많은 사람이었지만 어린 사무엘의 영적 지도를 맡아 그를 잘 양육한 사람입니다. 사무엘이 중대한 영적 변화의 시기에 엘리는 올바른 지도를 하였습니다. 이런 도움으로 말미암아 사무엘은 선지자로서의 첫 관문인 하나님의 음성을 듣는 법을 깨닫게 되었습니다. 영적 여정을 시작하는 사람에게 있어서 첫 관문은 지도자를 제대로 만나는 것으로부터 시작하는 것입니다.

여호수아는 모세를 만났습니다. 여호수아는 이스라엘의 한 지파를 대표하는 족장이요 뛰어난 장군이었습니다. 그러나 그의 가장 주된 임무는 자기 지파를 다스리는 것도, 전쟁터에서 싸우는 것도 아니었습니다. 출애굽기 33장 11절에 보면 "사람이 그 친구와 이야기함 같이 여호와께서는 모세와 대면하여 말씀하시며 모세는 진으로 돌아오나 그 수종자 눈의 아들 청년 여호수아는 회막을 떠나지 아니하니라."고 말씀하고 있습니다.

여호수아는 무려 40년간 모세의 팔과 다리가 되어 모세를 모셨습니다. 여호수아의 주된 임무는 모세를 수중 드는 것이었습니다. 즉 모세의 손과 발의 역할을 하는 것이었습니다. 여호수아는 모세의 종이 되기 이전에는 하나님의 종이 될 수 없었습니다. 성경에 의하면 여호수아는 모세가 회막을 떠난 뒤에도 회막을 떠나지 않았습니다. 이것은 아주 중요한 것을 우리에게 말해줍니다. 이는 여호수아는 모세의 종 역할을 수행하면서 하나님과 관계를 열었다는 것입니다. 누구에게 지도자의 영이 전이되는지 아십니까? 교회에 제일 먼저 나오는 사람입니다. 하나님께 기도하는 사람입니다. 그리고 교회에서 자질구레한 일을 도맡아 하고 섬기며, 교회 문을 제일 나중에 나서는 사람입니다.

하나님은 이런 여호수아 같은 사람을 눈여겨보시다가 때가 되면 그에게 기름을 부으십니다. 한편, 성경에 보면 아주 주목할 만한 사실이 나옵니다. 하나님께서는 십계명을 주실 때 모세 혼자 산에 올라오라고 명령하셨습니다. 왜냐하면 누구든지 산에 접근하면 죽을 것이기 때문입니다.

그런데 여호수아는 산의 중간지점까지 모세를 따라 올라갔습니다. 중요한 사실은 그럼에도 불구하고 그가 죽임을 당하지 않았다는 사실입니다. 이것은 이미 일정 부분 모세에게 역사하는 성령이 여호수아에게 전이되었음을 말해줍니다. 여호수아가 모세를 성심껏 모시는 가운데 이미 모세에게 역사하는 성령이 여호수아에게 임한 것입니다. 훗날 여호수아는 모세의 안수 기도를 받습니다. 그리고 그때 지혜의 신으로 충만하게 됩니다(신34:9).

아브라함의 조카 롯은 반대였습니다. 아브라함을 따라다니는 것이 바빠서 하나님과 관계를 열지 않았다는 것입니다. 창세기 13장 8절로 9절에 보면 "아브라함이 롯에게 이르되 우리는 한 골육이라 나나 너나 내 목자나 네 목자나 서로 다투게 말자 네 앞에 온 땅이 있지 아니하냐, 나를 떠나라 네가 좌하면 나는 우하고 네가 우하면 나는 좌하리라" 그러자 육신에 속한 롯이 자기의 생각대로 행동을 합니다. 창세기 13장 10-11저에 보면 "이에 롯이 눈을 들어 요단 지역을 바라본즉 소알까지 온 땅에 물이 넉넉하니 여호와께서 소돔과 고모라를 멸하시기 전이었으므로 여호와의 동산 같고 애굽 땅과 같았더라. 그러므로 롯이 요단 온 지역을 택하고 동으로 옮기니 그들이 서로 떠난지라"롯이 하나님께 물어보지 아니하고 자기의 생각과 마음대로 눈에 좋게 보이는 소돔 땅에 들어갔습니다.

롯이 육의 눈으로 볼 때 소돔과 고모라가 여호와의 동산처럼 좋아서 선택하여 들어간 곳인데 그곳에서 소돔과 고모라 사람들의 불법한 행실 때문에 의로운 심령이 상하고 말았다는 것입니다. 벧후 2장 8절 말씀을 보면 "이 의인이 저희 중에 거하여 날마다 저 불법한 행실을 보고 들음으로 그 의로운 심령을 상하니라"고 했습니다. 의인이라도 소돔과 고모라라는 장소가 롯의 가정을 완전 파괴해버린 것입니다. 소돔과 고모라가 유황불 심판을 받을 때 숟가락 하나 제대로 가지고 나오지 못했으며…. 롯의 아내는 소금기둥이 되었으며…. 롯과 딸들은 근친상간까지 하게 됩니다. 의인이라도 하나님과 관계를 열지 아니하고 자기 마음대로 선택하면 반드시 선택한 대가가 주어지는 것입니다. 롯이 아브라함을 따라다니면서 하나님께 물어보는 습관을 들여야 했던 것입니다.

능력은 주된 것과 부수적인 것이 있는데 지도자의 교육을 받지 못하면 주된 것은 인식하지만 보조적인 것은 알아차리지 못하는 경우가 많습니다. 그래서 사역의 폭이 좁고 능력도 한계를 느끼게 됩니다. 예를 들어 '예언자'로 세워질 사람은 단순히 예언하는 능력뿐만 아니라, '영분별의 능력' '치유의 능력' '지식과 지혜의 말씀' '영안과 환상을 해석하는 능력' '중보기도의 능력' '축사의 능력' 등의 관련된 능력들이 개발되어야 합니다. 이 부분에 대해서 전문가의 수준으로 향상되어야 예언 사역을 제대로 할 수 있는 것이지요. 그래서 이런 부분에 대해서 지도자가 잠재되어 있는 기능들을 이끌어내어 인식시키는 것입니다. 지도를 받는 멘토리는 이런 부수적인 기능의 연관성을 제대로 알지 못하기 때문에 처음에는 의심하기도 하고 그 많은 것들을 어떻게 감당할 수 있을까 하는 두려움도 가지게 됩니다.

멘티가 가장 두려워하는 것은 지도자가 겪은 고난을 자신도 겪어야 할 것이라는 막연한 걱정이 있습니다. 고난을 통과해야 하는 것이지만 엄청난 고난을 감당할 자세가 되어 있지 못하기 때문입니다. 그러나 이것은 기우일 뿐입니다. 바울이 당한 고난은 이루 말할 수 없습니다. 그러나 그의 제자들은 이런 고난을 일시적으로 또는 부분적으로 맛보는 정도로 경험하게 되었습니다. 디모데는 늘 몸이 좋지 않아서 고통을 당했습니다.

그러나 바울이 겪는 다양한 고난은 결코 당하지 않았습니다. 그럴 필요가 없었던 것입니다. 바울의 안수와 접촉을 통해서 전이 받았기 때문입니다. 지도자를 통해서 배우는 유익이 그런 것입니다. 부분적으로 한두 가지 고난은 경험하게 되지만 그것도 수준이 낮습니다. 그러므로 고난을 걱정할 필요는 없습니다. 지도자가 이미 겪은 것이기 때문에 그 의미를 잘 알고 있고 그 바탕에서 가르치기 때문입니다.

스승이 없이 홀로 배우려고 하는 사람들이 있습니다. 고집이 세거나 남에게 배우려고 하지 않는 자존심이 강한 사람이 있는데 이는 실로 어리석은 행동입니다. 배울 수 있는 지도자 없거나 배울 환경이 되어있지 못해서 어쩔 수 없이 홀로 배워나가야 하는 개척자의 경우가 아니라면 훌륭한 지도자를 찾아 배우는 것이 좋습니다. 그 과정에서 겪어야 할 갖가지 고난을 겪지 않고 그 의미하는 바를 바로 깨달을 수 있기 때문입니다.

하나님이 우리에게 고난을 주시는 것은 그 의미를 가슴 깊이 새겨서 제대로 사용할 수 있게 하기 위함입니다. 그러므로 바른 이해가 이루어진다면 굳이 고난을 모두 겪을 필요는 없는 것입니다. 배움에서 오는 위험을 겪지 않아도 좋은 것입니다. 마리 퀴리는 방사능의 위험을 알지 못했기 때문에 방사능에 피폭이 되어 암에 걸려 죽었습니다. 그러나 그의 제자들은 그런 위험을 당하지 않게 되었지요. 스승 때문입니다.

스승은 제자에게 주어진 기능 전부를 이끌어내어 개발할 수 있는 능력이 있는 사람입니다. 자신이 모르는 것을 스승은 알기 때문에 잠재되어 있는 재능을 충분히 개발하여 훌륭한 능력 사역자로 세워주게 됩니다. 헬렌 켈러는 설리반이라는 훌륭한 지도자를 만남으로써 비로소 어두운 터널에서 벗어날 수 있었습니다. 반대로 지도자는 훌륭한 제자를 만남으로써 그 이름이 들어나게 됩니다. 제자와 스승은 독립된 개체이면서도 결코 독립적이지 않습니다. 이 둘은 동전의 양면과 같습니다.

멘토링을 통하여 어느 정도 터득을 하면 이제 성령님과 교통하며 멘토링을 받아 완성해야 합니다. 영성은 전적으로 사람에게만 의지하여 완성할 수가 없기 때문입니다.

하나님은 하나님과 관계가 열린 영감이 풍성한 지도자를 사용하십니다. 우리가 영감 있는 영의기도를 하는 것은 하나님에게 쓰임을 받기 위해서입니다. 기도하는 것은 영이신 하나님과 관계를 열기 위해서입니다. 성령으로 기도하여 하나님과 같은 영성이 되어 하나님의 음성을 듣고 순종하기 위해서입니다. 하나님은 하나님의 음성을 듣고 순종하는 사람을 통해서 이 땅에 하나님의 나라를 만드시는 것입니다. 하나님의 뜻에 합당한 쓰임 받는 지도자가 되기 위하여 이렇게 해야 합니다.

1) 롤 모델을 만나야 한다. 롤 모델(Role Model)은 어떤 사람을 모범으로 삼아서 자신이 어느 정도의 성숙(성공)을 이룰 때까지 그를 모델로 삼는 것을 뜻합니다. 롤 모델을 우리말로 번역하면 역할 모델이 됩니다. 엘리사가 엘리야보다 갑절로 더 크게 쓰임 받은 이유는 엘리야라는 영적 대가를 만났기 때문입니다. 나에게 도전정신을 주고, 나를 자극하고 흔드는 인생의 롤 모델을 만나야 합니다. 엘리야 같은 본받고 싶은 인생의 롤 모델을 만나기를 성령으로 기도해야 합니다. 한번뿐인 인생, 어떻게 살아야할지 조언해줄 수 있는 인생 선배를 만나야 합니다. 무엇을 위해, 어떻게 살아야 할지, 현명하게 지도해줄 수 있는 인생의 모델을 만나는 것이 복중의 복입니다. 10~20대에는 배우자를 위한 기도보다는 본받고 뛰어넘을만한 엘리야와 같은 영적인 대가를 만나기 위해 기도해야 합니다. 바울이 바나바를 만난 것이 우리가 지금 알고 있는 바울이 될 수 있었던 가장 큰 원인이고, 디모데가 바울을 만난 것이 디모데의 인생의 최고의 복입니다.

쉽게 인생의 롤 모델을 만날 수 있는 방법이 '책을 읽는 것'입니다. 책을 통해 수많은 영적인 대가와 인생의 롤 모델을 만날 수 있습니다. 우리는 책속의 위대한 인물들을 만날 때마다 이렇게 외쳐야 합니다. '나는 당신을 뛰어넘을 수 있습니다.' 록펠러가 세운 미국의 시카고 대학은 1929년까지는 이름도 모르는 대학이었습니다. 그런데 5대 총장으로 취임한 로버트 허친스에 의해 일류대학으로 변했습니다. 지금까지 시카고 대학은 73개의 노벨상을 받는 대단한 학교가 되었습니다.

로버트 허친스는 [시카고 플랜]을 만들어 학생들의 수준을 완벽하게 끌어올렸습니다. 시카고 플랜의 핵심은 "철학 고전을 비롯한 세계의 위대한 고전 100권을 달달 외우게 만들고 이것을 하지 않는 사람은 졸업시키지 않겠다"는 것입니다. 학생들은 시카고 플랜에 참여하며 수많은 위인들을 만났고, 그들을 롤 모델로 삼았고 이전과는 전혀 다른 인생을 살기 시작했습니다.

우리는 주변에서 성공한 사람들의 이야기를 듣습니다. 우리는 그런 소리를 들으며 이런 마음을 먹어야 합니다. '내가 당신을 뛰어넘을 것이다.' 국회의원 홍정욱은 존 F 케네디 대통령을 인생의 롤 모델로 삼았습니다. 그는 존 F 케네디를 닮기 위해 그가 졸업한 로즈마리 홀 고등학교에 입학했고, 케네디가 졸업한 하버드를 졸업했습니다. 지금 그의 꿈은 존 F 케네디를 뛰어넘는 정치인이 되는 것이라고 합니다. 이런 사람들을 보면 우리는 이런 말을 할 수 있습니다. '너는 돈도 있고 능력도 있잖아.' 맞습니다. 우리는 돈도 없고, 능력도 없습니다. 하지만 우리에게 하나님이 계시지 않습니까? 둘째는 기도하는 것입니다. 성령으로 영의기도를 해야 합니다. 성령께서 감동하시어 멘토를 만나게 할 것입니다.

2) 장점을 발견하라. 누구나 장점과 단점은 있습니다. 어떤 사람의 장점이 좋아 따라가다가 그 사람의 단점을 발견하고는 포기하는 경우를 봅니다. 그런 사람은 절대 큰사람이 될 수 없습니다. 엘리사는 엘리야를 10년 넘게 따라다녔습니다. 누군가를 따라다닌다는 것은 꼭 존경하고 좋아하기 때문만은 아닙니다. 그에게 배울 점이 있기 때문입니다. 배울 점이 있는 사람이라고 꼭 장점만 있는 것은 아닙니다. 엘리사는 엘리야의 장점도 봤겠지만 단점도 봤을 것입니다. 하지만 엘리사는 엘리야에게 장점을 배웠고, 결국 엘리야를 뛰어넘는 하나님의 사람이 되었습니다.

교회 안에 목회자들이 있습니다. 담임목사를 비롯한 목회자들입니다. 이들에게는 단점도 있지만 장점도 참 많습니다. 교회의 성도들이 이들을 청빙했을 때는 이들의 장점을 보고 청빙한 것입니다. 그렇다면 이들의 장점을 배우고, 이들의 장점을 칭찬해서, 이들의 장점이 극대화되어서 몸 된 교회에서 쓰임 받을 수 있도록 하는 것이 성도의 임무입니다.

3) 노력이라는 대가를 지불하라. 누군가를 자신의 롤 모델로 삼는 것으로 끝나면 안 됩니다. 누군가의 장점을 발견하는 것으로 끝나면 안 됩니다. 그를 닮기 위해 노력해야 합니다. 노력은 거짓말하지 않는 것입니다. 자신이 추구하고 싶은 영감과 권능, 신령함을 가진 목회자를 롤 모델로 삼았으면 그의 행동, 말씀 전하는 법, 기도하는 습관, 집회 인도방법 등을 그대로 따라해 보세요. 그리고 그 목회자보다 2~3배 더 노력해보세요. 노력이라는 대가를 지불하

면 그를 능가할 수 있습니다.

호박벌은 굉장히 부지런하고 자기 일에 집중하는 곤충입니다. 몸길이가 평균 2.5센티미터 정도인데 일주일에 1,600킬로미터를 날아다닙니다. 작은 호박벌로서는 엄청난 거리이지만, 공기역학적으로 보면 너무 작아서 이렇게 날수 있다는 것이 기적인데 어떻게 이렇게 먼 거리를 날수 있을까? 호박벌은 꿀을 얻겠다는 집중력이 아주 강하다고 합니다.

그 분명한 목적의식이 그의 신체적인 한계도 뛰어넘게 만든 것입니다. 지금 당신은 어떤 일을 하는가요? 그 일을 위해 최선을 다하는가요? 최선이란 단순한 노력이 아닌 자신의 한계를 뛰어넘는 노력이 있어야 합니다. 하나님에게 기도해야 합니다. 나는 윈스턴 처칠의 옥스퍼드 대학에서의 강연을 좋아합니다. 'never never give up(절대로 절대로 포기하지 마라).' 윈스턴 처칠은 많은 약점이 있었습니다. 말도 잘못하고, 공부도 잘못했습니다. 열등감이 많았고, 수많은 소문들 때문에 마음고생이 심했습니다. 하지만 그에게 한 가지 장점이 있었습니다. 목표한 것을 포기하지 않고 끝까지 그 일을 향해 집중하는 것입니다. 육군 사관학교를 삼수하여 들어갔고, 수많은 시련이 있었지만 결국 수상이 되었습니다. 인생의 분명한 목표를 가지고 노력하세요. 대가를 만나기를 기도하고, 만난 다음에는 닮아가기를 노력하고 나중에는 그를 뛰어넘으시기 바랍니다. 그때 엘리야를 뛰어넘는 엘리사가 될 수 있습니다.

19장 영적인 피해를 당하는 이유

(히 5:12-14)"때가 오래 되었으므로 너희가 마땅히 선생이 되었을 터인데 너희가 다시 하나님의 말씀의 초보에 대하여 누구에게서 가르침을 받아야 할 처지이니 단단한 음식은 못 먹고 젖이나 먹어야 할 자가 되었도다. 이는 젖을 먹는 자마다 어린 아이니 의의 말씀을 경험하지 못한 자요. 단단한 음식은 장성한 자의 것이니 그들은 지각을 사용함으로 연단을 받아 선악을 분별하는 자들이니라."

하나님은 예수를 믿는 성도들이 믿음의 수준이 자라기를 원하십니다. 영적인 역사는 모두 비슷합니다. 육적인 눈을 가지고 분별이 불가능합니다. 그렇기 때문에 말씀을 적용하여 체험함으로 영안이 열려야합니다. 지금 교회에는 많은 분들이 귀신 역사를 두려워합니다. 왜 그렇습니까? 체험하지 않았기 때문에 막연하게 두려워하는 것입니다. 예를 든다면 귀신을 쫓던 아무개 목사가 귀신에게 접신되어 고통을 당했다. 이런 소문이 종종 들리기 때문입니다. 어떤 사모님의 말을 빌리자면 자신이 어느 집회에 참석했는데 강사가 귀신을 쫓아내지 말라고 했다는 것입니다.

이유인 즉은 귀신을 쫓아내고 나니 자신에게 들어붙어서 피해를 가한다는 것입니다. 이분은 이 말을 철석같이 믿고 남편목사님에게 귀신을 쫓아내지 못하게 하여 결국 교회 문을 닫았습니다. 한번 생각해 보세요. 예수님의 일을 대신해야 하는 목사가 귀신이 무서워서 쫓아내지 못하니 어떻게 예수님이 그 목사를 통하여 하나님의 나라를 건설하겠습니까? 분명하게 귀신은 두려워할 존재가 절대로 아닙니다. 정확하게 말한다면 그림자에 불과한 존재들입니다. 성령의 역사가 일어나면 정체를 폭로해야 되고 예수 이름으로 떠나라고 명령하면 떠나가야 되는 존재들입니다. 바르게 알고 영성과 진리를 적용하여 귀신들을 몰아내시기를 바랍니다. 그럼 왜 목회자나 성도들이 영적인 피해를 당할까요?

첫째, 영적인 지식이 없어서 당합니다. 필자의 교회에 오셔서 치유 받은 전남에 계시는 목사님의 말씀을 빌리자면 이렇습니다. 목사님은 경기도에 있는 기도원에 8년 정도 다녔습니다. 거기서 강사 목사님에게 들은 대로 자신의 교회에 가서 환자들을 안수하고 귀신들을 쫓았습니다. 얼마 지나자 오른쪽 어깨가 마비가 된 것입니다. 한약방에 다니면서 침을 맞아도 치유되지 않았습니다. 인간적인 방법을 다 동원하여 1년을 치유해도 고쳐지지를 않았습니다. 물론 성도들의 치유 안수는 두려워서 하지 못했습니다.

그러다가 사모님이 필자의 교회를 소문을 통해서 알게 되었습니다. 사모님이 치유는 영적 치유 밖에 없다고 목사님을 매주 마다 필자의 교회에 가게 했습니다. 그 당시는 월-화-수-목 4일을 하루에 3번씩 집회를 할 때입니다. 다행하게 서울에 기거할 수 있는 곳이 있어서 거기에서 기거하면서 10개월을 다녔습니다. 그런데 문제는 영적으로 너무나 강하게 묶여서 그렇게 불을 집어넣고 안수를 해도 성령께서 장악을 하지 못했습니다. 배에서 올라오는 소리로 주여! 주여! 를 아무리 외쳐도 성령의 역사로 영의통로가 열리지를 않았습니다. 왜 그럴까요? 성령의 권능이 자신을 주장하지 않는데 자신의 의지로 성도들의 병을 고치고 귀신을 쫓아냈기 때문에 자신 안에 상처에 귀신들이 견고한 진을 만들어서 그렇게 된 것입니다.

4개월이 되니까, 성령께서 장악을 하여 하품을 하기 시작을 하더니 기침이 나왔습니다. 영의통로가 열린 것입니다. 지속적으로 안수하고 성령의 역사를 일으키니 서서히 마비된 어깨가 풀어지기 시작을 했습니다. 7개월이 되니까, 완전하게 정상으로 회복이 되었습니다. 사모님이 굉장히 기뻐하셨다는 것입니다, 한 번 생각해 보세요. 한쪽이 마비되었다가 풀렸으니 얼마나 기뻤겠습니까? 이분이 왜 이렇게 고생을 했습니까? 무지해서 고통을 당한 것입니다.

성령의 역사가 앞서가는 사역을 해야 하는데 직책과 의지를 가지고 사역에 임했기 때문에 영적인 피해를 당한 것입니다. 그러나 나쁜 것만은 아닙니다. 그 일을 통해서 바른 성령의 역사를 알고 영적으로 깊어졌기 때문에 하나님의 편에서는 유익입니다. 이분이 최근에도 토요일 날 올라오셔서 집중 치유를 몇 번 받고 가셨습니다. 영적인 것을 바르게 깨달으니 자신을 관리하면서 사역하는 것입니다.

둘째, 자신의 힘으로 사역하기 때문입니다. 일부 목회자들이 영적인 사역을 자신의 의지와 욕심을 가지고 하려고 합니다. 영적인 사역을 그렇게 의지나 욕심으로 하는 것이 아닙니다. 필자는 젊은 목회자들에게 이렇게 권면합니다. 먼저 사역을 하려고 하지 말고 자신을 준비하라. 말씀의 비밀을 깨닫고 성령으로 기도하면서 하나님과 관계를 열라는 것입니다. 영적인 사역은 성령께서 하시는 것입니다. 사역자는 성령께서 하라는 대로 순종하고 따라가는 것입니다.

하나님의 일인데 자신이 하나님과 관계도 열리지 않았는데 시작을 한다는 것은 참으로 무모하고 위험한 일입니다. 반드시 실패를 경험합니다. 실패로 끝나는 것이 아니라, 필자가 체험한 바로는 영적인 피해를 당하여 회복하는데 시간이 걸립니다. 딜레마에 빠져서 영적인 사역을 하지 못할 수도 있습니다. 우리 한국 교회에 많은 목회자들이 영적인 사역을 하다가 피해를 당하여 사역을 하지 못하는 분들이 많습니다. 이분들이 모두 자신의 힘으로 이론으로 사역을 했기 때문에 피해를 당하고 사역을 포기한 것입니다.

그래서 준비하라는 것입니다. 준비가 되어 하나님과 관계가 열리면 성령사역은 그리 어렵지 않습니다. 필자는 즐겁게 사역을 하고 있습니다. 영적인 사역이 바른 진리를 적용하고 성령의 인도를 받으면 쉽습니다. 그리고 보람이 있습니다. 영적인 피해를 당하여 사역을 포기한 분들의 이야기를 들어보면 영적인 피해를 당할 수밖에 없었다는 것입니다. 한마디로 바른 성령의 역사를 따라가지 않고 바른 진리를 적용하지 못했다는 것입니다. 막연하게 아는 지식을 가지고 사역을 했기 때문입니다.

필자가 생각하는 준비하는 기간은 사람마다 다르겠지만, 자신 안에서 성령의 역사가 흘러나올 때까지 준비해야 합니다. 성령님과 인격적인 관계가 열릴 때까지 준비해야 합니다. 자신 안에 성령으로 가득 채워야 한다는 말입니다. 자신 안에서 성령의 역사가 나와야 한다는 뜻입니다. 영적인 사역은 사역자에게 역사하는 성령의 역사를 환자에게 전이시켜서 환자의 심령에서 성령의 역사가 일어나게 할 수 있어야 성공합니다. 그렇기 때문에 사역자의 영성이 굉장히 중요한 것입니다. 자신을 준비하세요. 관심을 가지면 됩니다.

셋째, 은사를 가지고 사역하기 때문입니다. 많은 목회자들이 성령의 은사가 있어서 사역을 했는데 영적인 손상을 당하고 영적인 피해를 받아 사역을 하지 못합니다. 목사님! 성령의 은사를 받으러 왔습니다. 목사님! 저는 은사가 없기 때문에 말씀사역을 하려고 합니다. 알아도 지극히 잘못 안 것입니다. 역적인 사역은 은사를 가지고 하는 것이 아닙니다. 그렇게 생각하고 영적인 사역을 하니까, 영적인 손상을 당하고 영적인 피해를 받아 사역을 하지 못하는 것입니다. 하나님은 성령의 열매가 좋은 사역자와 함께 하십니다. 성령의 은사는 열매가 아름답지 못해도 나타납니다. 성경에 보면 다윗을 죽이려고 쫓아다니던 사울 왕에게도 예언의 은사가 나타났습니다.

은사를 가지고 영적인 사역을 하니 변화되지 않는 이성과 육체를 귀신들이 공격하여 영적인 손상을 입게 되는 것입니다. 분명하게 영적인 사역은 자신에게 역사하는 성령께서 하시는 것입니다. 그러므로 성령께서 자신을 통하여 나타나도록 자신을 준비해야 합니다. 자신의 심령에 성령으로 충만하게 채워야 합니다. 자신이 성령의 도구가 되어야 합니다.

은사를 가지고 사역을 하다가 보면 얼마가지 않아서 영적인 고갈이 오고, 인간적인 육성으로 사역을 하다가 영적인 손상이나 피해를 당하게 됩니다. 하나님은 그렇게 호락호락하지 않으십니다. 사역자의 심령이 완전하게 하나님을 채워질 때까지 기다리십니다. 기다리다가 수준에 도달하면 성령께서 감동하시면서 영적인 사역을 하게 하십니다.

넷째, 계획성 없는 사역을 하기 때문입니다. 필자는 분명하게 성령치유 사역을 하려고 하는 분들에게 이렇게 말합니다. 정확한 시간을 정해놓고 사역을 하라는 것입니다. 무슨 일이 있더라도 정한 시간 내에 끝내라는 것입니다. 영적인 문제를 가지고 해결 받고자 자신을 찾아온 사람들은 어찌하든지 문제만 빨리 해결 받으려고 합니다. 그런데 바르게 알아야 할 것은 날이 새도록 붙잡고 안수기도 한다고 문제가 해결이 되지 않는다는 것입니다. 환자가 영적으로 깊어지는 만큼씩 치유가 됩니다. 이것이 하나님의 치유의 목적입니다. 치유를 받으면서 하나님께서 원하시는 영성으로 바뀌기를 원하십니다.

환자가 말씀의 비밀을 깨닫는 만큼씩 치유가 된다는 말입니다. 그렇게 해서 치유되어 하나님의 뜻이 그 사람을 통해서 이루어지기를 원하시는 것입니다. 하나님의 뜻은 필자가 누누이 강조했듯이 믿는 하나님의 자녀가 지금 심령에 천국을 이루고, 삶에서 아브라함의 복을 받아 누리면서 하나님의 군사로서의 사명을 감당하다가 천국에 들어가는 것입니다.

그렇기 때문에 치유와 문제의 해결은 하나님의 시간표에 따라야 합니다. 사역자가 욕심을 가지고 환자를 치유하여 변화시키려고 해도 마음대로 되지 않는 것입니다. 그래서 시간을 정해놓고 사역을 하라는 것입니다. 그리고 절대로 안수만 해서는 환자를 정상으로 화복시킬 수가 없습니다. 진리의 말씀을 전하여 환자의 영을 깨워야 합니다.

사역자가 되려는 분들이 알아야 할 것은 사역자의 영성도 어떤 능력 있는 목사에게 안수한번 받아서 뻥 뚫리면 능력이 나타나는 것이 절대로 아닙니다. 사역자가 영적인 비밀을 깨닫는 만큼씩 깊어지는 것입니다. 그러므로 쉽게 능력 받아서 한탕하려는 생각은 접는 것이 좋습니다. 하나님은 정확하게 사역자의 인격의 성숙을 측정하고 계십니다. 시간을 정해놓고 계획성 있는 사역을 해야 영적인 피해를 당하지 않습니다.

다섯째, 자신을 정화하는 시간을 가지 않기 때문입니다. 사역이 끝난 다음에도 자기 관리를 해야 합니다. 많은 치유사역자들이 치유사역할 때 타고 들어온 악한 영의 영향으로 탈진 현상을 많이 겪고 있습니다. 이는 자신의 관리를 게을리 했기 때문에 당하는 것입니다. 그러므로 사역을 한 후에 성령의 깊은 임재 하에 배호흡 기도를 해서 제거해야 합니다. 저의 경우는 이렇게 제거합니다. 의식을 배꼽아래에 두고 호흡을 깊게 들이쉬고 내쉽니다. 이때 아랫배가 아픈 경우도 있습니다.

그러면 자신의 손을 통증부위에 두고 계속 강한 호흡을 하면 통증이 없어지면서 하품이나 기침이나 트림으로 빠져나갑니다. 조금 있으면 머리가 맑아지고 상쾌하여 집니다. 자신이 생각해서 마음이 가볍다고 생각이 되면 다 빠져나간 것입니다. 우리 성도들이나 사역자들은 앞에 설명한 깊은 영의기도의 방법들을 터득하면 자신의 영성 관리에 대단히 유익합니다.

영적인 사역을 하다가 영적인 손상을 입어 영의 통로가 막히면 여러 가지 문제가 발생합니다. 가슴이 답답해집니다. 짜증이 심해집니다. 여기저기 육체의 질병이 발생하기도 합니다. 가정불화가 생기기도 합니다. 인간관계가 꼬이기도 합니다. 재정에 문제가 생깁니다. 사람은 영적이면서 육적인 존재입니다. 고로 영의 만족을 누려야 모든 것이 정상이 되는 것입니다. 모든 문제의 시발점은 영에서 시작이 되는 것입니다. 영에서 문제가 생기면 마음의 병으로 진전이 됩니다. 마음의 병이 깊어지면 육체의 질병으로 나타나는 것입니다. 그러므로 육체의 질병이 생겼다면 영적인 문제가 깊어졌다는 증거가 되는 것입니다.

이때 제일먼저 해야 할 것이 영의 통로를 뚫어야 합니다. 영의 통로는 혼자 기도해서 쉽게 뚫리지 않습니다. 성령으로 충만한 사역자의 도움을 받는 것이 빠릅니다. 빠른 시간 내에 영의 통로를 뚫어야 합니다. 이를 예방하기 위하여 깊은 영의 기도로 항상 영의 통로를 열어야 합니다.

여섯째, 영육의 균형을 유지하지 않기 때문입니다. 주님은 육으로 계실 때 육성으로 하는 말이 곧 영임을 우리에게 일깨워주셨습니다.

우리의 영은 육을 떠나서는 이 세상에 존재할 수 없습니다. 세상에 존재하는 동안 필수적으로 육을 입어야 하는 것입니다. 영과 육의 관계는 상호 보완적이며 필요한 존재입니다. 따라서 영은 육의 조건에 많은 영향을 받습니다.

육이 범죄 함으로써 영은 심하게 위축되며, 육이 쇠잔하면 영은 그 힘을 잃게 됩니다. 강한 영적 힘을 얻기 위해서는 많은 기도를 해야 한다고 생각하는 사람들이 많습니다. 또 금식을 해야 한다고 생각하는 사람들이 있습니다. 물론 틀린 말은 아닙니다. 그렇다고 올바른 말도 아닙니다. 영적 힘이 기도의 분량에 있는 것은 아닙니다. 영적 힘이 강하면 많은 기도를 할 수 있습니다. 오랜 기도와 끈질긴 기도는 영적 힘이 없으면 불가능한 일입니다. 그러나 기도의 양에 의하여 영력이 강해지는 것은 아닙니다.

하나님은 우리의 기도를 통해서 영적 힘을 공급합니다. 그러나 기도만이 유일한 통로가 되는 것은 아닙니다. 하나님이 우리에게 힘을 공급하는 수단은 여러 가지가 있습니다. 성령으로 기도하기, 말씀의 실천, 예배, 찬양, 봉사, 헌신, 성경공부, 호흡, 그리고 체력 단련 등입니다. 그중에서 체력 단련은 우리가 그동안 간과해온 내용입니다. 체력과 영력은 비례합니다. 허약한 체력으로는 강한 영력을 유지할 수 없습니다. 특히 다리의 힘을 길러야 합니다. 영적인 사역을 하시는 목회자가 강단에 앉아서 말씀을 전하는 것은 좋지 못합니다. 벌써 귀신에게 역사할 수 있는 빌미를 제공한 것입니다. 좋은 음식도 먹어야 합니다.

1시간 집회를 인도하고 지치는 사람과 10시간 인도해도 힘이 남아도는 사람과의 영력은 크게 차이가 납니다. 영력이 강하게 나타나는 집회에서는 회중이 힘을 얻습니다. 그러나 무기력한 집회에서는 사람들이 지루해하고 답답해합니다. 이런 집회에는 조는 사람이 많습니다. 회중이 준다고 강사가 야단을 치는 경우를 봅니다. 조는 회중이 문제입니까, 졸도록 만든 강사가 문제입니까? 강사가 영력이 약해서 일어나는 현상입니다. 영적인 사역을 하시는 분들은 체력과 영성이 균형이 잡히도록 관리를 해야 합니다. 그래야 영적인 손상이나 영적인 피해를 당하지 않습니다.

일곱째, 인간적인 욕심을 버리지 않기 때문입니다. 우리가 바르게 알아야 할 것이 목회는 영적인 일입니다. 영적인 사역만 영적인 일이 아닙니다. 많은 목회자가 영적인 사역만이 영적인 일이라고 생각하는 분들이 있습니다. 모든 목회활동은 영적인 일입니다. 요즈음 인터넷에 들어가 보면 서울에 있는 사랑의 교회로 인하여 좋지 못한 기사들이 올라옵니다. 이것이 모두 인간적인 욕심 때문에 생긴 일입니다. 필자는 개인적으로 목회자가 인간적인 욕심을 가지고 사역을 하기 때문에 영적인 손상을 당하고 영적인 피해를 당한다고 생각을 합니다.

목회자는 분명하게 하나님의 종입니다. 하나님의 종은 하나님께서 시키는 일만 하면 됩니다. 그렇데 그러하지 못하고 자신의 욕심을 가지고 사역을 하니까, 육성이 발동되어 성령이 역사가 일어나지 않으니 인간방법을 추구하게 됩니다. 인간방법을 추구하니 귀신이 역사하는 것입니다. 많은 분들이 교회에서 하는 일은 모두 하나님의 일이라고 생각하는데 이는 전적으로 하나님의 뜻을 오해한 것입니다. 하나님께서 분명하게 지시한 것만 하나님의 일입니다.

목회자가 자기의 생각과 뜻을 가지고 추진하는 모든 것은 영적인 일이 아닙니다. 거기에는 하나님의 역사가 없습니다. 바르게 알아야 합니다. 아무리 귀신을 쫓아내고 병을 고쳐도 하나님께서 모른 다고 하십니다. 마태복음 7장 22-23절을 봅니다. "그 날에 많은 사람이 나더러 이르되 주여! 주여! 우리가 주의 이름으로 선지자 노릇 하며, 주의 이름으로 귀신을 쫓아내며 주의 이름으로 많은 권능을 행하지 아니하였나이까 하리니, 그 때에 내가 그들에게 밝히 말하되 내가 너희를 도무지 알지 못하니 불법을 행하는 자들아 내게서 떠나가라 하리라" 보십시오.

주님께서 '불법을 행하는 자들아 내게서 떠나가라' 고 하십니다. 마태복음 7장 21절에 "나더러 주여! 주여! 하는 자마다 다 천국에 들어갈 것이 아니요. 다만 하늘에 계신 내 아버지의 뜻대로 행하는 자라야 들어가리라" 말씀하십니다. 하나님의 음성을 듣고 뜻에 따라서 영적인 일을 해야 하나님께서 역사하시는 것입니다.

자기 마음대로 욕심을 가지고 하니까, 하나님의 역사가 함께 하지 않아 영적인 손상이아 영적인 피해를 당하는 것입니다. 분명하게 성령의 음성을 듣고 성령의 인도에 따라 영적인 사역을 하면 영적인 손상이나 영적이 피해를 절대로 당하지 않습니다.

여덟째, 나쁜 영이 전이 될까봐 안수 안하기 때문에 당합니다. 일부 목사님들이 환자를 안수하면 자신에게 나쁜 영이 침입을 할까봐 안수를 안 하십니다. 그리고 안수하여 치유되거나 문제가 해결되지 않으면 망신을 당하기 때문에 안수를 안 하십니다. 그래서 자신은 말씀 중심의 목회를 하기 때문에 안수를 하지 않을뿐더러, 하나님께서 자신에게는 그런 사명이나 은사를 주시지 않았다고 합리화합니다. 그런데 영적인 역사를 알면 목회자는 모두가 안수를 해야 된다고 이해하게 될 것입니다.

예수님도 안수를 하셨다는 것입니다. 마가복음 8장 23-26절을 봅니다. "예수께서 맹인의 손을 붙잡으시고 마을 밖으로 데리고 나가사 눈에 침을 뱉으시며 그에게 안수하시고 무엇이 보이느냐 물으시니, 쳐다보며 이르되 사람들이 보이나이다. 나무 같은 것들이 걸어가는 것을 보나이다 하거늘, 이에 그 눈에 다시 안수하시매 그가 주목하여 보더니 나아서 모든 것을 밝히 보는지라. 예수께서 그 사람을 집으로 보내시며 이르시되 마을에는 들어가지 말라 하시니라" 분명하게 예수님도 안수를 하셨습니다. 사복음서에 보면 여러 곳에 예수님이 안수하신 것이 기록되어 있습니다.

그러므로 안수를 하지 않는 목사님은 예수님의 일을 하지 않는 사람입니다. 더 나아가 예수님과 상관이 없는 사람입니다. 그래서 영적인 피해를 많이 당합니다. 요즈음 성도들이 영적인 관심이 지대합니다. 필자의 교회에도 성도들이 다수가 오셔서 은혜를 받습니다. 그분들에게서도 심령에서 성령의 불이 나옵니다. 예를 들어 말씀을 드립니다. 목사님이 강단에 서서 말씀을 전하실 때 성도들이 아멘으로 화답을 할 때가 있습니다. 아멘 할 때 성도의 심령에서 성령의 불이 나온다는 것입니다. 이 불이 목사님에게 전이가 됩니다. 전이될 때 성령으로 충만한 목사님이라고 하면 문제가 되지 않지만, 안수하는 것을 싫어하고 스스로 성령의 은사도 없다고 하시는 목사님에게 성령의 불이 있을 리가 만무한 것입니다.

성도들에 심령에서 나오는 불이 목사님에게 전이될 때 목사님에게 역사하는 영적인 세력이 부담을 갖게 됩니다. 차츰 강단에 서있는 목사님도 성령으로 장악되기 때문입니다. 그러면 목사님의 무의식과 잠재의식에 잠복되어 있는 영적인 세력이 정체를 폭로하면서 여러 가지 문제를 일으킬 수가 있는 것입니다. 그래서 말씀 중심의 목사님들이 나아가 들어 체력이 떨어지면 여러 가지 질병으로 고생을 하시는 것입니다. 이를 방지하는 방법은 간단합니다. 성령으로 세례를 받고 성령으로 기도하면서 심령을 성령으로 정화하면 되는 것입니다. 문제는 무시하고 관심을 갖지 않기 때문에 당하는 것입니다.

결론적으로 영적인 역사를 바르게 알고 대처하여 불필요한 고통을 당하지 말아야 합니다. 모르면 당하게 되어있습니다. 알고 관심을 가지면 예방이 가능한 것입니다. 이 책을 읽는 목회자와 성도님들 모두 영적으로 박식하여 하나님의 뜻인 지금 이 땅에서 심령의 천국을 이루고 삶에서 아브라함의 복을 받아 누리면서 하나님의 군사로서 사명을 강담하다가 천국에 가시기를 바랍니다.

20장 영적인 피해를 당하지 않으려면

(고전 9:27)"내가 내 몸을 쳐 복종하게 함은 내가 남에게 전파
한 후에 자신이 도리어 버림을 당할까 두려워함이로다"

영적인 피해를 당하지 않으려면 바르게 알고 행해야 합니다. 선
무당이 사람을 잡는다고 정확하게 알지 못하고 성령의 인도를 받
지 않고 욕심으로 사역을 하면 당하게 됩니다. 항상 성령이 앞서시
게 해야 합니다. 그래야 교활한 영적존재들로부터 자신을 보호할
수가 있습니다. 성도들도 아무 곳에나 가지 말고 바르게 분별하고,
바른 사역자가 사역하는 장소에 가서 은혜를 받아야 영적인 피해
를 당하지 않습니다.

영적인 피해를 당하면 치유하기가 쉽지가 않습니다. 자신이 마
음을 열고 받아들인 역사이기 때문에 쉽사리 떠나가지 않는 것이
보통입니다. 또한 자신이 영적 피해를 당했다는 것을 알아차릴 때
는 이미 상당한 시간이 흐른 다음이므로 귀신이 이미 자신에게 집
을 지었을 수 있기 때문입니다.

우리 성도들은 영적인 피해를 당하지 않기 위하여 바른 영적인
지식을 쌓아야 합니다. 자신의 영은 자신이 지켜야 합니다. 영적인
피해를 당한 후에 원망하거나 후회해도 때는 늦은 것입니다. 그리
고 책임을 본인에게 있습니다. 우리는 하나님과 자신과 관계를 열
어가려고 부단한 노력을 해야 합니다.

많은 목회자와 성도들이 영의 문제를 육의 문제와는 별개로 보는 견해가 있습니다. 영을 강하게 하기 위해서는 육을 억제해야 한다고 생각합니다. 이런 사람들은 영을 강하게 하기 위해서 육의 요구를 억제하고 절제된 생활을 합니다. 영지주의나 불교적 영성을 추구하는 사람들이 그런 태도를 취합니다. 그러나 기독교의 영성은 영과 육의 긴밀한 조화를 추구합니다.

주님은 육으로 계실 때 육성으로 하는 말이 곧 영임을 우리에게 일깨워주셨습니다. 우리의 영은 육을 떠나서는 이 세상에 존재할 수 없습니다. 세상에 존재하는 동안 필수적으로 육을 입어야 하는 것입니다. 영과 육의 관계는 상호 보완적이며 필요한 존재입니다. 따라서 영은 육의 조건에 많은 영향을 받습니다.

육이 범죄 함으로써 영은 심하게 위축되며, 육이 쇠잔하면 영은 그 힘을 잃게 됩니다. 강한 영적 힘을 얻기 위해서는 많은 기도를 해야 한다고 생각하는 사람들이 많습니다. 물론 틀린 말은 아닙니다. 그렇다고 올바른 말도 아닙니다. 영적 힘이 기도의 분량에 있는 것은 아닙니다. 영적 힘이 강하면 많은 기도를 할 수 있습니다. 오랜 기도와 끈질긴 기도는 영적 힘이 없으면 불가능한 일입니다. 그러나 기도의 양에 의하여 영력이 강해지는 것은 아닙니다.

하나님은 우리의 기도를 통해서 영적 힘을 공급합니다. 그러나 기도만이 유일한 통로가 되는 것은 아닙니다. 하나님이 우리에게 힘을 공급하는 수단은 여러 가지가 있습니다. 성령으로 기도하기, 말씀의 실천, 예배, 찬양, 봉사, 헌신, 성경공부, 호흡, 그리고 체력

단련 등입니다. 그중에서 체력 단련은 우리가 그동안 간과해온 내용입니다. 체력과 영력은 비례합니다. 허약한 체력으로는 강한 영력을 유지할 수 없습니다.

1시간 집회를 인도하고 지치는 사람과 10시간 인도해도 힘이 남아도는 사람과의 영력은 크게 차이가 납니다. 영력이 강하게 나타나는 집회에서는 회중이 힘을 얻습니다. 그러나 무기력한 집회에서는 사람들이 지루해하고 답답해합니다. 이런 집회에는 조는 사람이 많습니다. 회중이 준다고 강사가 야단을 치는 경우를 봅니다. 조는 회중이 문제입니까, 졸도록 만든 강사가 문제입니까?

영적 권능이 약하면 마귀가 판을 칩니다. 마귀가 집회를 온통 휘젓고 다닙니다. 어떤 귀신들린 사람이 있었습니다. 교회의 목사님과 몇 명의 성도가 축사를 위한 예배를 시작했습니다. 그 목사님은 축사를 해 본 경험이 없는 분이었습니다. 이론적으로 알고 있고 또 목사는 하나님의 종이므로 귀신을 능히 쫓을 수 있을 것으로 믿고 예배를 시작했습니다. 그런데 예배가 처음부터 곤경에 빠지게 되었습니다.

귀신들린 사람이 처음에는 가만히 앉아 고분고분하더니 갑자기 자리에서 일어나 방안 한 가운데로 나와서 성도들이 자기 앞에 놓아둔 성경과 찬송가책을 발로 걷어차고 조롱하면서 야단을 피웠습니다. 당황한 성도들이 그를 잡으려고 하였지만 강한 힘에 오히려 쓰러지고 말았습니다. 이날 예배는 그것으로 끝났고 목사님과 성도들은 그 귀신들린 사람에게 크게 봉변을 당하고 물러나고 말았습니다.

영력은 체력을 바탕으로 하는 예로써 심한 병에 걸린 사람을 위해서 중보 기도하는 경우 심한 체력의 소모를 가져옵니다. 1시간 기도에 1키로 그램 이상 체중이 빠집니다. 기도를 하고 나면 체력이 심하게 빠져나가 지칩니다. 영력과 체력이 동시에 소진되는 것입니다. 특히 악령과 싸우는 영적 전투에 임하면 급격히 체력이 소진되는 것을 느낍니다. 그러므로 평상시에 체력을 관리해야 합니다. 영적 전투가 물리적인 힘을 써서 하는 것은 아닙니다. 반드시 성령의 인도를 받아가며 사역을 해야 합니다. 성령의 인도를 받아야 한다고 하니까, 좀 어렵게 생각하시는 분들이 있을 것입니다. 먼저 성령의 임재현상입니다. 많은 분들이 성령하나님께서 임재하시면 덜덜 떨린다든지, 몸이 흔들린다든지, 손이 찌릿 찌릿 한다든지, 방안기도를 한다든지 등 무슨 현상이 나타나야 성령하나님이 임재하신 것으로 착각하시는 분들이 있습니다. 그런데 성령하나님께서 임재하시면 아무런 현상이 없이 그저 평온한 상태가 되는 것입니다. 그럴 때 믿음으로 성령하나님께서 임재 하셨다고 생각하고 믿으시면 정확한 것입니다. 성령의 인도를 받는 것도 마찬가지입니다. 평온한 상태에서 성령의 감동에 따라 사역하는 것입니다. 절대로 현상에 치중하면 성령하나님의 인도를 받을 수가 없습니다.

그런데 초보 사역자들이 성령의 인도를 받는다는 것이 그리 쉽지 않습니다. 성령의 역사가 일어나기 시작을 하면 흥분하여 자기 힘으로 하려고 덤비기 때문입니다. 필자와 같이 16년이란 세월동안 오로지 개별치유사역에 전념했다면 노련하게 성령의 인도를 받아가며 사역을 감당하지만, 초보사역자들은 성령이 인도받기가 쉽지 않습니다. 성령이 역사하고 귀신이 정체를 폭로하면 성령님과 교통은 뒷전이고 자신의 생각과 힘으로 하려고 합니다. 그래서 체험을 해야 한다는 것입니다.

일부 무식한 사역자들이 자기 힘으로 하역을 하려고 덤비다가 환자의 눈을 심하게 눌러 실명하게 하기도 하고, 환자의 몸에 올라가 심하게 눌러 갈비뼈를 상하게 하는 경우가 있습니다. 이는 영적 힘이 모자라는 사람이 체력으로 제압하려는 어리석은 생각 때문에 발생하는 불행한 일입니다. 영력은 체력을 바탕으로 하여 그 속에서 우러나오는 보이지 않는 힘(에너지)입니다. 영력의 바탕이 되는 체력을 강하게 기르는 것은 사역자의 필수적인 일과입니다.

필자는 개인적으로 일주일에 5회 정도 워킹을 합니다. 춥건 더우면 러닝머신을 1시간이상 합니다. 대략 8Km 정도 워킹을 하는데 컨디션이 좋은 날은 좀 더 워킹을 합니다. 매일 마음으로 기도하면서 꾸준히 8Km를 1시간 정도의 속력으로 워킹을 합니다. 기도하면서 워킹을 하니 영성도 깊어지고 하나님과 관계도 깊어지고 일거양득입니다. 강한 체력을 유지하여야만 강한 영력을 소화할 수 있습니다. 물론 영적 힘의 분량은 주님이 주십니다. 체력이 아무리 강하다도 해도 주님이 영력을 주시지 않으면 영력을 발휘할 수 없습니다. 주님이 주신 영력을 100% 발휘할 수 있느냐 없느냐는 체력에 달려 있습니다.

적당한 운동을 계속함으로써 건강이 유지되고 체력이 향상 되면 주님이 주신 영적 능력을 효율적으로 사용할 수 있는 것입니다. 그러므로 운동은 사역자에게는 더욱 필수과목입니다. 운동하지 않고 좋은 사역을 하겠다는 생각은 버리십시오. 지금의 사역보다 더욱 능력 있는 사역을 원한다면 지금 당장 운동을 시작하여 체력을 향상시키기 바랍니다.

건강해진만큼 영적 능력도 크게 나타날 것입니다. 영적 능력은 우리가 추구해야 할 대상은 아닙니다. 그것은 마치 물을 건너기 위해 설치한 다리와 같고 살기 위해서 만들어놓은 집과 같습니다. 영적 능력은 주님을 나타내는 수단이지 우리가 추구할 궁극적인 목표는 아닙니다. 그러나 우리가 이 세상에 사는 동안에 보다 아름답고 좋을 집에서 살고 싶은 소망이 누구에게나 있듯이 주님을 나타내는 방법이 보다 능력 있게 나타난다면 아름답지 않겠습니까?

이런 점에서 우리는 강한 능력을 소유해야 할 것입니다. 특히 우리의 원수 마귀는 강한 힘을 소유하고 있습니다. 이 마귀와 싸워 이기기 위해서 우리는 주님으로부터 강한 능력을 받아야 하겠습니다. 귀신을 쫓다보면 안타까울 때가 많습니다. 강한 귀신을 만나 영적 싸움을 시작합니다. 영적 싸움은 파워게임입니다. 내가 힘이 강하면 귀신은 물러나고 내가 힘이 약하면 귀신은 절대로 물러나지 않습니다. 나에게 주어진 하나님의 능력의 한계 안에서 귀신을 쫓을 수 있는 것입니다. 그런데 그 파워 게임에서 내 힘이 모자라는 것을 느낄 때가 있었습니다.

그 힘의 차이가 처음부터 많이 난다면 문제는 다르겠습니다만, 미세한 차이로 내 힘이 귀신의 힘을 이겨내지 못하는 경우 안간힘을 다 쓰다가 이제 1~2분만 버티면 귀신을 쫓아낼 수 있을 것 같은데 그 힘이 모자라 귀신을 내어 쫓지 못하는 경우가 있었습니다. 이럴 때는 후회가 막심해집니다.

귀신들린 사람과 그 가족에게는 이 문제가 인생 전체에 걸친 절박한 문제입니다. 죽느냐 사느냐의 절박함이란 이루 말할 수 없습니다. 이처럼 절실한 문제 앞에서 단 1~2분의 시간을 지탱할 힘이 없어 결국 귀신을 쫓지 못하는 결과를 가져올 때 파생되는 문제가 많습니다.

어느날 집중치유를 하면서 허리가 쑤시고 머리가 혼미해지고 팔에 힘이 없고 사지가 쑤시는 고통과 온몸의 힘이 다 빠져나가 탈진하는 것과 같은 힘겨움이 몰려올 때도 있습니다. 그러나 저의 강인한 체력이 있으니 영적인 싸움에 승리하게 됩니다. 그런데 체력이 약하여 포기하면 영적인 전쟁에서 패한 것입니다.

마라톤 선수가 자신 보다 불과 1미터 정도 앞선 선수를 추월하지 못하고 계속 그 뒤에서만 달리다가 끝내 지고 마는 것을 보는 경우가 있습니다. 약간의 차이는 마라톤에서는 결코 따라잡을 수 없는 절대적 힘의 우위가 되는 것입니다. 이처럼 영적 전투에서도 마찬가지입니다. 나는 마라톤을 하면서 수없이 쉬고 싶은 유혹을 받습니다. 그러나 이럴 때마다 귀신들린 사람들을 생각합니다. 제가 실패한 경험들을 떠올리면서 이를 악물고 달립니다. 그렇게 달리면 목표에 이릅니다. 숨이 턱에 차고 심장이 멎을 것 같던 힘든 고비를 넘기면 호흡도 편안해지고 기분도 상쾌해지면서 얼마든지 달리게 됩니다.

이제 귀신을 내어 쫓는 일에 있어서 체력으로 인하여 포기하는 일은 결코 없기를 나는 바라면서 달립니다. 포기하는 것은 그 가정의 고통을 지속시키는 불행한 일입니다. 끈질긴 기도와 영적 인내의 싸움을 위해서 우리는 운동을 해야 합니다. 특별히 워킹을 권합니다. 건강을 위해 달리는 것이 아닙니다. 기록을 위해서 달리는 것도 아닙니다. 우리는 하나님의 나라와 모든 성도들의 행복과 자신의 행복을 위해서 달리는 워킹이 되어야 합니다.

제가 현제 이렇게 사역을 감당하는 것도 강한 체력적인 뒷받침이 있기 때문입니다. 체력적인 뒷받침이 없었더라면 벌써 사역을 포기하거나 하지 못했을 것입니다. 특별히 개인을 상대하며 치유하는 사역자는 강한 체력이 뒷받침이 되어야 합니다. 체력과 영성은 같이 가야 합니다. 어느 한쪽으로 치우쳐서는 안 됩니다. 균형이 맞아야 영성이 깊어집니다. 그래야 영적인 피해를 당하지 않습니다. 영적인 손상과 영적인 피해는 깊은 기도를 하지 않아 영성이 약하고 체력을 준비하지 않아 당하는 것입니다. 영육의 균형을 유지하시기를 바랍니다.

그리고 영력을 유지하기 위하여 마음으로 기도를 많이 해야 합니다. 한마디로 자신의 마음 안에 하나님으로 충만하게 채우는 것입니다. 그래야 영적인 손상이나 영적인 피해를 당하지 않습니다.

성령으로 기도하여 영의 상태가 되면 하나님께 질문도 할 수가 있습니다. 성령으로 기도하여 영의 상태가 되어야 내적인 상처도 치유되고, 귀신도 떠나가고, 병도 고쳐지고, 문제도 해결되고, 하나님의 음성도 들을 수가 있는 것입니다. 성령으로 기도하는 것은 성령의 임재가운데 성령 안에서 기도하는 것을 말합니다. 마음으로 기도하여 마음의 문이 열려야 영으로 기도하게 되는 것입니다. 자꾸 하나님께 물어보면 마음이 열립니다.

영으로 기도하는 것이 성령으로 기도하는 것입니다. 그렇기 때문에 먼저 마음의 방언기도로 마음의 문을 열어야 영으로 기도할 수가 있는 것입니다. 마음으로 방언 기도하는 비결은 이렇습니다. 숨을 들이 쉬고 내 쉬면서 방언기도를 합니다. 숨을 들이 쉬고 내 쉬면서 방언기도를 합니다. 숨을 들이 쉬고 내 쉬면서 방언기도를 합니다. 자연스럽게 마음으로 방언기도를 하면 되는 것입니다. 말로 하는 기도는 호흡을 들이쉬고 내쉬면서 주여! 합니다.

방언으로 하는 마음의 기도는 호흡을 들이쉬고 내쉬면서 방언기도하고, 호흡을 들이쉬고 내쉬면서 방언기도를 합니다. 즉 내면의 활동이 강화되어 자신의 마음속 영 안에 계신 성령이 밖으로 나오시게 해야 합니다. 코로는 바람을 들이쉬고 배꼽 아랫배로 호흡을 하는 것입니다. 기도를 하가다 보면 성령께서 감동을 주시는 것이 있습니다. 좌우지간 기도를 쉬지 말아야 합니다. 특별하게 성령으로 깊은 영의기도를 하려고 해야 합니다.

21장 귀신침입과 영의흐름을 느껴라.

(요 6:63)"살리는 것은 영이니 육은 무익하니라 내가 너희에게
이른 말은 영이요 생명이라"

성경은 성령님을 바람에 비유하여 설명하고 있습니다. 그리고 성
령으로 태어난 사람 즉 영의 사람도 이와 같다고 합니다. 영을 바람
에 비유한 것은 영의 속성이 우리가 육신적으로 느끼는 바람 즉 기체
의 흐름과 비슷한 특성을 지니고 있기 때문입니다. 바람은 기체가 온
도 차이에 의해서 이동하는 흐름이라는 사실이 밝혀졌습니다. 어떤
특정한 두 지역의 온도의 차이가 심할수록 대기는 급하게 이동을 하
지요. 이런 경우 강한 바람이 부는 것입니다. 이와 같이 영의 흐름도
두 영의 사이에 있는 영적 차이에서 생겨나게 됩니다.

영의 흐름이란 자신의 몸 안에서 영이 이동하거나 유입해 들어오
는 것을 말합니다. 우선 그리스도인에게는 성령님이 흐릅니다. 우리
안에는 성령님이 항상 떠나지 않고 계십니다. 그럼에도 불구하고 성
령님이 우리 안에 충만하기 위해서는 외부로부터 임해야 합니다. 이
것은 우리의 상식으로는 도무지 이해할 수 없는 하나님의 신비입니
다. 우리는 하나님을 형상으로 이해하기 때문에 우리 안에 이미 계신
성령님을 왜 다시 받아들여야 하는지를 이해할 수 없는 것입니다.

성령님이 우리 안에 계심에도 불구하고 우리는 날마다 충만함
을 구해야 합니다. 성령의 충만함을 구하는 적극적인 방법이 기도

입니다. 성령님은 인격임에도 불구하고 또한 영이며, 바람이며, 기(energy)입니다. 이 성령님이 우리에게 스며드는 느낌을 우리는 발견할 수 있어야 합니다. 성령님의 흐름을 포함해서 모든 영의 흐름을 느끼고 구분할 수 있어야 합니다. 영의 흐름을 인식하기 위해서 먼저 우리는 영이 흐른다는 사실을 받아들여야 합니다. 이런 사실을 모르면 우리 몸에 영이 흘러들고 있는데도 불구하고 도무지 알아차리지 못하는 죽은 사람이 되는 것입니다. 성경은 사도들이 사역할 때 성령이 어떤 특정한 사람에게 임하는 모습을 본 기록이 있습니다. 이것은 성령이 임하는 외적 증거를 보고 파악하는 것은 물론이고 영적인 지각을 통해서 느끼고 보는 것입니다. 즉 영적 흐름을 파악하는 것입니다.

성령님은 그렇다 해도 악령이 드나드는데도 불구하고 전혀 눈치조차 못 채고 있다면 이것이 얼마나 한심스러운 일이겠습니까? 그런데 이것이 사실입니다. 악령이 마음 놓고 제 집 드나들듯이 하는데도 전혀 알지도 못하고 알려고도 하지 않습니다. 수많은 그리스도인이 이와 같이 명목상의 그리스도인으로 머물러 있는 모습이 안타깝습니다. 영이 흐른다는 말조차 생소한 사람들이 얼마나 많은지 모릅니다. 이런 사람들에게 하나님은 어떻게 일을 하시겠습니까?

영의 흐름은 살아있는 증거입니다. 살아있는 모든 것은 움직입니다. 영이 살아나면 운동하기 시작합니다. 눈에 보이지는 않지만 몸으로는 느낄 수 있는 것이 에너지의 흐름입니다. 눈에 보이지 않는 흐름을 특수한 장치를 하고 보면 볼 수 있습니다. 바람 속에 연기를 불어넣으면 그 흐름이 확연하게 눈에 보이듯이 우리의 영의 흐름에도 이와 같이 매체를 넣으면 눈에 확연하게 드러나는 것입니다. 이 매체는 여러 가지가 있는데 그 가운데 가장 보편적인 것이 능력 있는 사람(특히 영분별의 은사를 받은 사람)의 안수를 받으면 그 느낌을 확연하게 알 수 있게 됩니다.

질병으로 고생하는 사람에게 저는 한 손은 환부에 얹고 한 손은 머리에 얹고 기도합니다. 그렇게 하는 까닭은 환자의 질병의 치유는 물론이거니와 환자가 이 기회로 말미암아 영의 흐름을 느끼게 하기 위해서 입니다. 이렇게 기도하면 환자들은 기도가 끝난 다음 자신의 몸속으로 스며드는 강한 에너지의 흐름을 느꼈다고 말합니다. 이런 현상을 처음 경험하는 그들에게는 매우 신기한 것이기 때문에 제가 여쭤어보지 않아도 스스로 먼저 고백하거나 물어봅니다.

사람마다 다소 다르지만 대체로 뜨거운 바람(열기), 서늘한 바람(청량감), 잡아 흔드는 것 같은 진동, 몸을 띄우는 것 같은 부양감, 포근하게 감싸는 것 같은 힘(포옹감), 전기 충격과 같은 전율, 머리를 어루만지는 것과 같은 느낌, 별빛이 쏟아지는 것과 같은 눈부심 등을 느낍니다. 이런 기운이 안수하는 저의 손을 타고 들어와 온 몸에 골고루 퍼진다는 말을 합니다. 드물기는 하지만 주님 같은 희고 거룩한 분이 자신을 감싸거나 안거나 바라보고 계시는 것을 환상으로 보는 경우도 있습니다.

영의 흐름을 인식하는 것이 왜 중요한가요? 그 까닭은 굳이 말할 필요조차 없는 것인데 우리의 영을 지키고 보호하기 위해서이며, 나아가 성령의 충만함을 늘 유지하게 하기 위해서 입니다. 성령님이 우리 몸에서 움직이는 것을 느끼지 못하면 성령님에게 즉각적으로 반응하기 어렵습니다. 영적 사역을 하는 사역자는 물론이거니와 모든 성도들은 성령님의 흐름에 민감해야 합니다. 성령님은 수줍음을 많이 타시는 분입니다. 이렇게 표현하는 것은 우리의 생각과 행동에 따라서 성령님은 쉽게 위축되고 제한 받으신다는 말입니다. 우리의 행동으로 인해서 성령님이 쉽게 위축되기도 하고 활성하기도 합니다.

하나님을 기쁘시게 하면 성령님은 기뻐하시며 우리 몸속에서 활발하게 역사하시지만 우리가 하나님의 말씀대로 살지 못하면 성령님은 근심하시고 따라서 행동이 위축되는 것입니다. 이런 흐름을 제대로 느끼고 파악할 수 있어야 합니다.

성령님 이외에 우리는 타인으로부터 많은 영의 영향을 받습니다. 영의 흐름은 강한 곳으로부터 약한 곳으로 흐르는 것이 원칙입니다. 물은 높은 곳에서 낮은 곳으로, 바람은 차가운 곳에서부터 더운 곳으로 흐릅니다. 이와 같이 영도 그렇게 흐릅니다. 강한 쪽에서 약한 쪽으로 흘러듭니다. 영적인 힘이 약한 사람 즉 믿음이 약하거나, 기도를 게을리 하거나, 신앙의 연륜이 짧거나, 말씀의 깊이가 없거나 하는 사람은 상대적으로 그런 부분에 강한 사람을 만나면 그 사람으로부터 영적 에너지가 자신에게로 흘러 들어옵니다. 이 과정에서 영적인 영향을 받게 됩니다. 영의 흐름은 긍정적인 것뿐만 아니라 부정적인 것도 함께 흘러 들어옵니다. 물론 부정적인 것은 걸러내야 합니다. 그러려면 영의 흐름을 파악할 수 있어야 하는 것입니다.

영의 흐름을 파악하는 일은 마치 거쉬탈트(gestalt)를 응용한 숨은 그림찾기와 같다고 할 것입니다. 눈 속에 드러난 예수님 형상의 사진 말입니다. 이 흑백 사진을 처음 보는 사람은 그 속에서 예수님의 형상을 찾기 힘들지요. 분명히 형상이 있는데도 불구하고 아무리 보아도 찾지 못합니다. 그런데 한 번 찾으면 그 다음부터는 예수님 형상이 한 눈에 들어옵니다. 이와 같습니다. 영의 흐름을 느끼지 못하는 사람은 계속 못 느끼지만 한 번 느껴본 사람은 쉽게 느낄 수 있습니다. 그러므로 처음 느낌을 경험하는 것이 중요합니다. 그러므로 능력 있는 사람을 통해서 영의 흐름을 경험하는 것이 좋습니다. 사람들이 예수님에게 몰려와 서로 밀치는 속에서도 예수님은 자신에게서 능력이 나가는 것을 느꼈습니다. 이것은 어떤 여인이 의도적으로 예수님의 옷자락을 만졌기 때문입니다. 어떤 한 쪽에서 의도적으로 접근하면 자신 안에 있는 영이 흘러들거나 나가는 것을 느낍니다. 안수 기도를 할 때 자신으로부터 영적 에너지가 흘러나가는 것을 느낄 수 있지요. 반대로 흘러 들어오는 것도 느낍니다. 때로는 다른 사람을 위해서 기도할 때 많은 영적 에너지가 그 사람에게로 흘러가는 것을 느낍니다.

이것을 영적 에너지를 나누어주는 것(spiritual impartation)이라고 하는데 영적 능력이 강한 사람이 약한 사람에게 자신의 능력을 나누어주는 것을 말합니다. 이렇게 함으로써 자신도 능력을 얻게 되지요. 능력을 나누어준 사람은 다시 그 능력이 증대됩니다. 마치 헌혈하는 것과 같은 이치입니다. 나누어주고 난 뒤에 주님으로부터 다시 충분한 능력을 공급 받아 채웁니다. 안수기도를 하고 돌아온 뒤에 기도를 하면 다시 능력이 채워지는 흐름을 느끼게 되고 그럴 때는 기분이 매우 상쾌해집니다. 하늘로부터 에너지가 자신의 몸속으로 쭈욱 스며드는 그 기분은 느껴보지 않은 사람은 알 수 없는 상쾌함입니다. 마치 환자가 링거를 꽂고 누워있으면 정신이 맑아지고 힘이 솟아 기분이 좋아지는 것과 흡사합니다.

몸에 스며드는 것 이외에 자신의 주변에 흐르는 영의 흐름을 느낄 수 있습니다. 이 경우는 축사를 위해서 어떤 지역에 들어가는 경우 영의 흐름이 마치 물 흐르듯이 움직이는 느낌을 받습니다. 강하게 몰아치기도 하는 것이 마치 파도가 밀려오는 것과 같습니다. 악한 영의 흐름은 음산하고 불쾌하며 어둡습니다. 이와 반대로 성령의 흐름은 밝고 신선하며 따뜻합니다. 가정을 방문하면 먼저 느껴지는 것이 이런 흐름입니다. 기도도 많이 하고 경건한 삶을 사는 사람의 집으로 들어가면 향기가 나고, 밝은 기분이 들며, 정신이 맑아지고 기분이 좋아집니다. 그런데 문제가 있는 가정에 들어가면 기분이 가라앉고 어둡고 음산합니다.

이런 느낌의 강도에 따라서 영적 진단을 할 수 있는 것입니다. 영적 흐름은 대기의 흐름과 같아서 경건한 사람이나 능력 있는 사람이 가면 반드시 변화를 나타내게 마련입니다. 온도가 일정한 방 안에서는 대기의 흐름이 전혀 없지요. 그런데 방 한가운데 얼음덩이를 가져다 놓거나 난로를 피우면 대기는 움직이기 시작합니다. 그리고 활발한 흐름이 생깁니다. 이와 같이 아무렇지도 않은 곳이라 할지라도 경건한 사람이나 능력 있는 사역자가 관여하면 변화가 즉시 나타납니다. 이것은 힘의 균형이 깨어지기 때문에 필연적으로 그런 현상이 나타나는 것입니다. 성도들 가운데 아직 이런 영의 흐름을 느끼지 못한다면 분발하여 영의 흐름을 느낄 수 있도록 노력하십시오. 그런 기능은 자각으로부터 시작합니다. 이런 영의 흐름이 있는 줄도 알지 못하면 눈먼 장님과 같아서 전혀 느끼지 못합니다. 이제 알았기 때문에 느끼는 과정으로 들어갑시다.

눈을 감고 기도할 때 자신의 몸속에 어떤 기운이 흐를 것이라는 믿음을 가지고 시작하십시오. 영적 감각이 예민한 사람은 쉽게 느끼지만 감각이 다소 둔한 사람은 시간이 걸릴 것입니다. 평소와 같이 기도하십시오. 스타일을 바꾸면 생소해져서 희미한 흐름을 놓칠 수 있습니다. 기도하면서 몸에 나타나는 어떤 변화가 있다면 그 때부터 정신을 집중하고 그 흐름에 집중하여 살피십시오. 영의 흐름은 자신의 몸에 있는 영(성령이든 자신의 영이든 심지어는 악령이든지)이 운동하는 에너지이므로 반드시 움직임이 나타납니다. 다만 이것을 자신이 눈치를 챌 수 있는 요령을 발견하는 것입니다.

그러므로 누구나 영적 흐름을 경험할 수 있는 것입니다. 강하고 약한 차이가 있을 뿐이고 이런 흐름을 예민하게 잡아내는 능력은 처음 그 느낌을 경험하는 ice break이 중요한 것입니다. 첫 경험이 힘들고 어려울 뿐 그 이후는 아주 쉽게 파악할 수 있는 그런 능력입니다. 무엇이든지 처음 경험이 어렵습니다. 영적인 것도 마찬가지입니다. 처음 성령을 체험하기가 어렵다는 것입니다. 그러나 한번 체험하면 지속적으로 체험의 은혜를 받는 것입니다. 체험하려고 노력하시기를 바랍니다. 성령의 역사에 집중해야 쉽게 체험을 할 수가 있는 것입니다.

22장 교회에 오면 평안, 집에 가면 불안

(요 14:27)"평안을 너희에게 끼치노니 곧 나의 평안을 너희에게 주노라 내가 너희에게 주는 것은 세상이 주는 것과 같지 아니하니라." 너희는 마음에 근심하지도 말고 두려워하지도 말라"

예수님의 평안이란 그 때 뿐인 세상의 평안과 다릅니다. 예수님의 평안은 일시적인 평안이 아닌 영원한 평안입니다. 자신 속에서 영원히 흘러나오는 평안입니다. 평안인 예수님이 자신의 주인으로 계시기 때문입니다. 예수를 믿으면 평안해진다고들 합니다. 역설적으로 평안이 없으면 예수를 믿지 않기 때문이라는 가르침도 공공연합니다. 뿐만 아니라 예수를 믿음으로서 평안과 기쁨을 누린다는 많은 사람들의 간증이 있기에 일견 그러한 가르침이 사실이라고 생각됩니다. 그리고 성경도 예수를 믿는 우리에게 당신의 평안을 약속하고 있으므로 이론과 실제가 딱 들어맞는다고 볼 수가 있습니다.

그러나 문제는 '나의 평안'이라는 예수님의 말씀에 있습니다. 아울러 '세상'도 평안을 준다는 것이 본문의 말씀입니다. 그러므로 내가 소유한 평안이 '세상의 평안'인지 '예수의 평안'인지를 구분하지 못하게 되면 아무런 의미가 없게 됩니다. 나아가서는 착각과 미혹의 씨앗이 될 수도 있습니다. 그렇기 때문에 우리는 더욱더 성경 말씀이 무엇을 어떻게 말씀하고 있는지 살펴보아야 할 필요성이 있습니다.

'세상의 평안'과 '예수님의 평안' 사이에 차이점은 무엇일까요? 그런데 이 질문을 유심히 보면, 놀라운 것은 '평안'이라는 말에는 아무런 차이가 없다는 점입니다. 다만 그 평안이 누구로부터 온 것이냐는 차이만 있을 뿐입니다. 좀 더 세분하여 평안의 지속성이 있느냐 없느냐로 구별할 수가 있습니다. 세상의 평안은 일시적인 평안입니다. 불교신자가 사찰에 갔을 때만 평안을 느끼는 것입니다. 그러므로 세상도 예수도 똑같이 제공할 수 있는 '평안'이 무엇을 의미하는가를 먼저 알 필요가 있겠습니다.

평안(에이레네)이란 무엇인가요? 「에이로」 즉 연합하다(to join)는 뜻으로부터 유래된 「eijrhvnh(에이레네)」는 따라서 '하나가 됨, 고요, 안식, 다시 하나가 되다'라는 의미를 가집니다. 즉, '평안(eijrhvnh)'이라는 것은 분리된 상태거나 두 개 이상의 별개의 존재가 연합하여 하나가 된 상태를 의미합니다. 일반적으로 평안(평화)의 반대말인 전쟁을 생각하면 이해가 쉽습니다. 전쟁이란 적대하는 두개 이상의 나라나 단체 혹은 개인이 있어야만 가능한 것이고, 상대적으로 평안은 어느 한쪽으로 통일된 상태를 가리킨다고 볼 수 있습니다. 그러므로 우리 인간이 평안하다고 할 수 있으려면 우리 내부에 다투는 두개의 존재(즉 갈등구조)가 있을 때는 불가능하고 어느 한쪽이 다른 한쪽에 투항하든지 쫓겨나든지 해야 가능한 것입니다.

그런데 우리가 먼저 알아야 할 것은 이렇게 무당이나 점쟁이나 절에 중에 의하여 이동이나 전이된 귀신은 절대로 자신들의 목적을 달성할 때만 평안하게 한다는 것입니다. 절에 가서 빌고, 무당에게 찾아가서 점치고, 무당을 초청하여 굿을 할 때만 평안하게 한다는 말입니다. 지속적으로 무당이나 점쟁이나 절에 가서 빌도록 육체적이나 정신적인 압박을 가합니다. 무당이 되도록 괴롭히기도 합니다. 근육통이나 뼈와 관절의 질병이나 정신적인 질병으로 악성두통과 우울증이나 공황장애나 정신분열증이나 불면증들을 일으킵니다. 이렇게 무당이나 점쟁이나 절에 중에 의하여 이동이나 전이된 귀신은 관념적인 믿음생활로는 떠나가지 않습니다.

반드시 성령의 역사로 무당이나 점쟁이나 절에 중에 의하여 이동이나 전이된 귀신들을 제압하여 몰아내야 예수님의 평안을 실증할 수가 있습니다. 그러니까, 성령으로 세례를 받고 지속적인 성령의 역사를 일으켜서 이성과 육체에 역사하는 귀신들을 제압하고 배출해야 예수님의 평안, 즉 하늘나라 천국의 평안을 실증하며 만끽할 수가 있습니다.

하나님은 크리스천들이 평안하기를 원하십니다. 많은 성도들과 목회자들이 능력을 받으려고 하고 권능을 나타내려고 합니다. 그런데 깨닫고 보면 평안이 능력이고 평안이 권능입니다. 평안하다는 것은 자신이 하나님의 성전이 되었고 하나님의 나라(천국)이 되었기 때문입니다. 권능은 하나님의 나라 천국에서 나오는 것입니다. 반대로 마음이 평안하지 못한데 능력이 강하게 나타난다면 그 능력의 출처를 의심해야 합니다. 무당들이 능력이 있어서 순진한 사람들을 속이는데 평안할 이유가 없는 것입니다. 능력은 마귀에게서 발원하기도 하기 때문입니다.

필자가 지금까지 성령사역을 하면서 체험한 바로는 성령의 지배와 장악이 되면 어디를 가나 평안하다는 것입니다. 평안의 원조이신 예수님이 주인이 되었기 때문입니다. 그렇기 때문에 평안이 권능이라는 말이 맞는 것입니다. 성령이 지배를 받으면 평안하기 때문입니다. 많은 크리스천들이 교회에 가면 평안한데 집에만 돌아오면 평안하지 못하다고 말합니다. 이는 인간적인 측변에서 보면 맞는 말입니다. 당연하게 교회 오면 평안해야 합니다. 교회에는 성령의 역사가 있고 하나님의 말씀이 전해지고, 믿음의 친구들이 있기 때문입니다. 분명하게 교회에 오면 평안한 것이 맞습니다.

그런데 한 차원 깊은 영적으로 보면 조금 문제가 있는 영적인 상태요, 심령상태라고 말할 수 있습니다. 성령의 지배와 장악이 되지 않아 걸어 다니는 성전이 되지 않은 증거입니다. 하나님은 분명하게 "너희가 하나님의 성전인 것과 하나님의 성령이 너희 안에 거하시는 것을 알지 못하느뇨(고전3:16)" 말씀하셨습니다. 자신이 걸어 다니는 성전이 되었다면 집에 돌아가면 집이 성전이기 때문에 평안하지 않을 이유가 없는 것입니다. 하나님께서 주인으로 함께 하시기 때문에 어디를 가나 항상 해야 맞는 것입니다.

예수님은 이렇게 말씀하십니다. "평안을 너희에게 끼치노니 곧 나의 평안을 너희에게 주노라 내가 너희에게 주는 것은 세상이 주는 것과 같지 아니하니라. 너희는 마음에 근심하지도 말고 두려워하지도 말라(요 14:27)" 그렇기 때문에 교회에 가면 평안하고 집에 돌아오면 평안하지 않다는 것은 마음에 있는 성전에 주인으로 계시는 하나님께서 전인격을 장악하지 못한 상태라고 이해해야 합니다. 마음속이 성전 되지 않아 성령의 지배를 받지 못하는 상태라고 보면 정확합니다.

자신은 걸어 다니는 성전인데 집에 가면 불안하다는 논리는 성립하지 못합니다. 하나님은 분명하게 "너희가 하나님의 성전인 것과 하나님의 성령이 너희 안에 거하시는 것을 알지 못하느뇨(고전 3:16)" "너희 몸은 너희가 하나님께로부터 받은바 너희 가운데 계신 성령의 전인 줄을 알지 못하느냐 너희는 너희의 것이 아니라(고전6:19)" "하나님의 성전과 우상이 어찌 일치가 되리요, 우리는 살아 계신 하나님의 성전이라(고후6:16)" 자신 안에 성전에 하나님께서 주인으로 좌정하며 지배하고 계시면 어디를 가나 하늘나라가 되는 것입니다. 하나님께서 함께 하시기 때문입니다.

크리스천은 내 영혼이 은총 입어. 찬송가 438장을 잠재의식이 심겨지게 해야 합니다. "①절- 내 영혼이 은총 입어 중한 죄 짐 벗고 보니 슬픔 많은 이세상도 천국으로 화하도다. ②절- 주의 얼굴 뵙기 전에 멀리 뵈던 하늘나라 내 맘속에 이뤄지니 날로날로 가깝도다. ③절- 높은 산이 거친 들이 초막이나 궁궐이나 내주예수 모신 곳이 그 어디나 하늘나라. (후렴)할렐루야 찬양하세 내 모든 죄 사함 받고 주 예수와 동행하니 그 어디나 하늘나라" 하나님께서 함께 하시니 어디를 가나 하늘나라가 되어야 합니다. 어디를 가나 평안해야 한다는 말입니다.

그렇기 때문에 교회에 가면 평안하고, 집에 돌아가면 평안하지 못하는 분들은 자신의 내면의 상처와 스트레스와 자아와 혈통에 흐르는 문제를 성령으로 정화해야 합니다. 그리하여 하나님께서 주인으로 계시면서 전인격이 성령의 지배를 받는 신앙으로 발전해야 합니다. 자신의 심령이 하나님이 계시는 성전 되는 영적활동에 관심을 집중해야 합니다. 아마 교회에 오면 평안하고 집에 돌아가면 평안하지 못한 분들이 사찰(절)에 가면 더 평한 할 것입니다. 영적인 부담이 없기 때문입니다. 이런 분들은 하루라도 빨리 내면을 강하게 하여 어디를 가나 평안해야 합니다. 어디를 가나 평안하다는 것은 자신이 하나님의 소유가 되었다는 증표입니다. 하나님께서 함께 하시기 때문입니다. 아주 중요한 일입니다. 최우선으로 시정해야 하는 영의 활동입니다.

반대로 교회 오면 불안하고 두렵다가 집에 돌아가면 평안에 지는 경우가 있습니다. 이는 교회에서 일어나는 성령의 역사에 자신 안에 있는 세상적인 요소가 불안하고 두렵게 하는 것입니다. 깨닫고 보면 자신에게 문제가 있는 것입니다. 필자가 우리 교회에 와서 두려워서 도망을 친 다음에 다시 깨닫고 돌아와서 말씀 듣고 기도하고 안수 받고 성령을 체험하니 내면이 정화되어 완전한 평안한 사람으로 변화되었으며, 그분의 건강과 환경도 마뀌었다고 간증하는 것을 듣고 있습니다. 그런데 문제는 교회가 잘못된 곳으로 이해하는 목회자와 성도가 있습니다. 이는 영적으로 무지하여 유대인과 같은 율법적인 믿음 생활을 하기 때문에 성령으로 영이 깨어나지 못한 연고입니다. 마음 안에 성전에 성령의 역사가 일어나지 않기 때문에 일어나는 현상입니다. 이런 분들이 영육 간에 문제를 만나면 완전하게 사면 초과에 걸리게 됩니다. 모든 문제는 성령의 역사가 해결하시기 때문입니다. 성령의 역사를 두려워하니 문제가 해결될 이유가 없는 것입니다.

이런 분들은 하루라도 빨리 자신의 내면에 관심을 가지고 성령으로 정화해야 합니다. 성령의 지배를 받아야 합니다. 자신 안에 상처나 스트레스나 자아나 혈통에 흐르는 문제가 있기 때문에 교회 오면 두려운 것입니다. 이를 인정하고 치유 받으려고 관심을 가지면 금방 없어집니다. 자신이 인정하느냐 안 하느냐가 문제이지 인정하기만 하면 문제가 되지 않습니다. 좌우지간 교회에서는 평안하고, 집에 돌아가면 불안한 사람이나, 교회에 오면 불안하고 집에 가면 평안한 사람이나 모두 내면에 문제가 있는 것입니다. 관심을 가지고 내면을 생명의 말씀과 성령으로 정화해야 할 것입니다.

많은 크리스천들이 영성이나 성령의 역사하면 자신에게 밝고 좋은 현상만 일어나는 것으로 이해하고 있는 경우가 많습니다. 그것은 극히 초보적인 생각입니다. 자신이 성령으로 장악이 되면 자기가 받아들이기 거북스러운 현상도 일어납니다. 쉽게 나타나는 것이 몸에 닭살이 돋우면서 찾아오는 두려움입니다. 이 두려움은 성령이 장악을 할 때 일시적으로 일어나는 현상입니다. 쉽게 설명하면 자신의 이성과 육체가 초자연적인(5차원) 성령의 지배하에 들어가니까, 초인적인(4차원) 존재가 일으키는 현상입니다. 자신의 이성과 육체에 주인으로 있던 귀신들이 성령의 역사가 두려우니까, 자신이 장악하고 있던 사람에게 느끼게 하는 것입니다. 그래서 이 장소하고 자기가 맞지 않아서 나타나는 현상과 같이 느끼게 하여 자리를 이탈하게 하려는 귀신의 미혹이라는 것입니다. 이때에는 조금만 인내하고 참으면 순간 떠나가는 것이 보통입니다. 그러나 자리를 이탈하면 성령의 인도를 받지 못하는 사람이 될 수도 있습니다. 상당한 기간 동안 성령의 지배를 받지 못 할 수가 있습니다. 이렇게 영성이나 성령의 역사에는 어두움과 밝은 역사가 있습니다. 평안하기만 않는다는 것입니다. 두려움도 있다는 것입니다. 두려움을 통과하면 평안해지는 것입니다.

그렇기 때문에 체험 없이 일어나는 현상을 인가적인 지식으로 이러쿵저러쿵하는 것은 옳지 않는 것입니다. 영적인 눈은 말씀을 삶에 적용함으로 열리는 것입니다. 반드시 말씀 안에서 체험한 결론을 말해야 합니다. 왜냐하면 밖으로 나타나는 영적인 현상은 귀신역사와 성령의 역사가 비슷하기 때문입니다. 정확한 분별은 자신의 인격이 예수님의 인격으로 변화되는가, 아닌가와 삶에서 성령의 열매가 나타나는 가입니다. 바른 성령의 역사를 따라가면 반드시 인격이 변화되고 삶의 열매가 좋게 나타납니다. 하나님은 살아계시기 때문입니다. 살아계신 하나님께서 자신 안과 밖에서 영역을 넓히고 계시는데 나쁜 열매가 나타날 수가 없는 것입니다. 체험함으로 분별하고 바른 성령의 인도와 지배를 받기를 바랍니다.

4부 성령으로 영적피해를 예방하라.

23장 고정된 영적 사고를 깨뜨려라.

(벧전5:10)"잠깐 고난을 당한 너희를 친히 온전하게 하시며 굳
건하게 하시며 강하게 하시며 터를 견고하게 하시리라"

영적인 능력은 고정된 자아를 깨뜨려야 깊어지고 강해집니다. 고
정된 자아가 부수어질 때 전문성이 개발되는 것입니다. 예를 든다
면 귀신은 사람의 몸이 필요하기 때문에 사람에게 만 역사한다는
고정된 자아를 깨뜨려야 합니다. 귀신은 건물이나 장소에 머물면서
사람들에게 고통을 가하기도 한다는 것입니다. 귀신은 사람에게 역
사한다는 고정된 자아가 부수어지기전에는 장소나 건물에 머물면
서 인간에게 고통을 가하는 귀신을 물리칠 수가 없는 것입니다. 왜
냐하면 관심을 두지 않기 때문입니다.

그래서 하나님은 우리 성도들이 귀신역사를 분별하여 속지 말고
대처하기를 원하십니다. 귀신의 영향을 받는 사람은 자신이 그것을
구분하기란 결코 쉽지 않습니다. 초기에는 영적 지식이나 경험이
없기 때문에 구분하지 못하며, 그 후에는 귀신이 이미 자신 속에 잠
재되어 있기 때문에 스스로 떨쳐낼 수 없습니다. 귀신들림의 초기
단계인 영향을 받는 단계는 대수롭지 않게 여길 수 있지만 이것이
위험하며, 그대로 방치하면 귀신들리는 불행한 결과가 오는 것입니
다. 귀신의 영향을 받는 사람은 축귀할 수 있는 권능을 지닌 사람에

게 가면 그 증상이 나타나기 시작합니다. 유형 교회 안에는 반드시 영을 분별하여 축귀하는 능력을 지닌 사람이 있기 마련입니다. 반드시 유형 교회에서는 축귀를 해야 합니다. 그러나 일부 교회에서 이런 분야에 관심조차 없기 때문에 귀신의 영향을 받는 사람뿐만 아니라, 육체의 질병이 들거나 마음에 상처를 지닌 사람들이 고아처럼 버려진 상태에 있는 것입니다.

귀신의 영향으로 심령이 병든 사람의 특징은 이렇습니다. 마음이 어두워지고 평안과 기쁨과 감사를 잃어버립니다. 귀신이 사람의 의지를 잡으니까, 일어나는 현상입니다. 귀신에게 눌려서 의지를 발휘하지 못하여 일어나는 현상입니다. 이런 사람을 축사하면 정상으로 돌아옵니다. 미운 생각, 세속적 생각, 교만한 생각, 부정적 생각의 사람이 됩니다. 항상 생각이 부정적이 되어서 정상적인 사람들과의 대화가 되지를 않습니다.

은혜가 소멸되어 성경과 교회가 멀어지고 말씀을 불순종하며 거역합니다. 귀신에게 영이 눌려서 잠을 자니 생명의 말씀이 깨달아지지 않기 때문입니다. 차가운 사람, 불순종의 사람, 거짓을 말하고 증오를 합니다. 마음을 열지 않으니 마음이 차갑습니다. 좋은 이야기를 해도 의심하며 받아들이지 않기 때문에 정상적인 사람들이 대화하기를 꺼려합니다. 양심이 마귀의 화인을 맞아 죄책을 느끼지 못합니다. 그래서 인간으로서는 상상하지 못하는 범죄를 저지릅니다. 요즈음 일어나는 유아 성폭행 등을 들 수가 있습니다. 귀신이 마음을 억압하면 자신을 학대하게 되는데 의욕상실. 우울증. 불면, 패배감. 자포자기, 환각. 환청, 자살충동, 정신이상 등 자신의 본래모습을 상실하고 맙니다. 옛사람이 나타나서 유혹의 욕심을 따라서 정욕으로 행합니다.

우상을 좇습니다. 허영을 좇습니다. 음욕이 불타서 성적인 범죄를 저지릅니다. 술과 탐욕과 쾌락의 노예 되어 낚시에 물린 물고기 같이 귀신에게 끌려 다니다가 지옥 가는 운명을 살게 됩니다. 환경에 지기 때문에 심령이 병드는 것입니다. 환경에는 귀신이 역사하기 때문에 예수를 믿는 성도들은 환경을 이겨야 합니다. 자기(육의 본성)를 이기지 못하기 때문에 심령이 병드는 것입니다. 약속의 말씀과 성령으로 환경과 육의 본성을 이겨야 마귀와의 영적전투에서도 승리할 수 있습니다. 마치 막 5장의 군대 귀신들린 자의 모습(막 5:1-20)이 됩니다. 자기 몸에 상처를 내며 사람들에게 공포를 조성하는 사람이 됩니다. 이렇게 더러운 귀신이 들어오면 인격과 신앙과 생활이 더럽게 되어 버립니다.

가정 중심에서 벗어납니다(막5:3). 가정에서 함께 지내지 못합니다. 군대 귀신 들린 자는 무덤 사이에서 거처했습니다. 엄청난 힘이 나타납니다(막5:3-4). 귀신의 영향으로 힘이 장사라 사람들이 제압할 수가 없습니다. 귀신의 영향 아래 있는 자는 주체할 수 없는 탐식과 정욕 등이 나타납니다. 고래고래 고성을 지릅니다(막5:5). 부부 싸움 중 인격이 돌변되어 나타나는 고함, 술 먹고 노래방 등에서 질러대는 괴성의 노래 등도 이런 영향 아래 있는 경우가 많습니다. 자해를 합니다(막5:5). 조폭들만 자해를 하는 것이 아닙니다. 귀신의 영향 아래 있는 자해의 형태는 부부싸움에서의 폭력이나 파괴하는 행동이나 문신이나 지나친 성형수술 등도 이에 포함됩니다.

옷을 벗고 지내기도 합니다(막5:15). 여성에게 귀신이 역사하면 다른 남자가 있어도 옷을 벗고 있습니다. 아담 타락 후 사람의 본능은 죄의 몸을 가리게 되었습니다(창3:7). 그러나 귀신의 영향 아래 있으면 옷을 벗으면서도 부끄러운 줄을 모릅니다. 신령합니다(막5:6-7). 그래서 무당이나 점쟁이가 되는 것이며, 양신 역사 아래 있는 자들 중에는 예언하는 예수무당도 있음을 알고 경계를 해야 합니다. 점치는 영의 영향으로 예언 받기 좋아하는 성도는 분별력을 길러야 합니다(겔13:17-19).

사람 속의 귀신과의 대화가 가능합니다(막5:8-9). 귀신이 말을 못하게 하니 사역자에게 말을 하지 않는 환자도 있습니다. 귀신도 간구합니다(막5:10). 귀신은 사람이나 짐승 속에 수천씩이나 들어갈 수 있으며(막5:9), 많은 귀신이 들어가면 미쳐버립니다(막5:13). 귀신이 나가면 온전해집니다(막5:15). 귀신이 나가고 은혜가 들어오면 전도를 합니다(막5:20). 전도는 강력한 성령의 역사에 의한 은혜 운동이며, 성령의 전폭적 지지를 받기 때문에 구원받은 성도들은 전도 사명에 전력해야 합니다.

귀신에게 눌려서 귀신의 조종을 받는 성도의 생활을 살펴보면 이렇습니다. 첫째, 교회생활입니다. 외모에 신경을 많이 쓰고 짙은 화장과 시선을 끌만한 옷을 입습니다. 무엇이든지 교회직분을 맡으려고 하는데…. 진정한 봉사가 아닌 자기 자랑거리로 직분을 탐합니다. 봉사는 성령으로 해야 합니다. 온갖 기도회는 모두 참석하여 깊은 영의기도를 하지 않고 눈을 뜨고 고개를 돌리면서 기도하는 사람들의 모습을 살핍니다. 말이 갑자기 애교스러워지며(상냥해지며)

간드러지게 말을 하고 남자(여자)를 홀리듯이 쳐다봅니다. 남, 여 선교회나 각종 회의시 가결한대로 따르지 않고 꼭 자기의 의견을 덧붙입니다. 자기 의견이 무시될 때는 갑자기 직분이나 사회경력으로 무시하려고 합니다.

목사님 설교나 회의시 자기나 자기 가족문제와 비슷하다고 생각되면 말로 대적하기 시작합니다. 목사님이 말씀으로 자기를 친다고 떠들고 다닙니다. 목사님이나 장로님의 허물을 지적하면서 공공연하게 말하는 것을 스스로 자랑스러워합니다. 성령 세례 받고, 성령 충만 받은 자, 항상 성령으로 기도하는 사람과 눈을 맞추지 못합니다. 교회 안에서 만나고 어울리는 사람의 폭이 좁습니다. 자기와 영이 통하는 사람과 어울리기 때문입니다. 자신에게 어떤 영이 역사하는지 쉽게 알려면 자신과 잘 통하는 친구를 보면 알 수가 있습니다. 봉사나 헌신을 하면서도 꼭 자신의 얼굴에 빛이 나는 것만 하려고 합니다.

둘째, 가정생활입니다. 교회에서는 성도 같은데 집에 오면 말이나 생활이 다른 사람으로 돌변합니다. 남편이나 아내에게 말을 함부로 하고, 심지어 쌍욕을 하는데 교회 가는 날만 조용합니다. 술과 고기를 탐하며 심지어 담배까지 피우며 찬송가 대신 유행가를 흥얼댑니다. 아내나 자식 심지어 이웃 사람이 놀러와 있는 데에도 교회 비판과 주의 종 욕을 합니다. 불신자들과 자주 어울리고 고스톱 포커 등으로 시간을 보냅니다. 가정에서 예배는 아예 관심도 없고, TV나 컴퓨터 앞에 앉아 시간을 보냅니다. 안목의 죄(음란물, 포르노 사이트)에 휩싸여 있으면서 성경 말씀 읽는 것과는 거리가 멉니다. 혈기를 자주 부리고 흉측하고 폭력적인 행동을 하며 거짓말을 쉽게 합니다.

셋째, 사회생활입니다. 남편이나 아내 외에 외도하는 여자나 젊은 남자를 둡니다. 현금은 아까워하면서도 자기를 위한 약을 사거나, 술을 마시거나, 술집에서는 돈을 물 쓰는 것과 같이 사용합니다. 예배시간은 잘 지키지 못하면서 친구들과 먹고 마시는 시간은 꼭 지킵니다. 불신자들과 어울릴 때는 신앙의 티를 전혀 내지 않습니다. 샤머니즘적인 신앙을 끊지 못하고, 사주팔자, 무당, 점쟁이를 찾아가며, 그런 것을 무척 흥미로워합니다. 스스로 사람 만나기를 피하며…. 어두운 곳을 좋아하며…. 늘 입으로 죽고 싶다고 합니다. 돈을 무척이나 밝히고 돈에 손해가 나거나 돈이 궁색해지면 우울증이 발병합니다.

집안에 머무는 귀신이 있습니다. 만약에 당신의 집안에 머무는 귀신이 있다면 자기와 체질적으로 맞는 사람을 찾지 못했거나 주변 여건이 맞지 않아서 사람에게 침입하여 접신을 하지 못한 것입니다. 이 귀신들은 집안에 있는 사람에게 언제라도 들어갈 준비가 되어있습니다. 이 귀신들로 인하여 집안에 피해를 입습니다. 특별히 이사를 간 직후에 일어납니다. 교통사고가 빈번하게 일어납니다. 제가 병원에 능력전도 다닐 때 이사 온지 6개월이 되었는데 교통사고를 세 번이나 당한 사람도 만났습니다. 교통사고에 놀라 심장병이 발생하여 병원에 입원했다가 저에게 안수기도 받고 치유되어 퇴원한 성도도 있습니다. 또 이사 온지 석 달이 되었는데 아이들 둘이 번갈아 병이 발생하여 두 번이나 병원에 입원 했다가 저에게 안수기도 받고 치유 되어 퇴원한 경우도 있었습니다. 매사가 잘 안 풀립니다. 집안에 우환이 생기게 합니다. 까닭 없이 부부간에 자주 싸우고, 이유 없이 자녀가 가출을 하거나, 부모 말에 순종하지 않고 반항하며, 부모와 싸우게 합니다. 또 컴퓨터 게임에 빠지는 등 이해가 되지 않는 행동을 하기도 합니다. 특히 잠을 자고 일어나면 머리가 아프고, 숙면을 취하지 못해 몸이 나른하고, 피곤할 뿐만 아니라, 악몽을 꿉니다. 그리고 가위에 눌립니다. 원인이 없는 문제는 없는 법입니다. 집안에 귀신이 머물고 있으면 음산한 기운 때문에 건강이 나빠지고, 언제 가족에게 침입하여 들어올지 모르므로 항상 위험을 안고 사는 것입니다. 이사를 갔는데 원인 모를 이상한 일들이 반복적으로 일어납니다.

제가 우리 교회 권사님의 집에서 실제로 이런 일이 일어난 것을 체험했습니다. 전도를 하러갔는데 권사님 집을 방문하라고 성령께서 감동시는 것입니다. 그래서 권사님의 집을 방문했습니다. 아파트 2층이기 때문에 집에 도착하여 초인종을 눌렀더니 권사님이 누구냐고 합니다. 강 목사입니다. 하고 집 안으로 들어갔습니다. 차를 주시기에 받아서 마시고 있었습니다. 권사님이 이러시는 것입니다. 목사님! 저의 남편 집사님이 어제 화장실에서 볼일을 보다가 가위눌림을 두 번을 당했습니다. 막 숨도 제대로 쉬지 못하고, 소리를 지르지 못하다가 제가 이상해서 화장실 문을 열었더니 도망을 쳤습니다. 참으로 이상합니다. 그래서 제가 화장실에 귀를 기울이고 차를 마시면서 들으니까, 화장실에서 버스럭 버스럭 하는 소리가 나는 것입니다. 화장실 문을 열고 성령이여 임하소서! 내가 나사렛 예수 이름으로 명하노니 화장실에서 역사하는 귀신은 떠나갈지어다. 명령했더니…. 권사님이 하시는 말씀이 아~ 이제 알았습니다. 목사님! 우리 아들이 이 아파트에 이사 오기 전날 밤에 청소를 하고 잠을 자는데 부스럭 부스럭 하는 소리 때문에 밤새 싸우느라고 잠을 자지 못했답니다. 그런데 그것이 우리 집사님 목을 누른 것 같습니다. 그래서 식구들을 모아놓고 예배를 드리면서 성령의 임재를 충만하게 하고 귀신들을 몰아낸 일이 있습니다. 그 후 한 번도 그와같은 잘못된 일이 일어나지 않았습니다. 만약 당신의 가정에 이런 일이 일어난다면 지체하지 말고 성령이 충만한 예배를 드리면 떠나가는 것입니다. 반드시 성령의 역사를 일으켜 귀신을 몰아내야 합니다.

마귀는 끊임없이 우리의 생각 속에 하나님과 어긋나는 생각들 즉 이기적이고 탐욕적인 생각들을 불어넣습니다. 그런데 이것이 교묘하게 위장될 뿐만 아니라, 타당한 근거를 지닌 내용처럼 보이기 때문에 속기 쉬운 것입니다. 하나님의 말씀으로 판단의 기초를 제대로 갖추지 못하면 우리는 그런 부분에서 마귀의 유혹에 휘말리게 됩니다. 우리의 그릇된 분별과 판단을 이용하여 마귀는 자신들이 하고자 하는 일을 하게 됩니다. 마귀는 각 그룹마다 자신들의 독특한 특징을 지닙니다. "종교의 영"은 거짓 종교체계를 따르도록 우리를 유혹하며, "발람의 영"은 권세와 물질을 더 좋아하게 만들며, "이세벨의 영"은 우상을 숭배하게 만듭니다.

그 밖에 "게으른 영"은 모든 것을 내일로 미루도록 만들며, "분리의 영"은 항상 부정적으로 비판하게 만들어 분리하게 합니다. "다툼의 영"은 사소한 일도 크게 만들어 다툼이 일어나며, 이런 영을 가진 사람이 모임에 들어오면 반드시 싸움이 생깁니다. 수많은 영적 기능들이 있는데 이 마귀들이 접근함에 따라서 우리의 생각이 그 특성을 드러내기 시작하는 것입니다. 마귀는 우리 영속에 자신들의 특성적인 신호를 보내면 우리의 지각은 이것을 분석하여 받아들이게 됩니다. 말씀에 미약한 사람은 이 신호를 분별하지 못하고 자신의 생각인 것으로 여겨 그대로 행동하게 되는 것입니다.

떠오르는 생각 가운데 우리 영의 생각, 성령의 생각, 천사의 생각, 마귀의 생각이 있습니다. 이처럼 우리의 생각은 온갖 영의 생각들이 복잡하게 드러나는 싸움터입니다. 이런 생각들의 출처를 확실하게 구분할 줄 아는 것이 영적 분별력이며, 기술이기 때문에 배워서 익혀야 합니다. 우리의 생각을 멋대로 내버려 두어서는 안 됩니다. 하나님의 말씀으로 무장하고 분별력을 높여 하나님의 음성을 더 잘 듣도록 노력합시다. 귀신은 우리의 육체를 점령하여 그 가운데 거처를 삼고자 기회를 엿봅니다.

마음의 상처나, 고통스런 사건을 경험하여 심령이 극심하게 허약해져 있어 분별력이 없을 때 침투하게 됩니다. 극심한 사건이 없다 하더라도 영이 강건하지 못한 경우, 귀신은 접근을 시도합니다. 우리가 영적인 일에 무지하고 믿음이 약할 때 역시 공격을 시도하는데 귀신의 공격목표는 우리의 육신입니다. 그러므로 귀신이 접근하면 먼저 우리의 영이 이 사실을 깨닫게 되며, 그 신호를 육체에게 보냅니다. 육체가 느끼는 다양한 신호 가운데 가장 많이 나타나는 것이 소름끼치는 것입니다.

가슴이 조여들고 현기증이 나고 불쾌한 생각이나 두려운 생각, 썩은 냄새, 머리카락이 서는 강한 공포 등의 신호를 우리 감각기관에 보냅니다. 검은 물체가 보이거나, 어두운 분위기와 짓누르는 것 같은 압박감 등도 나타나며, 어둡고 불쾌하며 두려운 생각이 짓누르고 가위눌려 몸을 움직이지 못하게 되며, 악몽에 시달리며, 짐승들의 울부짖는 것과 같은 소리가 날카롭게 들립니다.

방언이 거칠고 날카롭게 나오며, 짐승소리 비슷하게 변합니다. 공중에서 급하게 바람이 휘몰아 가는 것 같은 느낌이 들며, 날카로운 바람 소리가 들립니다. 무당들이 점을 칠 때 내는 독특한 휘파람 소리 같은 소리가 스쳐지나 가며, 뱀이 낙엽 위로 사삭거리면서 지나가는 것과 같은 소리와 느낌이 듭니다. 때로는 발자국 소리가 들리기도 하고 문이 열려 있어서 냉기가 스며드는 것 같아 누가 문을 열어두었나 하고 살피게 됩니다. 귀신은 공포를 동반하는데 이 모든 것이 일차적으로는 우리의 영이 우리 자신에게 알려주는 신호입니다. 귀신은 자신의 존재를 나타내려고 하지 않지만, 우리의 영은 이 사실을 알기 때문에 이런 다양한 신호를 우리에게 보냅니다. 귀신이 자신에게 접근해 오면 우리의 영이 이를 알고 느끼기 시작하며, 때로는 성령께서 이 사실을 우리에게 알게 해 주십니다.

마귀와 귀신의 접근은 마치 감기처럼 누구에게나 오는 것입니다. 우리의 몸과 영은 이 두 차원의 악한 존재들로 인해서 항상 싸움터가 되며, 이 영적 전쟁에서 이기기 위해서는 깨어 기도해야 합니다. 마귀는 우리가 하나님의 사랑을 더 많이 받을 수 있는 길목을 지키다가 적당한 때가 이르면 모조품을 먼저 우리 앞에 내어놓습니다. 마귀는 우리의 약점을 너무도 잘 압니다. 성령께서는 자신의 약점이 무엇인지를 알기 원하십니다. 누구든지 한 가지 이상의 약점을 지니고 있으며, 그 약점은 우리가 하나님 앞에서 겸손하게 하기 위한 은혜의 수단이기도 합니다.

24장 영적인 묶임을 분별하고 풀어라

(고전 1:12-13)"나는 바울에게, 나는 아볼로에게, 나는 게바에게, 나는 그리스도에게 속한 자라 한다는 것이니, 그리스도께서 어찌 나뉘었느냐 바울이 너희를 위하여 십자가에 못 박혔으며 바울의 이름으로 너희가 세례를 받았느냐"

하나님은 영적인 묶임을 주의 하라고 하십니다. 영적인 묶임을 '솔 타이'라고 합니다. 우리는 영적 묶임인 '솔타이'를 벗어나야 합니다. 한 사람이나 악한 영에게 묶이면 자신이 잘못되었다는 것을 알 때까지 그 영으로부터 벗어나지 못합니다. 이는 영적인 활동에 아주 중요한 요소입니다. 솔 타이(soul-tie)라는 말은 어떻게 보면 생소한 말 같지만 영성에 관심이 있는 신자이면 반드시 알고 있어야 하는 용어입니다. 솔 타이(soul-tie)라는 말은 솔(soul)은 우리말로 영혼 혹은 혼(soul)이며 타이(tie)라는 말은 묶는다는 의미로서 우리말로는 '영적 유대' 또는 '영적 얽힘' 혹은 '영적 결합'이라고 할 수 있습니다.

첫째, 성경에 있는 솔 타이의 경우. 솔 타이란 말은 성경에 그 기초를 두고 있습니다. 창세기 2장 24절에 남편과 아내와의 관계에 대해 이렇게 기록하고 있습니다. "이러므로 남자가 부모를 떠나 그 아내와 연합하여 둘이 한 몸을 이룰찌로다" 이 말씀에서 '연합하다'는 말의 히브리어는 다바크(dabaq)인데 이 말은 '들어붙다, 접착되다, 단단하게 붙다, 가까이 따르다, 합세하다' 등의 뜻을 가집니다. 성경은 우리가 오직 하나님께만 연합되고 솔 타이 되기를 성령님은 바라시고 계십니다. 사무엘상 18장 1절에서 "다윗이 사울에게 말하기를 마치매 요나단의 마음이 다윗의 마음과 연락되어 요나단이 그를 자기 생명같이 사랑하니라"에서 두 사람의 맹세로 솔 타이가 이루어졌음을 봅니다. 솔 타이는 마치 실로 엮듯이 묶이는 것으로 표현하고 있습니다. 부정적인 솔 타이일수록 그 유대는 강하기도 한데 요나단은 아버지보다 다윗을 더 소중하게 생각합니다. 다윗은 그럼에도 불구하고 요나단보다 하나님을 더욱 소중하게 생각했지만 다윗은 하나님과 강한 솔 타이를 맺고 있었으므로 어떠한 경우에도 하나님을 의지했고 붙들었습니다.

룻기에 나오는 룻과 나오미의 솔 타이의 경우는 건강한 유대를 만들었습니다. 늙은 시어머니와 젊은 며느리의 관계는 서로 돕는 관계입니다. 이처럼 솔 타이는 기도 동역자, 종교적 지도자, 종교적인 멘토 사이에 쉽게 형성됩니다. 담임 목사와 성도 사이에 형성되는 솔 타이는 교회를 강하게 만듭니다. 그러나 이와 반대로 이단의 지도자나 영적으로 혼탁한 목회자와의 솔 타이는 그 영혼을 망하게도 하는 것입니다.

둘째, 부부간의 솔 타이. 사람은 하나님께서 남자와 여자로 만드셨습니다. 그래서 인간은 혼자 살 수 없도록 지음을 받았습니다. 간혹 혼자 독신으로 살기도하지만 하나님의 창조의 섭리는 남녀가 부부로 살아가도록 하셨습니다. 성경도 이를 적극 지지하여 두 몸이 한 몸을 이루는 관계라고 말씀하십니다. 그러므로 부부 관계는 솔 타이의 전형을 이루는 관계라고 하겠습니다. 그러한 이유로 인하여 가장 보편적인 관계가 절대적인 유대를 이루어야 하는 부부 관계인 것입니다.

부부관계는 닮아간다는 말이 두 사람사이에 솔 타이가 형성이 되었다는 말입니다. 예를 들어 정직한 성품의 여자가 사기성이 많은 남자와 결혼하였습니다. 그녀는 남편의 사기성을 깨닫고 이를 지적하였고 이 때문에 많은 갈등을 겪었지만 결혼 생활을 계속 이어갔습니다. 처음에는 그러한 남편의 성격이 맞지 않아 부부 싸움이 잦았지만 세월이 흐르면서 그녀는 남편의 그러한 성향을 닮아가기 시작했고 친정 식구들은 남편처럼 변해버린 그녀를 기피하게 되었습니다. 자신도 남편의 사기성을 닮아버렸습니다. 이것이 솔 타이입니다.

또한 부부지간에는 마음은 각기 다르지만 몸은 하나입니다. 그래서 자손을 생산하기도하고 부부 성생활도 하므로 몸이 하나이기에 남편과 아내의 혼(겉 사람)안에 있는 어둠의 악령들과 귀신은 혼의 묶임(솔 타이=soul-tie)이 되어 있어서 남편과 아내의 몸에 상호 이동하면서 거하고 있습니다. 그래서 성령 충만한 어느 한쪽을 축사하면 다른 쪽에 있는 귀신들이 축사가 되기도 하는 것입니다.

셋째, 부모와 자녀의 솔 타이. 자녀는 부모를 거울로 삼아 성장한다고 할 수 있습니다. 그러므로 부모는 모든 면에서 자녀에게 많은 영향을 주는데 좋은 면뿐만 아니라, 나쁜 면도 그대로 영향을 끼치게 됩니다. 자녀에게 지나친 간섭이나 강요는 나쁜 솔 타이를 만들어 냅니다. 언어 습관이나 행동을 부모와 똑 같이 행하게 되도록 만듭니다. 따라서 부모가 하나님을 섬기고 순종하는 삶은 자녀가 본을 받게 되어 대대로 가계에 축복이 되는 것입니다. 부모와 자녀는 의지로 솔 타이 되어 있습니다. 그래서 어린 애기가 몹시 아플 때에는 아기보다는 그 어머니가 성령이 충만 할 경우 엄마 안에 있는 귀신과 악령을 예수님의 이름으로 쫓고 나면 아기가 금방 낫게 됩니다. 이렇게 의지가 종속이 되어 있습니다, 이것이 솔 타이입니다.

넷째, 담임 목회자와 솔 타이. 사람에게는 자신이 자란 유년시절의 고향이 늘 그리움으로 남습니다. 그리고 이 시절에 생긴 버릇이나 입맛이 평생 동안 자신을 따라다닙니다. 한 사람의 인생에서 유년의 습관이 중요하듯이 영적 삶에서도 처음 받게 되는 교육이 중요합니다. 처음 받게 되는 영적 교육에 따라서 그 성향을 지니게 됩니다. 이는 이후의 삶에 계속 영향을 주게 되는 것입니다. 처음 주님을 영접하고, 그리고 신앙생활을 시작하게 되면, 이때 만나는 지도자가 어떠한가에 따라서 자신의 영적 성향이 결정되는 것입니다.

물론 성장하면서 의식적으로 바꿀 수도 있지만 그것이 그리 쉬운 일이 아닙니다. 영적 유아기에는 무엇이 좋고 나쁘고를 가릴 수 있는 능력이 없기 때문에 일방적으로 가르침을 받아들이게 되는 것입니다. 은혜를 받은 지도자의 영적 성향을 그대로 본받게 되며, 그렇게 성장하게 되면 자신의 의지와는 상관없이 지도자와 비슷한 태도를 취하게 되는 것입니다. 은혜를 받은 지도자와 영적 묶임 "솔타이"가 되었기 때문입니다.

사람의 성품만큼이나 다양한 영적 성향이 있습니다. 크게 말씀주의, 교리주의, 경건주의, 은혜주의 등이 있습니다. 성경공부를 주로 하는 지도자 밑에서 성장한 사람은 성경을 학문적으로 이해하고 그런 것을 바람직하게 생각합니다. 능력을 사모하는 지도자 아래에서 성장한 사람은 은혜를 구하는 신앙생활을 합니다. 이렇게 성장한 사람은 자신의 성향과 맞지 않는 곳에서는 신앙생활을 하기가 그리 쉽지 않습니다. 이것은 성장하면서 만들어진 영적 성향이며, 이것은 지도자를 통해서 자연스럽게 만들어지는 것입니다. 경건주의를 추구하는 사람은 조용한 신앙생활에 익숙해져 있기 때문에 분주하고 요란스런 분위기에서는 신앙생활을 하지 못합니다.

부모의 가풍에 따라서 인격의 모습이 드러나는 것처럼, 지도자의 영적 성향에 의해서 자신의 영적 성장의 모습이 나타나게 되는 것입니다. 지도자의 성향 가운데는 바람직한 것이 있고 그렇지 못한 것이 있습니다. 그러나 하나님의 나라에 대해서 아는 바가 없는 유년기 신앙인들은 지도자의 성향이나 성숙도에 대해서 분별하는 능력이 전혀 없기 때문에 아무렇게나 발을 들여놓게 됩니다. 목회자의 겉모습만 보고 선택하거나 은혜를 받은 동기가 있어서 따르게 되는 것입니다. 이렇게 시작했다가 차츰 성장하면서 무언가 부족한 것을 알게 되면 다른 곳으로 옮기게 되지만, 이때는 이미 자신의 영적 성향이 결정된 이후입니다. 그래서 선택하여 옮긴 곳도 전의 지도자와 비슷한 성향의 목회자를 선택하게 되는 것입니다.

이것이 영적 유대입니다. 부모를 싫어하는 사람이 부모를 떠나 살아가지만 그 성향이 비슷해서 결국은 부모와 같은 길로 가게 되는 경우를 많이 봅니다. 이와 같이 유년기에 형성된 영적 성향을 바꾸기란 쉬운 일이 아니며, 다른 성향의 사람들의 신앙생활을 이해하는 것도 간단하지 않습니다. 특별한 계기가 있지 않고는 쉬운 일이 아닙니다.

필자역시 지금의 이런 영적 성향과는 정 반대의 신앙생활을 오래 해왔기 때문에 이것을 극복하기란 너무도 힘들었습니다. 교회를 개척하여 경제적인 고난과 시련으로 이끌리어 많은 갈등을 겪으면서 하나씩 내려놓게 되었습니다. 늘 조용하게 묵상으로 기도하는 것에 익숙하였다가 부르짖는 기도를 하게 되기까지 엄청난 문제를 계속 만나 결국 부르짖지 않고는 견딜 수 없는 상황으로 내몰렸습니다. 필자의 영육의 문제를 치유 받으려고 어느 성령치유 집회에 갔다가 죽을 고생을 하면서 필자 안에 형성된 솔타이가 벗어지기 시작을 했습니다. 머리가 어지럽고 속이 메스꺼워서 4일을 밥을 먹지 않고 기도를 했습니다. 그러자 필자에게 형성된 솔타이가 서서히 사라지기 시작을 했습니다. 솔타이는 이성과 육체에 역사하는 악한 영에 의하여 형성이 된다고 생각이 됩니다. 성령은 하나이기 때문입니다. 그렇기 때문에 성령으로 세례를 받고 성령의 역사가 강력하게 일어나야 자신의 상태를 분별할 수가 있습니다.

그런 체험을 한 후 예전의 신앙의 틀이 거의 사라졌고 다른 모습으로 변해있지만 그렇기까지 겪은 갈등의 골은 너무도 깊었습니다. 하나님은 전혀 반대의 성향으로 바뀌게 하는 어려운 과정을 거치게 하기 보다는 이런 성향에 맞는 사람을 선택하시든지 아니면 지금의 성향을 가진 지도자를 처음부터 만나게 했다면 필자도 어렵지 않고 하나님도 힘드시지 않을 터인데 라고 수도 없이 생각해 보았습니다. 이 가치관의 변화와 성향의 변화를 이루는 과정에서 발견한 것은 자신과 다른 성향의 신앙생활을 하는 사람에 대한 이해의 폭이 넓어지게 되었다는 것입니다. 조용하고 경건한 모습으로 신앙생활을 하던 저에게 있어서 박수치고 부르짖는 사람들은 무언가 경박하고 성숙하지 못한 것처럼 여겨졌었습니다. 머리로 하는 성경 공부에 치중하던 필자에게는 '믿습니다' 하면서 기도하는 신앙태도는 뿌리 없는 사람들처럼 보였습니다. 좀처럼 이해가 되지 않았습니다.

사람이 원하지 않는 것을 해야만 하는 상황으로 내몰리면서 겪게 되는 갈등은 심각한 것입니다. 성령의 인도를 따르면서 필자가 치유될 때 무언가 잘 못된 길을 가는 것이 아닌가 하는 두려움과 조심성이 저를 늘 괴롭게 했습니다. 그러므로 주저하게 되고 돌다리도 두드려 건너듯이 하나씩 점검하고 살피는 일을 하지 않을 수 없었습니다. 이것은 피할 수 없는 단점이었습니다. 성령님의 인도를 받으면서도 항상 식별해야 하고 거부해야만 했습니다. 이제까지 배워온 신앙생활의 틀과는 다른 것이었으므로 조심하지 않을 수 없었고, 마귀에게 속을 것을 먼저 생각하지 않을 수 없었습니다. 그러나 당장 필자에게 닥치는 시련과 역경으로 인해서 깊은 갈등을 겪으면서 결국은 하나님이 원하시는 방법으로 자신을 내려놓지 않을 수 없는 그런 과정을 거치면서 한 가지씩 변화를 경험하게 된 것입니다.

이런 과정을 수도 없이 거치면서도 변화를 선 듯 받아들이지 못하고 있는 저 자신을 보면서 영적 유아기에 생긴 신앙의 틀을 허물고 새로운 집을 짓는다는 일이 얼마나 어려운 과정이라는 것을 절실하게 깨닫습니다. 그래서 주님이 새 술은 새 부대에 담아야 한다는 말씀이 지니는 의미를 실감합니다. 굳어진 고정 관념과 인습의 틀을 깨고 새로운 것을 받아들이는 일이 어쩌면 불가능에 가깝다고 여겨집니다. 이것이 영의 묶임'솔타이'의 강력한 영향력입니다. 이는 모든 성도들이 겪는 과정이라고 생각합니다. 자신이 새롭게 변화되려면 성령의 인도에 순종해야 합니다. 머뭇거리면 하나님의 역사만 지연이 되는 것입니다. 예수님의 신선한 가르침과 능력에 이

끌려 나온 많은 사람들이 얼마가지 않아 주님을 떠나게 되는 모습을 봅니다. 대다수가 호기심으로 주님에게 나아왔지만 결국은 다들 떠나가고 말았습니다. 그것은 자신들의 신앙 형태를 바꿀 수 있는 힘이 강하지 못했기 때문입니다. 아직 이성과 육체에 역사하는 귀신의 영향 때문입니다. 세상에서 형성된 솔 타이의 영향으로 다시 세상으로 가는 것입니다.

성숙하지 못한 지도자 아래에서 신앙의 유년기를 보낸 사람은 성숙하지 못합니다. 그리고 성숙한 것이 무엇인지를 모르기 때문에 성숙하려고도 하지 않습니다. 편협된 지식을 지닌 지도자 아래서 성장한 사람은 역시 편협된 행동을 보입니다. 유년기부터 온전한 지도자를 만난다는 것은 얼마나 행복한 일인지 모릅니다. 그러므로 지도자가 되려고 하는 사람은 자신을 온전하게 만드는 일이 중요합니다. 한쪽에 너무 치우치지 않는 원만한 영성을 지니는 것입니다. 그렇기 위해서 자신을 다루어야 합니다. 극단은 아름다운 일이 아닙니다. 성경은 우리가 극단에 치우치는 것을 경고합니다. 지식적인 사람은 은혜를 사모해야 하고, 은혜를 구하는 사람은 지식을 채워야 합니다. 앵무새처럼 지도자를 그대로 흉내 내는 사람이 많이 있습니다. 스승을 흉내 내는 것은 아직 어리다는 증거입니다. 어릴 때는 지도자를 따르지만 성장하면 자신만의 모습을 보여주어야 합니다. 그렇게 해야만 새로운 시대가 열리는 것입니다.

시대가 변하고 삶의 양태가 바뀌었는데도 전의 지도자를 그대로 흉내 내는 사람들이 있습니다. 세상은 급하게 변화하는데 지난 시대의 가치관과 낡은 지식으로 가르치려는 사람으로 인해서 침체가 생깁니다. 이것은 시대를 읽지 못하는 형식주의를 만드는 배경이 됩니다. 지난 시대의 가치관으로 새 시대를 이해하려고 하기 때문에 갈등이 깊어지는 것입니다. 지도자의 그늘을 벗어나 자신 만의 색깔을 찾을 때 비로소 자신의 길이 열려지는 것입니다. 성경에 나오는 요셉과 야곱을 생각하시기를 바랍니다. 부모를 떠나 광야에서 하나님과 직접적인 관계를 통하여 영적으로 성장하였습니다. 지도자의 명성에 기대어 편안한 삶을 살고자 한다면 그것은 삶을 위한 삶일 뿐일 것입니다. 빨리 자신과 하나님과 통하는 신앙의 길을 찾아가야 합니다.

이 솔 타이는 두 가지 의미로서 설명을 할 수 있는데 전자는 긍정적인 측면으로 이해하는 말이며, 후자는 부정적인 측면으로 이해 할 수 있습니다. 그러나 솔 타이는 이 두 가지 면을 다 포함하는 말이므로 어느 하나로만 표현하면 다른 면이 축소가 되므로 영어 표현을 그대로 옮겨 사용하는 경우가 많습니다.

예를 든다면 이런 경우입니다. 광양에서 믿음생활을 하는 여 집사에게서 전화가 왔습니다. 다른 곳에서 믿음 생활을 2년 동안 하다가 광양으로 이사를 왔다는 것입니다. 문제는 전에 모시던 교회 목사님의 영에 영향이 강하여 생활하는데 굉장한 어려움을 겪고 있다는 것입니다. 담임목사님이 양신역사가 심하여 자신이 중보기도를 해야 한다는 것입니다.

자신만 인정하는 성령이 전에 모시던 담임 목사님을 위하여 중보기도를 하라는 것입니다. 어느날은 새벽 3시 30분에 깨워서 잠을 자지 못하게 하면서 기도하라고 한다는 것입니다. 막 불이 쑥쑥 들어오기도하고 소름이 끼치기도 하면서 기도하게 한다는 것입니다. 본인은 성령님이 시키신다고 하는데 이는 잘못알고 있는 것입니다. 정말 힘이 들어서 어찌하면 좋겠느냐고 전화로 물어보는 것입니다. 자기가 담임목사님이 영적인 상태가 좋지 못하여 영적으로 깨어나기를 소원하며, 중보기도를 계속해 왔는데 계속 중보기도를 해야 하느냐는 것입니다. 여 집사는 분별력이 없어서 속고 있는 것입니다.

목사님에게 역사하는 영과 솔타이(영의 얽힘)가 된 것입니다. 이런 사람들이 다수가 있습니다. 모두 영적으로 문제가 있는 사람들입니다. 자신이 영적으로 깨어있고 능력이 있다고 자신만이 인정하는 과대망상에 빠진 사람들입니다. 그렇기 때문에 자기관리를 소홀하게 하여 상대에게 역사하는 영에 묶임을 당한 것입니다. 이 여 집사도 자신이 특별한 사람인 것과 같이 자랑을 하는 것입니다. 자신이 5차원의 사람이라는 것입니다.

내가 불쌍해서 자세하게 설명을 해주었습니다. 본인이 상처와 영적으로 문제가 있어서 그것을 빌미로 들어와 역사하는 귀신이라고 알려주었습니다. 빨리 치유 받지 않으면 영적 정신적인 문제와 가정환경에 문제가 발생할 것이라고 알려주었습니다. 그러니까, 자수를 하는데 음란한 생각이 들어서 힘이 든다는 것입니다. 그래서 영적으로 음란하면 육적인 음란도 따라오는 것이니 하루라도 빨리 영적치유와 상처치유를 받으라고 했습니다.

그랬더니 자기가 사는 광양에는 자신의 문제를 치유하여 줄 목사님이 없다는 것입니다. 그래서 안 되면 서울이라도 올라와서 치유를 받아야 한다고 알려주었습니다. 그러니까, 여 집사가 하는 말이 목사라고 다 목사가 아니었다는 것입니다. 자꾸 자신에게 문제가 있었다는 것을 인정하지 않고 전 담임목사에게 화살을 돌리는 것입니다. 그래서 여 집사에게 원래 집사님이 영적으로 혼탁하고 상처가 많아서 그런 일이 생긴 것이니 목사를 원망하지 말라고 했습니다. 원래 상처가 많고 영적으로 혼탁한 사람들이 자신을 보지 않고 남을 봅니다. 자신은 아는 것이 많으니 다되었다고 생각하기 때문입니다. 영적인 눈이 열리지 않아서 분별능력이 없으니 영적으로나 상처로 고생하는 사람들을 불쌍하게 보고, 자꾸 도와주려고하고, 기도해 주려고하고, 영적인 것에 관심을 많이 갖는 것이라고 일러 주었습니다.

이 여 집사와 똑 같던 여 집사가 우리 교회에 와서 치유 받은 사람도 있습니다. 지금도 다니면서 치유를 받고 있습니다. 지금은 거의 정상으로 화복이 되었습니다. 이런 분은 담임목사가 꿈에 보이면 영락없이 영적으로 고통을 당합니다. 생각이 나도 마찬가지입니다. 이는 내가 임상적으로 체험한 바로는 귀신이 하는 짓입니다. 막 섬뜩섬뜩하고 열이 오르는 현상이 자주 일어납니다. 빨리 잘못을 인정하고 치유를 받아야 합니다.

다섯째, 죽은 사람과의 솔 타이. 가족의 일원이나 친구가 죽었을 때 그 사람과 형성된 연민의 정! 즉 솔 타이를 끊어야 합니다. 그렇지 않으면 그로 인한 슬픔이나 비탄으로 인해 생존자가 고통을 받는 경우가 많으면 영적인 존재인 악령과 귀신은 그것을 매개로 하여 들어오게 되는 것입니다. 성경에 보면 사랑하는 사람이 죽었을 때 애통하는 기간은 보통 7일에서 한 달입니다. 야곱이 죽었을 때 요셉은 7일동안 애통해 했습니다(창 50:10). 아론이나 모세가 죽었을 때 이스라엘 사람들은 한 달 간 애통해 했습니다(민 20:29; 신 34:8). 너무 오래 동안 애통해 하는 것은 그만큼 솔 타이가 깊게 형성되었음을 의미하며 그럴 때 생존자에게 슬픔의 영, 비탄의 영, 고독의 영이 발판을 삼고 침투할 우려가 많습니다. 실제로 서울에 사는 여성도의 경우 시어머니가 돌아가시고 나서 자신에게 어떤 강한 기운이 자신에게 덮치는 것을 느꼈다는 것입니다. 목사님에게 물어보니 아무것도 아니니 무시하고 지내라고 해서 무시하고 살았는데 3년 정도 지나니까, 초등학교 다니는 딸이 영적으로 이상한 행동을 하더라는 것입니다. 다른 사람들은 잘 모르는데 자신은 안다는 것입니다. 구역질을 하고 머리가 아프다고 하면서 정상적인 생활을 못할 때가 종종 있다는 것입니다. 지금 치유를 받으러 다닙니다.

솔 타이는 자신이 일고 인정해야 끊어지기 시작을 합니다. 반드시 성령으로 세례를 받고 성령의 강력한 역사가 일어나야 끊어집니다. 솔 타이가 형성된 성도는 하루라도 빨리 자신의 죄악과 잘못을 인정하고 성령의 역사가 강한 장소에 가서 상처를 치유하고 귀신을 몰아내야 합니다. 시간이 많이 걸립니다. 자신이 성령으로 장악이 되는 만큼씩 귀신으로부터 자유하게 됩니다. 영안을 열어 자신의 역적인 상태를 바르게 분별하기를 바랍니다. 영적인 눈을 열어 불필요한 고통을 당하지 말기를 바랍니다.

25장 주기적인 영적 청소를 습관화 하라.

(벧전5:8-9)"근신하라 깨어라 너희 대적 마귀가 우는 사자 같이
두루 다니며 삼킬 자를 찾나니, 너희는 믿음을 굳건하게 하여 그를
대적하라 이는 세상에 있는 너희 형제들도 동일한 고난을 당하는
줄을 앎이라"

하나님은 우리가 자신과 가정, 사업장, 그리고 교회를 대상으로 영
적인 청소를 하기를 원하십니다. 방안에 파리가 잡아도 들어오고, 쥐
가 들어오는 것은 냄새가 나는 것들이 있기 때문입니다. 파리와 쥐
를 잡으려고 애쓰기 전에 냄새가 나는 것들을 먼저 처리해야 합니
다. 사람에게 붙어서 역사하는 영과 마찬 가지로 특정한 영역을 통
하여 역사하는 악한 영을 쫓아내는 것을 영적 청소(spiritual house
cleaning) 라고 합니다. 먼저 자신을 대상으로 영적인 청소를 하시기
를 바랍니다. 영적인 청소를 한다는 말을 처음 들어보셨습니까? 일정
한 장소에 거주할지도 모르는 악령들을 쫓아내는 것은 영적인 청소
라고 합니다. 어떤 지역이나 장소를 장악하고 역사하는 악령이 존재
합니다. 하나님께서는 하나님의 자녀인 우리 집안에 하나님께서 가
증스럽게 여기는 물건과 그를 통해 들어온 악한 영들을 청소하고 없
애시기를 원하십니다. 하나님은 거룩한 분이시고 우리는 그분의 자
녀이기 때문입니다.

가증스런 물건을 통해서 악한 영들은 합법적으로 들어옵니다. 악
한 영들은 아무런 법적근거 없이 빌미나 통로가 없이 들어올 수 없음

을 명심해야 합니다. 집안 청소를 하기 전에 먼저 자신의 영적 청소를 먼저 하시기를 바랍니다. 이는 말씀과 성령으로 해야 합니다. 먼저 지갑을 살펴보시기를 바랍니다. 그리고 자신이 사용하는 책상 서랍을 점검하여 청소하시기를 바랍니다. 개인 사물함을 보시고, 옷장도 점검하여 보시기 바랍니다. 자신이 사용하는 노트북이나 개인용 컴퓨터를 점검하여 보시기 바랍니다.

자신이 사용하는 책상의 책꽂이를 점검하시기를 바랍니다. 개인 지갑도 해당이 됩니다. 그 외 카세트테이프, 비디오테이프, CD, 컴퓨터디스켓 등등을 점검하시기를 바랍니다. 좌우지간 개인의 비밀 창고를 포함하여 정밀하게 점검해야 합니다. 컴퓨터 게임, 책, 포스터, 잡지, 그림, 사전, 의식 용구나 옷, 상(像), 보석 등, 개인 용품을 완전하게 점검했다면 이제 자신의 마음속의 우상을 말씀과 성령으로 청소하시기 바랍니다. 보이는 면만 청소하라는 것이 아닙니다. 성령의 불의 역사로 보이지 않는 영적인 청소를 하라는 것입니다. 보이지 않는 영적인 청소는 자신의 영 안에서 올라오는 성령의 불의 역사로 하는 것입니다. 장소가 성령의 불의 역사로 지배되고 장악되도록 영과 진리로 예배를 드리고 성령으로 기도해야 합니다. 성령의 임재 가운데 찬양을 지속적으로 한번에 30분 이상 하는 것도 좋은 방편입니다. 살아계시는 성령의 역사가 장소의 구석구석을 지배하고 장악하게 하라는 것입니다.

첫째, 특정한 장소에 역사하는 영. 귀신들은 그들의 특성에 따라서 사람을 매개로 하여 역사하는 영이 있고, 동물을 통하여 역사하는 영이 있으며, 장소를 매개로 역사하는 영이 있습니다. 하나님이 창조하신 것들을 그들은 불법적으로 소유하여 자기 것인 양 사용하며 그 소유권을 주장합니다. 그러므로 여기에서 신자들과의 영역 다툼이 생깁니다. 하나님은 믿는 자를 통하여 하나님의 소유가 회복되기를 원하십니다. 먼저는 사람이 회복되기를 원하며 다음으로는 땅과 거기 있는 것들이 온전히 하나님의 소유로 회복되기를 바라는 것입니다. 이로 인하여 마귀와 성도들 사이에 끊임없는 영역의 싸움이 발생합니다.

1) 가정. 우리는 자신이 사는 집을 아름답게 장식하기 위해서 여러 가지 형상들이나 그림으로 집 안과 밖을 꾸미기를 좋아합니다. 그러나 이 때 주의해야 할 점이 있습니다. 장식물 가운데는 우상의 상징들이 많습니다.

① 아이콘(icon or eikon)이 있기 때문에: 이것은 종교적인 그림을 말합니다. 그리스 정교회의 그리스도, 동정녀 마리아, 성인들의 그림들이 여기에 속합니다. 러시아의 볼세비키 혁명 전에 아이콘들은 교회에 장식되어 있었고 전투 때에는 군대와 함께 전쟁터로 나갔습니다. 우리는 어떠한 형상도 만들어서는 안 됩니다. 이는 우상의 한 형태입니다(출 20:4). 형상을 걸어놓고 한번보고 두 번보고 빠지게 됩니다. 정신이 팔리는 것입니다. 하나님보다 형상에 관심을 갖습니다.

② 우상의 역사. 유대의 우상 숭배의 역사는 라헬이 그의 아버지의 우상 '드라빔'을 훔친 사건에서 비롯됩니다(창 31:9). 이집트에 오래 거주하는 동안 그들은 그곳의 우상 숭배에 익숙하게 되었습니다(수 24:14, 겔 20:7). 광야에서 그들은 송아지 우상을 만들어 하나님을 볼

수 있는 존재로 나타내고자 하였습니다(출 32). 이후 이스라엘을 정복한 나라들은 그들의 우상을 정복의 상징으로 이스라엘에 세웠습니다. 옥수수 밭, 포도원, 그리고 개인들의 거주 공간인 집의 문 뒤에 우상을 설치하였습니다(사 57:8, 호 9:1-2). 사무엘의 시대에는 우상 숭배가 공적으로 배척되었습니다. 솔로몬의 통치 때에는 이러한 생각이 망각되었고 솔로몬도 이방 여인들이 들여온 다른 신을 좇았습니다(왕상 11:14). 이스라엘이 바벨론 포로로 잡혀가기까지 이들의 우상 숭배는 계속되었습니다.

③ 우상의 대상. 태양과 달은 가장 오래된 우상의 상징입니다. 이 우상의 상징은 갈대아에서 시작하여 이집트, 그리스, 멕시코 그리고 실론에 이르기까지 광범위한 지역에서 숭배되고 있습니다. 그 이후 각종 동물의 형상이 등장합니다(왕하 23:5). 셈족들 가운데서는 영웅 숭배가 있었습니다. 마므레의 상수리 나무 아래에 아브라함이 하나님으로부터 언약을 들은 것을 기념하기 위해 단을 쌓았고(창 13:18), 브엘세바에서 상수리 나무를 상징으로 무덤가에 심었습니다(창 21:33). 이는 군주 숭배와 연관이 있습니다. 큰 나무는 우상을 숭배하는 장소로 사용되었습니다(왕하 23:12, 렘 19:3, 32:29, 습 1:5). 우리나라도 마찬가지입니다. 큰 나무를 함부로 옮기지 못합니다. 저주 받는다고 옮기지 않으려고 합니다. 배어내는 것은 더욱 두려워합니다.

④ 우상 숭배의 매력. 이스라엘이 살아계신 하나님이 있음에도 불구하고 지속적으로 우상을 숭배한 까닭이 무엇일까요? 보이는 것들은 보이지 않는 영적 실체보다 더 쉽게 이해될 수 있는 속성을 가지고 있습니다. 하나님께서 눈에 보이지 않으니까, 보이는 우상을

쫓는 것입니다. 그러므로 믿음을 구체적으로 만들기 위해서는 보이는 형상이 필요했습니다. 보이는 것은 소유하고자 하는 욕망을 일으킵니다. 그러므로 믿음이 약한 사람은 형상을 통하여 믿음을 얻고자 합니다. 그러나 이러한 생각은 진정한 믿음을 만들어낼 수 없음을 알아야 합니다.

집안을 돌아보아 우상이 되는 것이 어떤 것들이 있는지를 점검해야 합니다. 여러 가지 형상의 인형들(이방신의 형상이나 상징을 본떠서 만든), 올빼미나 개구리(하나님이 싫어하는 것), 유니콘(사치 재정적인 문제) 등은 제거해야 합니다. 연예인의 사진을 걸어둠으로써 원치 않는 솔타이가 이루어집니다. 마린 몬로의 사진을 오래 간직한 어떤 사람은 마약에 빠지게 되었습니다. 이스라엘이 우상 숭배에 빠졌을 때 그들은 포로로 잡혀 갔습니다. 우상 숭배는 하나님의 은혜에서 떠나게 만듭니다.

자신의 집안을 점검하여 이러한 우상으로 의심되는 물건이나 사진들을 찾아내고 이러한 것들을 집안으로 들여놓은 자신의 죄를 회개하고 그것들을 불살라야 합니다. 그리고 그것을 틈타서 들어온 마귀를 예수의 이름으로 묶고 내어쫓아야 합니다.

⑤ 점검해야 할 것들: ○사단의 왕국과 연관된 물건이나 책, ○전에 살던 사람이 저주물로 남겨둔 것들, ○소리를 내는 물건들(poltergeist). ○개구리나 올빼미를 형상화한 것들, ○무당들이 사용하는 도구들, ○이방신이나 거짓 종교의 문서들, ○주물로 주조해서 만든 이방신 형상, ○부적과 같이 행운을 가지고 온다고 하는 장식물, ○장수를 상징하는 조형물, ○부러진 십자가(평화를 상

징), ○지역 신상, ○아프리카의 주주(jujus), 이태리의 뿔, 신비적인 메달, 별의 형상 등, ○무속의 도구로 사용된 인형 등을 찾아내어 처리해야 합니다.

⑥ 집안 청소의 5단계: ○ 용서의 기도= 찬양과 기도로 성령의 임재가운데 조상, 가족, 그 외의 사람들을 용서하고 하나님이 그들을 용서하고 축복해 주시기를 구합니다. 자신을 용서해 주시기를 구하고 자신이 자신을 용서합니다. ○ 저주와 솔타이를 끊습니다. ○ 우상에 관련된 물건들을 제거합니다. ○ 집에 기름을 바르고 악령을 쫓아냅니다. ○ 저주로 인해서 들어온 귀신을 쫓아냅니다. ○ 지속적으로 성령의 역사가 일어나게 합니다. 예배와 기도를 통하여 성령의 지배와 장악속에 들어갑니다.

2)사업장. 사업장의 경영주가 미신을 믿음으로 사업의 번창을 위해 귀신의 힘을 빌리려고 무속적인 행위를 한 경우에 그곳에 귀신이 역사합니다. 특히 사업장에 부적을 묻어두거나 걸어두는 경우가 있습니다. 경영주가 바뀌어 걸어둔 부적은 제거되었으나 숨겨둔 부적이나 저주 물은 그대로 있기 때문에 마귀는 역사할 수 있는 권리를 가지고 있어서 계속 영향력을 행사하려고 합니다. 이러한 사업장을 그리스도인이 인수하였을 경우 심한 영적 싸움을 치르게 됩니다. 사업을 방해하기 때문에 여러 가지 까닭 모를 어려움에 빠집니다. 이런 경우 숨겨둔 부적이나 저주 물을 제거해야 합니다.

3)지역 교회 내에서 역사하는 악령. 저는 여러 지방의 교회를 가봅니다만 어떤 교회는 그 교회당에 들어가면 곧바로 영적으로 어둡고 깨끗하지 못한 것을 느낍니다. 한번은 남쪽지방의 경매 받아 입당한

한 교회에 들어가니 가슴이 답답하고, 영적으로 꽉 막혀서 담임목사에게 영적인 전쟁을 많이 하셔야 될 것 같다고 했더니, 그렇지 않아도 전에 있던 교회 성도들이 환상으로 보이는 데, 수많은 뱀들이 의자를 넘나드는 것이 보인다고 하여 대적기도를 하고 돌아온 적이 있습니다. 결국 그 교회가 경매에 넘어갔습니다.

한번은 전에 사역하던 담임목사님이 질병으로 돌아가신 교회에 가서 부흥회를 인도하려고 강단에 엎드려서 기도를 하려고 하니까? 강단을 장악하고 있는 악한 영이 확 하고 덤비더니 등골이 오싹하여 한동안 방언으로 대적 기도하여 몰아낸 경우도 있었습니다. 강원도 어느 교회에 청빙을 받아 가서 목회하시는 목사님의 이야기를 들어보니까, 앞에 목회하던 목사님이 물에빠져 숨겼는데 지금은 자기 사모가 정신적인 문제로 고생을 한다는 것입니다. 영적인 사역을 하는 P목사님 교회는 지방 면 단위 교회인데, 전임목사님이 영적으로 너무너무 눌려 다른 지역으로 가셨는데, 그 교회 역사를 조사해보니, 교회 안에서 자살한 사건이 있었고, 그 지역에 살인사건도 있었으며, 교인들끼리도 분쟁과 싸움이 많았다는 것입니다. P목사님은 생명을 걸어놓고 성령으로 기도하고 영적인 청소를 하고 예수의 피를 뿌린 후에 지금은 안정되게 목회를 하고 계십니다.

대부분이 교회성장의 결정적인 걸림돌이 교회내의 분쟁, 시기, 다툼, 불화, 수군거림, 비난, 비방의 오랜 역사를 지니고 있는 경우가 허다할 것입니다. 자신이 다니고 있는 우리 교회는 어떤가요? 톰 화이트는 교회당 내에 악령이 거주하거나 역사하고 있다는 사실을 알려주는 몇 가지 증상을 제시합니다.

① 먼저 교회 지도자들이 저지른 과거의 죄입니다. 주로 교인간의 불법적 성행위, 교만에 찬 야심, 시기심 또는 분노 등입니다. 교인들이 상처를 입었을 때 표면적인 징후만 다루고 문제의 근저에 있는 죄악을 회개하지 않을 때 악령에게 계속 발판을 제공하게 됩니다.

② 또한 상호 신뢰감의 위반으로 인해 초자연적인 하나님의 사랑의 표현이 보이지 않는 경우입니다. 과거에 교회 지도자 사이에 신뢰가 무너진 적이 있으면 교인들은 현재 지도자들의 진실성을 의심합니다. 그 결과 교인들은 소외감을 느끼거나 자기 보호본능을 발동하여 참여는 하지만 깊은 헌신은 하지 않습니다.

③ 또한 교회 업무 처리가 불분명한 경우입니다. 이런 경우 서로 의견이 분열되어 무엇이 하나님의 뜻인지를 분별하기가 아주 어려워집니다. 사단은 이런 일을 통해서도 발판을 굳힙니다. 좌우지간 교회는 성령으로 하나가 되어야 부흥합니다.

④ 또한 예배 중 회중들이 영적으로 죽어 있거나 무감각한 경우입니다. 아무리 영적으로 충만한 교회라도 때로 영적으로 침체된 경우가 있지만, 이런 경우는 예배 인도자들이 영적으로 시들어서 죽은 예배를 인도하는 경우입니다. 회중의 성령 충만 정도는 예배 인도자의 성령 충만과 비례하는 것입니다. 그래서 담임 목회자의 영성이 중요합니다.

⑤ 마지막으로 한 두 사람의 주도적인 지도자가 교회 일을 좌지우지하는 경우 악령이 강하게 역사할 공산이 큽니다. 이들은 당을 지어 목회자를 대적하거나 분열과 악독과 시기심을 자극합니다. 악령의 영향을 받았든 받지 않았든 일부 평신도 지도자가 목회자를 공개적

으로 비판하거나 뒤에서 험담을 늘어놓거나 나쁜 소문을 퍼뜨릴 경우, 이들은 광명의 천사로 가장하여 자신들이 가장 의로운 사람인양 행세하지만, 실제로는 하나님의 영광이 아니라 사단의 앞잡이가 되어 자신의 욕망을 채우는 사람들입니다.

그리고 교회가 지속적으로 재정에 문제가 생긴다거나, 성장이 되지 않는 다거나 병자가 많이 생긴다거나, 앞의 교회들이 부도를 당했다거나, 담임교역자가 질병이 많았다거나, 불미스럽게 생명을 잃었다거나 하는 것들을 찾아 회개도 하고 배후의 악의 영들을 몰아내야 합니다.

상당한 교회에서 악령은 역사하고 있습니다. 화곡동의 Y교회의 담임 목사는 귀신의 강한 영향을 받아 교회 안에 머물러 있기가 싫다고 합니다. 그래서 항상 산에 올라가 기도했습니다. 강대상을 빼앗긴 것입니다. 대구의 ○교회 담임 목사는 극심한 우울증으로 인하여 목회를 할 수 없었습니다. 여러 차례 정신과 치유를 받았지만 증상은 여전하였습니다. 교회의 천정에서 엄청난 발전기가 돌아가는 소리가 들려왔다. 극심한 소음을 내는 귀신의 영향으로 인하여 담임 목사는 정신을 차리지 못하는 것입니다.

창신동의 K교회의 담임 목사는 교회에만 들어가면 기분이 가라앉아 기도하고 싶지도 않고 설교하고 싶지도 않았습니다. 교회를 나오면 기분이 상쾌해지지만 교회 안에만 들어가면 기분이 가라앉습니다. 성도들도 그런 느낌을 받아 오래 있지 못하고 떠납니다. 교회는 하나님의 성전이기 때문에 귀신이 역사할 수 없다고 생각하기 때문에 축사할 생각을 하지 못하고 고통만 당하는 것입니다.

둘째, 영적 청소의 실제

1) 먼저 소유자나 사용주의 허락을 받을 것. 이는 건물과 관련된 상징물이나 우상물을 제거할 때, 주춧돌 밑에 심겨진 우상물을 제거해야 할 경우에 해당합니다. 본인의 소유나 전용이 아닐 경우는 먼저 허락을 받아서 행하도록 합니다. 허락을 받지 못했을 경우나 허락 받을 만한 여건이 아닌 경우 조용히 드러나지 않게 기도합니다.

영적인 청소의 대상은 거주지, 사무실이나 작업장, 하숙집, 기숙사, 호텔, 모텔, 여관 등. 영적 전투를 위해 부르심을 입은 중보 기도자들은 건물 주변을 돌면서 기도함으로써 많은 효과를 거두고 있습니다.

2) 그 장소에서 행하여진 모르는 죄를 대신 회개할 것. 새로운 집이나 사업체 또는 장소에 들어갔을 때 그 장소에서 그 이전에 어떤 일이 행하여졌는지 알 수 없으므로 "하나님, 저는 잘 알지 못하오나 하나님께서는 아시오니 이 장소에서 저질러진 모든 죄악을 용서하여 주십시오"라고 기도하면 됩니다. 기도 중에 성령께서 특정한 장소에서 특정한 죄가 행해졌음을 알게 해 주시면 그 죄를 회개하면 된다. 집안 청소가 필요하면 그 이유를 설명하고 제거합니다.

3) 그 죄를 발판으로 역사하는 모든 흑암의 세력들을 예수 이름으로 물리칠 것. 건물 주변이나 마당 또는 정원을 돌면서 예수의 이름으로 청결케 되었음을 선포합니다. 성령으로 충만한 상태에서 방마다 다니며 찬양 또는 기도로 청결케 하는 사역을 행합니다. 필요할 때는 기름을 바르거나 예수의 피를 뿌려 귀신을 추방합니다.

4) 그 장소를 주님께 온전히 드릴 것. 하나님은 어떤 물건이나 심

지어는 사람조차 거룩하게 성별하시기 위해서 먼저, 피로 정하게 하고 그 다음에 기름 부음으로 거룩하게 하셨습니다(출 29:10-28 참조). 그래서 어떤 분은 집이나 건물의 문에 손으로 좌우상하로 기름을 발라 하나님께 드리는 행위를 상징적으로 하기도 합니다. 그리고 난 후 장소를 온전히 주님께 드리는 결단의 기도를 하고 악한 세력들로부터 보호를 간구하는 기도를 합니다. 물론 어떤 경우에는 한 번 했다고 금방 효과가 있는 것은 아닙니다. 특히 그 장소에서 끔찍하거나 심각한 죄가 저질러졌을 때는 일정 기간 강한 기도가 필요합니다. 또한 새 장소에 들어갔을 때는 성령의 기름부음이 자연스럽게 임할 때까지 지속적으로 할 필요가 있습니다.

5)영적 청소가 제대로 되지 않았을 때 일어날 수 있는 현상들. 영적 공기가 더러워져서, 집안에 들어가면 자주 짜증이 나거나, 사고가 나거나, 싸움이 잦거나, 건망증이 일어나기도 하고, 성경 말씀을 보고, 기도하고, 찬양하는 것을 막기도 합니다. 심하면 당사자는 물론 그곳에 거주하는 사람에게 큰 사고나 재앙을 일으키기도 합니다.

이사를 갔을 경우 영적으로 눌려서 고통을 당한다면 분명한 영적인 문제입니다. 자기가 성령으로 충만하지 못하다면 성령으로 충만한 담임목회자를 초청하여 예배를 드리며 영적인 청소를 해야 합니다. 그래야 불필요한 고통을 당하지 않습니다.

26장 항상 마음을 성령으로 정화시켜라.

(행15:9)"믿음으로 그들의 마음을 깨끗이 하사 그들이나 우리
 나 차별하지 아니하셨느니라"

하나님은 말씀을 우리의 마음 안에 있는 영에 넣어주십니다. 우리의 영은 이 말씀을 받아 자신의 마음에 전합니다. 마음에 전해진 말씀을 우리는 느낌이라는 감각으로 깨닫게 되고 이것을 이성(머리)이 분별합니다. 우리말에는 마음이 하나로 표현 되지만 영어는 두 가지로 구분합니다. 즉 mind(마인드:마음)와 heart(하트:마음)인데 우리는 이 두 가지를 한 마디로 마음이라고 정의합니다. 영어의 heart는 하나님의 말씀을 받는 곳 즉 느낌을 만들어내는 곳을 일컫습니다. 그리고 mind는 그 느낌을 분석하는 의지적인 작용을 하는 곳을 일컫습니다. 우리는 전자를 마음, 후자를 이성이라고 봅니다. 하나님은 원석에 해당하는 말씀을 heart에 전해주고 이 말씀을 올바르게 분별할 수 있는 기름부음의 식별능력(anointing reasoning)을 mind에 부어주시는 것입니다.

이처럼 마음은 그리스도인에게 있어서 매우 중요한 부분인 것입니다. 하나님의 음성을 듣고 주님과 친밀한 관계를 유지하기 위해서는 이 마음이 주님이 쓰시기에 합당하도록 준비되어야 하는 것입니다. 주님의 음성을 듣고 싶어도 듣지 못하는 많은 그리스도인들은 이 점에서 무언가 문제가 있기 때문임을 인식하기 바랍니다. 우리의 마음이 주님이 쓰시기에 합당하기 위해서는 먼저 투명해야 합

니다. 수정같이 맑은 마음이라는 표현이 있듯이 우리의 마음이 거울처럼 맑아야 합니다. 마음이 맑지 않으면 하나님의 음성을 듣기가 어렵습니다.

투명한 마음을 가지기 위해서 어떻게 해야 할지는 잘 알 것입니다. 어린아이와 같은 마음을 유지하기란 쉽지 않지만 불가능한 것은 아닙니다. 쉽지 않다고 해서 마음이 복잡하고 어지럽고 더러운 채로 둔다는 것은 게으름의 결과이지요. 마음을 정결하게 하기 위해서는 많은 노력과 포기가 전제되어야 하는 것입니다. 우리의 행동으로 인하여 마음의 상태가 결정됩니다. 행동하기 전에 우리는 마음이 이미 결정하였고 그 결정을 육신이 행동으로 옮깁니다. 행동을 계속하면 육신은 그 행동을 자동으로 행동할 수 있는 체계를 만듭니다. 이것이 몸에 익숙해지는 것이며, 이를 공부라고 합니다. 공부된 행동은 그 다음부터 마음과는 상관없이 행동하게 됩니다.

자전거를 처음 탈 때는 마음을 집중해서 탑니다. 그러나 그 행동이 몸에 익게 되면 생각 없이도 자전거를 잘 타게 됩니다. 투명한 마음은 이러한 행위를 만들어내지 않는 마음입니다.

마음을 정화시키기 위해서는 성령으로 충만한 생활입니다. 그리고 성령의 임재 하에 깊은 영의기도를 하는 것입니다. 깊은 영의기도를 하면서 성령께서 주시는 감동대로 마음을 정화하는 것입니다. 불신으로 가득한 마음을 성령께서 주시는 믿음으로 채워야 합니다. 신앙생활을 하면서도 불신과 불안과 의심과 두려움으로 가득한 마음을 가지고 있다면 주님과 친밀한 관계를 유지할 수 없습니다. 불신을 떨쳐내고 믿음의 마음으로 바꾸기 위해서는 모험이 필요합니다. 성경에 나오는 믿음의 사람들은 예외 없이 하나님 앞에서 큰 믿음의 도전을 받고 그 시련을 이겨낸 사람들입니다.

도전이 없이는 결코 믿음이 만들어지지 않습니다. 도전은 모험입니다. 모험에는 정답이 없습니다. 아무도 가본 적이 없는 새로운 길이기 때문에 두려움이 생깁니다. 이 두려움을 극복하는 과정에서 믿음이 생깁니다. 이 믿음이 없이는 하나님을 볼 수 없는 것입니다.

선한 분별력을 길러야 합니다. 우리의 마음은 세상적인 교육으로 인하여 하나님의 능력에서 벗어나 있습니다. 세속적인 인습과 학습으로 찌든 마음으로는 결코 주님의 음성을 들을 수 없습니다.

그러므로 성령 안에서 주님의 말씀을 공부하고 경험해야 합니다. 선한 분별력은 성경을 깊이 묵상함으로써 얻어지는 것입니다. 성경을 날마다 묵상하고 경험하는 노력이 없이는 마음정화는 불가능합니다. 성경 66권을 골고루 읽어서 성경 말씀에 대해 어색한 부분이 없어야 합니다. 마음의 정화는 성령 안에서 회개를 의미합니다. 진정한 회개는 자신의 죄를 인식하고 그 죄를 주님 앞에서 고백할 뿐만 아니라 그 죄로 인하여 생긴 악습을 제거하는 노력을 계속 지속하는 것입니다. 죄의 고백으로 인하여 죄사함을 받는 것은 오직 은혜로 얻어집니다. 그러나 그 죄로 인하여 발행한 악한 습관은 많은 시간과 노력으로 해결해야 하는 과제인 것입니다.

사람들은 죄를 회개하면 그것으로 끝났다고 생각합니다. 그리고 그 죄로 인한 악한 습관의 처리에 대해서는 별로 관심을 가지지 못합니다. 그래서 얼마 지나지 않으면 그 죄를 다시 반복합니다. 그리고는 또 회개합니다. 이런 일을 계속 반복하면 죄의 처리에 대해 의

문을 가지게 되고 죄의 회개에 대해 무의미하게 생각하며, 이윽고 신앙생활을 게을리 하거나 신앙을 버리게 되기까지 합니다.

마음 청소는 죄로 인하여 생긴 악한 습관들을 정리하는 것입니다. 악습을 정리하지 않고는 그 죄에서 진정 자유로워질 수 없습니다. 은혜가 식어지면 언제라도 다시 그 죄에 돌아가게 됩니다. 은혜가 식어진다는 말은 무엇을 의미합니까? 주님과의 친밀함이 유지되지 못한다는 말이 아닙니까? 마음이 정화되지 않으면 주님의 음성을 들을 수 없게 되며 주님의 은혜를 분별할 수 없게 되는 것입니다. 치유집회나 영성집회에서 큰 은혜를 받았습니다. 이것은 주님과의 진정한 친밀함이라고 볼 수 없습니다. 주님과의 친밀함에서 얻을 수 있는 기쁨과 평강을 일시적으로 맛본 것뿐입니다. 이 친밀함은 깨끗한 마음이 유지되어야만 지속될 수 있는 것입니다.

그러므로 마음 정화는 손님을 맞이하기 위해서 날마다 깨끗하게 청소하는 영업장과 같습니다. 그날의 주인이신 주님을 맞이하기 위해서 우리는 날마다 마음을 깨끗하게 청소하고 단장해야 합니다. 마음의 청소는 하루라도 걸러서는 안 되는 중요한 업무입니다. 마음의 정화가 이루어져야만 비로소 주님의 음성을 들을 수 있게 되며, 친밀한 관계가 유지 될 수 있는 것입니다. 마음 정화를 하기 위해서 먼저 죄를 회개해야 하며 그 죄로 인해서 생긴 습관을 살펴보아야 합니다. 습관은 육체적인 것과 정신적인 것이 있습니다. 몸에 익은 습관들은 그 행동을 단절하여야만 고쳐집니다. 오래된 습관을 교정하기 위해서는 많은 시간이 필요합니다. 흡연하던 사람은 적어도 3년이 지나야 안심할 수 있고 10년이 지나야 비로소 완전한 흡연으로부터 자유로울 수 있다고 합니다. 이처럼 악습은 그 뿌리가 깊습니다. 정신적인 습관은 더욱 심합니다. 이 습관은 우리의 시각과 가치관이 변화하지 않으면 바뀌지 않습니다.

돈을 사랑하는 사람은 돈 벌 생각만 합니다. 일시적으로 은혜를 받아 돈 없어도 살 것처럼 당당하던 사람이 은혜가 식어지면 다시 돈을 추구하고 돈 벌기 위해 불법이라도 서슴없이 저지릅니다. 이런 정신적 악습은 가치관의 획기적인 변화가 없이는 불가능하기까지 합니다. 주님의 말씀으로 생각을 가득 채워야 하는데 그게 쉽지 않습니다. 특별한 사명감을 가지고 주님의 일에 전념하는 목회자가 되었음에도 불구하고 이 악습을 끊지 못함으로써 돈을 주님보다 더욱 사랑하는 사람들이 있지 않습니까? 획기적인 변화는 무엇을 의미합니까? 이는 생사를 건 모험에서 얻어지는 것입니다. 정신적 악습은 생명을 담보로 하는 시험을 통과해야만 정리될 만큼 그 유혹이 끈질깁니다.

많은 목회자들이 금전, 명예, 이성의 유혹이라는 정신적 악습을 정리하지 못해서 실패하는 경우가 있지요. 마음의 정화는 결코 게을리 해서는 안 되며 단 일회적으로 끝나지 않고 지속적으로 해야 하는 힘든 훈련입니다. 그러나 주님을 맞이하는 기쁜 마음으로 할 수 있는 일입니다. 지금 주님과 친밀함이 없고 주의 음성을 듣지 못하고 있다면 지금 당장 성령 안에서 마음의 정화를 시작하기 바랍니다. 지금 주님과 친밀함이 없고 주의 음성을 듣지 못하고 있다면 지금 당장 성령 안에서 마음의 정화를 시작하기 바랍니다.

27장 영적 진단은 주기적으로 받아야 한다.

(고전2:13)"우리가 이것을 말하거니와 사람의 지혜가 가르친 말로 아니하고 오직 성령께서 가르치신 것으로 하니 영적인 일은 영적인 것으로 분별하느니라."

하나님은 말씀과 성령으로 자신의 영적진단을 주기적으로 하여 영육으로 강건하게 지내게 하십니다. 예수를 믿고 성령으로 거듭난 성도는 영적진단이 습관이 되어야 합니다. 영적진단을 할 때에 성령께서 자신의 진면모를 보게 하시어 치유하도록 인도하기 때문입니다. 성도의 문제는 영에서부터 시작이 되기 때문입니다. 자신의 육체에 문제가 생긴 것은 이미 영적인 문제가 깊어진 것입니다.

제가 집필하여 출판한 책을 읽고 상담 전화를 하시는 분들이 있습니다. 이분들이 이구동성으로 하는 말이 기도가 되지 않는 다는 것입니다. 기도가 되지 않는다는 것은 영의 질병이 깊어진 것입니다. 이때에 치유법은 막힌 기도를 성령의 역사로 뚫는 것입니다.

절대로 혼자 기도하려고 해도 기도가 열리지를 않습니다. 반드시 영적인 사역자의 안수를 받아 막힌 영의 통로를 뚫는 것이 급선무입니다. 문제는 기도가 되지 않는 지경에 까지 진전되지 않게 하기 위하여 영적진단을 주기적으로 하는 것입니다. 육체를 건강하게 하기 위하여 건강진단을 주기적으로 합니다. 40세가 넘으면 건강보험 공단에서 2년에 한 번씩 건강 검진을 받게 합니다. 이때 자신의 건강 상태를 확인하고 문제가 있는 곳은 치유합니다. 그래서 건강을 유지하게 합니다. 이처럼 건강한 영적 삶을 살기 위해서는 주기적으로 영적 진단을 받을 필요가 있습니다.

그럼 성도들의 영적검진은 어디에서 해주어야 합니까? 육체의 건강검진은 건강보험 공단에서 해준다고 다들 알고 계실 것입니다. 그럼 건강보험공단은 어디에 소속이 되어있습니까? 국가에 소속이 된 것으로 알고 있습니다. 그럼 성도들의 영적 건강검진은 어디에서 해야 할까요? 필자는 자신이 등록된 교회에서 해주어야 한다고 생각합니다. 등록된 교회 담임목회자가 관심을 가지고 성도들의 영적건강검진을 해주는 것이 옳다고 생각합니다. 자신이 소속된 교회에서 영적건강검진을 받아야 합니다.

저는 주기적인 영적진단을 아주 많이 강조합니다. 성령의 역사가 강한 장소에 가서 자신의 영적인 상태를 주기적으로 진단하는 것입니다. 암은 조기에 진단하면 100% 치유가 되지만, 검진을 하지 않으면 말기가 될 때까지 우리 몸은 암을 느끼지 못합니다. 그래서 의사들이 하는 말이 암을 발견하는 것은 주기적인 검진 밖에 없습니다. 라고 말을 합니다. 영적인 병도 이렇습니다. 병의 바이러스인 마귀나 귀신이 들어왔는데도 우리의 몸이 느끼지 못하는 경우가 많습니다. 영은 신호를 보내는데도 무지해서 그 신호를 놓치는 경우가 많습니다. 그러므로 주기적으로 자신의 영적인 상태를 점검할 필요가 있습니다. 주기적인 영적 상태 점검은 무엇보다 중요합니다.

세대에 역사하는 영적인 존재들은 태중에서 들어옵니다. 이것들이 평소에는 잠복하여 있다가 취약한 시기가 되면 고개를 들고 일어나 문제를 일으키는 것입니다. 이를 예방하기 위하여 주기적인 영적 검진이 필요한 것입니다. 저는 평소에 이렇게 말합니다. 예수를 믿고 교회에 들어오면 먼저 성령으로 세례를 받아야 합니다. 성령으로 세례를 받은 다음에 말씀과 성령으로 내면의 상처를 치유하는 것입니다. 상처를 치유 받으면서 병행하여 자아를 십자가에 매다는 것입니다.

성령의 역사로 혈통에 대물림되는 악한 영을 축귀하는 것입니다. 그리하여 영적체질을 만드는 것입니다. 이는 어려서부터 적용해야 되는 것입니다. 세대에 역사하는 악한 영을 성령의 역사로 드러내어 미리 축귀하는 것입니다. 그래서 저는 우리 충만한 교회에 다니고 있는 성도들의 자녀를 매주 안수해서 영적으로 맑은 상태를 유지하게 하려고 노력합니다. 이렇게 주기적으로 안수를 받으니 영적으로 깨끗해지는 것은 물론이고 육적으로도 건강하게 지냅니다.

기존 성도들은 주일날 영적점검을 받는 것입니다. 성령의 역사가 강하게 나타나니 세대에 대물림 되던 악한 영이 더 이상 숨어있지 못하고 정체를 폭로하는 것입니다. 폭로되어 떠나가게 하고 매 주일 성령의 역사를 체험하며 영적 상태를 유지하는 것입니다. 저는 항상 이렇게 말합니다. 성도들은 주일날이 아주 중요하다고 말입니다. 요즈음 세상 살아가는 것이 힘이 들어 주일 하루 밖에 교회를 나오지 못하는 분들이 많습니다. 이 중요한 주일을 성령으로 충만하게 예배를 드려서 영성을 유지하는 것입니다.

이렇게 신앙생활을 하지 못하니 세대에 역사하던 악한 영들이 예수를 믿어도 꼼짝하지 않고 숨어 있다가 영육으로 취약한 시기에 고개를 들고 나와 문제를 일으키는 것입니다. 제가 지금까지 성령치유 사역을 하면서 체험한 바로는 세대에 역사하던 악한 영이 장로가 된 다음에도 영육으로 이해 못하는 고통을 가하는 것입니다.

우리 충만한 교회 성령치유 집회와 주일 예배에 참석하여 성령의 강한 역사를 체험하고 자신 안에 도사리고 있던 중풍의 영들이 정체를 폭로하여 떠나보낸 분들이 부지기수입니다. 또 무속의 영들이 숨어 있다가 정체를 폭로하여 떠나보낸 성도 목회자가 많습니다. 이는 현재 진행형입니다. 지금도 역사가 일어난다는 것입니다. 오늘도 일어날 것입니다. 오셔서 체험해 보시기를 바랍니다. 이렇게 사전에 성령의 역사로 정체를 폭로하여 떠나보내지 않고 취약한 시기에 드러나서 고통을 당하다가 찾아오는 분들 또한 부지기수입니다.

또 매주 토요일 진행하는 개별 집중치유 시간에 자신도 모르고 지내던 영적인 문제가 드러나 치유가 됩니다. 어떤 분은 무당의 영이 정체를 밝히고 떠나갑니다. 어떤 분은 중풍의 영이 드러나 떠나갑니다. 어떤 분들은 관절염을 일으켜서 걷지 못하게 하려고 숨어있던 귀신들이 정체를 폭로하고 떠나가기도 합니다. 저는 모든 성도와 목회자가 집중 치유를 받아서 자신의 영적인 상태를 진단 받아야 한다고 강조합니다. 영적인 진단은 나이가 젊을 때 받는 것이 아주 좋습니다. 저는 아이들은 초등학교 다닐 때 받는 것이 가장 좋다고 생각을 합니다. 영적인 진단을 주기적으로 하시기를 바랍니다.

고통을 당하다가 이렇게 해도 안 되고, 저렇게 해도 안 되니, 할 수 없이 저희 교회 같은 곳에서 치유를 받는 것입니다. 그런데 때는 이미 늦은 것입니다. 이미 정체를 드러냈기 때문에 치유하려면 시간이 많이 걸리는 것입니다. 세대에 역사하는 악한 영은 태중에서 침입을 합니다. 침입하여 정체를 드러내는 시기는 두 가지가 있습니다. 첫째, 성령의 역사에 의하여 청체를 드러냅니다. 이것이 제일로 좋은 현상입니다. 두 번째는 여러 가지 상황이 좋지 못하여 스트레스를 당하여 영육으로 취약한 시기에 드러내는 것입니다. 이 상황이 제일로 나쁜 것입니다. 이런 취약한 시기에 드러나는 것을 방지하기 위하여 주기적인 영적 점검을 하여 악한 영들을 드러내는 것입니다.

그래서 성도는 교회를 잘 정해야 합니다. 그리고 주일을 효과적으로 보내면서 주기적인 영적 점검을 받아야 합니다. 많은 성도들이 이렇게 주기적인 영적 점검을 받지 않음으로 인하여 불필요한 고통을 당하고 있습니다.

어떤 분은 목사가 된 다음에 악한 영들이 드러나 고생을 합니다. 어떤 분은 안수 집사가 된 다음에 악한 영이 드러나 말로 표현 못하는 고통을 당하기도 합니다. 저는 하나님의 은혜로 성령치유 사역을 하고 있습니다. 사역을 하다 보면 영적으로 무지하여 예수를 잘 믿으면서도 불필요한 고통을 당하면서 사는 분들을 볼 때 참으로 안타깝기 짝이 없습니다. 기독교 신앙은 예방 신앙입니다. 주기적인 영적검진이 필요한 것입니다.

다시 한 번 강조합니다. 우상 숭배가 혈통에 대물림되는 성도는 반드시 드러납니다. 어떤 사람은 17세에 발생합니다. 어떤 사람은 20세에 발생합니다. 어떤 분은 26세에 발생하기도 합니다. 어떤 분은 34세에 발생할 수도 있습니다. 대략 이런 증상이 발생하는 사람의 유형을 보니 집안에 우상의 숭배가 심한 집안의 내력이 있는 가문에서 발생합니다. 그리고 태중에서나 유아시절에 상처를 많이 받은 분들이 많이 발생됩니다. 대개 심장이 약하여 잘 발생합니다. 그러므로 제가 강조하는 것과 같이 불같은 성령을 체험하고 내적치유를 미리 받아야 합니다. 그러면 성령의 임재로 사전에 상처가 드러나서 치유가 됩니다. 정기적인 영적 진단이 아주 중요합니다.

그리고 병이 들었을 때 주변에서 안다고 해서 그 사람이 고치지 못하듯이 영적 질환도 같은 이치입니다. 병이 들면 전문의의 도움이 필요하듯이 영적 질병 역시 전문 사역자의 도움이 필요한 것입니다. 목회자는 부분적으로 고칠 수는 있습니다. 그러나 전문가가 접근하는 방식과는 다릅니다. 전문가는 총체적으로 접근하며 병의 뿌리를 제거합니다. 그래서 전문가가 있는 것입니다. 영적 진단은 주기적으로 받아볼 필요가 있습니다. 병의 근원을 조기에 발견하면 치유가 쉽습니다. 그러나 그 시기를 잃게 되면 거의 치유가 되지 않습니다. 치유가 된다하더라도 시간과 노력이 많이 듭니다. 조기 검진 이것이야말로 효과적인 치유의 지름길입니다. 자신의 귀중한 영을 관리하기 위하여 영적진단을 주기적으로 받는 습관을 들이시기를 바랍니다.

5부 영적피해를 방지하기 위한 적극행동

28장 영적피해를 당하는 성도들의 유형

(고전 2:13)"우리가 이것을 말하거니와 사람의 지혜가 가르친 말로 아니하고 오직 성령께서 가르치신 것으로 하니 영적인 일은 영적인 것으로 분별하느니라."

성도들이 영적인 피해를 당하는 이유는 사람의 소리인지, 하나님의 음성인지를 구별하지 못하기 때문입니다. 예를 든다면 머리가 어지럽고 아프고 묵직하여 목회자를 찾아가서 상담을 하였습니다. 목사님! 제 머리를 어떻게 하면 치유 받을 수가 있겠습니까? 하고 질문을 했습니다. 그랬더니 목사님이 하시는 말씀은 새벽기도 열심히 하고, 봉사 열심히 하고, 헌금정확하게 하고, 예배에 빠짐없이 참석하면 머리가 어지럽고 아픈 것이나 묵직한 것이 치유가 될 것입니다. 그래서 3년을 새벽기도에 열심히 참석하고 머리를 치유하여 달라고 기도하고, 봉사 열심히 하고, 예배란 예배는 빠짐없이 참석했습니다. 거기다가 헌금도 빠짐없이 드렸습니다. 그런데 점점 더 심해지는 것입니다. 왜 그럴까요? 사람의 소리를 듣고 성령의 역사 없이 행위로 열심히 했기 때문입니다. 이렇게 귀신은 행위로 열심 있게 하도록 합니다.

그런데 성령님은 성령은 근본을 알게 하여 해결하도록 하십니다. 성령의 음성은 원인을 알게 하고 원인을 해결하는 방법을 알려주시고 성령으로 기도하게 하십니다. 그런데 성령의 음성을 들으려면 성령으로 세례를 받고 영 안의 성령하나님으로부터 성령의 불이 나오는 심령상태로서 성령의 지배와 장악이 되어야 가능한 것입니다. 성령하나님께 질문을 했더니 원인이 조상들이 무속에 참여한 죄 성으로 인한 마귀 귀신 역사로 머리가 어지럽고 아프고 머리가 맑지 못하다고 하십니다. 치유를 받으려면 물론 새벽기도에 나가고 예배를 빠짐없이 참석하고, 성령으로 봉사하는 등, 성령으로 충만한 상태에서 원인을 찾아서 회개하고 그 때 들어온 귀신들을 쫓아내면서 성령으로 기도하라고 하십니다. 이것이 성령하나님의 음성이요, 이렇게 했을 때 문제가 해결이 되는 것입니다.

다음은 사람(마귀/귀신)의 소리를 듣고 행하여 영적인 피해를 당한 사례들입니다. 툭하면 신학 하여 목회하면 문제가 해결된다고 합니다. 그래서 많은 분들이 신학을 하고 목회를 합니다. 목회를 하면 문제가 풀어지는 것이 아니고 더 심해집니다. 저도 마찬가지 이었습니다. 신학 하여 목회하면 금방 더 잘될 줄 알았는데 점점 더 문제가 꼬여서 더 어려워지는 것입니다. 그러다가 성령을 체험하고 영적인 전쟁을 하니 문제가 서서히 풀렸습니다. 그렇기 때문에 신학하면 자동으로 문제가 해결이 되는 것이 아닙니다. 반드시 말씀과 성령으로 심령을 치유하며 영적전쟁을 해야 문제가 해결이 되는 것입니다. 자신이 없어지고 성령으로 채워져서 예수님의 성품으로 변화되는 만큼씩 문제가 해결되고 환경이 열리는 것입니다. 저는 상담을 많이 합니다. 신학하면 문제가 풀어진다고 하여 신학 7년을 하고 나니 모든 물질과 건강이 바람과 같이 날아갔다는 것입니다. 그래서 살고 있는 집 주인이 방을 빼라고 한다는 것입니다. 이제 오갈 데도 없어졌다는 것입니다. 거기다가 고혈압에다가 당뇨병이 생겨서 고통을 당한다는 것입니다. 스트레스를 받으니 당연히 나타나는 질병입니다. 정말 답답할 일입니다. 이것은 누구를 원망할 수도 없습니다. 영적으로 무지해서 당하는 것입니다. 우리 바르게 알고 바르게 행해야 합니다. 그래서 무엇을 하면 하나님이 문제를 해결하여 주신다는 생각은 아예 버리는 것이 좋습니다.

저녁마다 철야하고 기도하면 문제가 풀린다고 합니다. 그래서 기도원마다 철야를 하는 성도들이 있습니다. 그런데 철야하다가 이혼하는 성도가 많다는 것입니다. 실제로 내가 저녁마다 철야하고 새벽에 오는 성도의 남편에게 물어보았습니다. 밤마다 철야할 때 기분이 어떠했느냐고 말입니다. 그랬더니 이를 갈고 있었다는 것입니다. 죽이고 싶을 정도로 미웠다는 것입니다. 그래서 문제가 풀렸냐고 물었습니다. 더 악화되었다는 것입니다. 지금 사면초가에 걸려있다는 것입니다. 무조건 철야한다고 문제가 해결이 되는 것이 아닙니다. 반드시 말씀과 성령의 역사로 문제의 원인을 찾아 성령의 이끌림을 받는 깊은 기도를 해야 합니다. 깊은 기도를 하면서 원인을 영상으로 보면서 회개도 하고 영적인 전쟁을 하면 문제는 서서히 해결이 됩니다. 그러나 막연하게 철야하면 해결이 되겠지 하면서 천일을 철야를 해도 문제는 해결되지 않습니다. 문제는 영적인 원리를 적용하지 않고 막연하게 철야만 한다는 것입니다. 영적인 원리에 따라 분명하게 적용을 하면서 기도를 해야 되는 것입니다. 반드시 영적인 조치를 하면서 기도를 해야 문제가 해결이 되는 것입니다.

저는 임신을 못하는 여성이 헌금을 하면 임신이 된다고 하여 카드로 500만원을 했다는 것입니다. 헌금을 하면 일 년 내로 임신이 된다고 해서 했는데 지금 삼년이 지났는데 임신이 되지를 않는다는 것입니다. 거기다가 카드빚을 정한 때 갚지를 못해서 신용불량자가 되었다는 것입니다. 이렇게 반 강제적으로 헌금을 한분들이 이구동성으로 하는 말이 돈만 날렸다는 것입니다. 사기를 당했다는 것입니다. 다시 받아내고 싶다는 것입니다. 그러면 내가 이렇게 말합니다. 아까워하시지 말고 하나님에게 드렸다고 생각하고 포기하라고 합니다. 헌금은 내가 받은 은혜가 크고 성령이 감동하면 하는 것이 헌금입니다. 성령이 감동하는 헌금을 해야 하나님이 받아 주시고 축복하시는 것입니다. 헌금에 대하여 바르게 알고 행해야 할 것입니다.

능력자에게 안수기도 받으면 문제가 풀린다고 합니다. 능력이 있다고 자칭하는 목회자가 공공연하게 자기가 안수했더니 문제가 풀렸다고 합니다. 이는 자기가 안수해서 문제가 풀린 것이 아니고, 성령의 역사로 문제가 풀린 것입니다. 우리는 하나님의 영광을 가로채는 사역자가 되어서는 안 됩니다. 모든 영광을 하나님께 돌리는 사역자, 성도가 되어야 합니다. 능력자의 안수한번 받아서 문제가 풀리고 권능을 받는 다면 얼마나 좋겠습니까? 절대로 안수한번 받아서 문제가 풀리는 것이 아닙니다. 내가 변하여 예수 심령이 되었을 때 문제가 풀리는 것입니다. 영적으로 변하는 만큼씩 문제가 해결이 되는 것입니다. 절대로 자신이 변하지 않으면 문제는 풀리지 않습니다. 이는 영적으로 조금 더 체험하고 깨달으면 알 수가 있습니다.

사람의 조언을 듣고 무조건 열심히 했으나 문제가 해결되기는커녕 고통만 당하다가 필자의 조언을 듣고 해결 받은 사례입니다. 어느 젊은 여 집사가 저에게 전화를 했습니다. 목사님! 저는 지금 정상이 아닙니다. 직장을 다니고 있는데 몸이 비정상입니다. 가슴이 답답하고, 잠을 자도 늘 피곤하여 닭이 병든 것과 같이 꾸벅꾸벅 졸기 일수입니다. 기도가 막혀서 기도를 할 수가 없습니다. 그리고 조그마한 소리도 받아들이지 못하고 짜증이 심합니다. 불안하고, 두렵고, 우울할 때도 있습니다. 몸이 천근만근 무겁습니다. 세상 살아가는 것이 지옥이 따로 없습니다. 1차 집중 치유를 받고 이렇게 메일을 보냈습니다.

목사님! 안녕하세요? 지난주 토요일 집중치유 받은 "아무개 집사"입니다. 처음 갔고, 벽 쪽에 있었던 집사입니다. 먼저 감사의 말씀 올립니다. 신앙생활 20년 하면서, 이렇게 귀한 사역을 감당하시는 목사님과의 만남은 처음이며, 영광입니다. 여기까지 인도하시고, 목사님을 알게 된 것은 오직 하나님의 은혜이고 인도하심입니다. 목사님을 알게 된 것은 인터넷에서 방언기도 책을 구입해서 읽고 난 후, 치유를 받아야겠다는 생각이 강하게 들어서 대전에서 올라가게 되었습니다.

제가 평소 얼굴이 많이 붓고, 피곤하고, 가슴이 답답하여 몇 주 전에 서울대학교 병원에 가서 450 만원을 들여서 종합검진을 받았으나, 정상으로 판정 되었습니다. 그러나 여전히 얼굴은 붓고, 피곤하고, 특히 방언기도를 하면 더 가슴이 답답했습니다. 그런데, 신기하고 감사하게도, 목사님께 치유 받은 후, 얼굴이 안 붓고, 피곤한 것도 많이 좋아졌습니다. 그러나 여전히 가슴은 답답합니다. 치유 받을 때는 정말 많이 시원했었거든요. 계속 치유 받아야 하는 거겠지요?

제가 궁금한 게 몇 가지가 있어서, 글을 올립니다. 첫째는 남편 문제입니다. 남편한테 얘기했더니, 가서 치유 받는 것은 좋으나, 자기는 "간절함과 사모함"이 없기 때문에, 괜히 헛걸음 하는 게 아니냐고 부정적인 입장을 얘기합니다. 간절함 없이 구경꾼의 심정으로 가면 별로 은혜를 못 받을 것 같은 생각이 저도 들어서, 제가 강하게 권면을 못하겠습니다. 남편은 굉장히 지적이고 분석적인 사람입니다. 이럴 경우, 하나님의 때를 기다리는 것이 맞는지, 아니면 권면해서 같이 가는 게 맞는지 잘 모르겠습니다. 조언 부탁드립니다.

둘째는 집 이사 문제입니다. 대전집이 1년이 넘도록 매매 되지 않습니다. 집을 두고 이런 저런 기도를 1년 동안 드렸습니다. 능력이 있다는 분들의 영적인 조언을 듣고 여리고 기도는 10번 정도, 새벽기도100일, 3일 금식기도는 2번 했습니다. 새벽기도는 여전히 드리고 있고요. 이 1년 과정 중에, 가계약은 2번이나 파기 되었고, 보통 한번 파기도 어려울 것입니다. 집을 보러 온 사람은 30명도 넘습니다. 저희 집은 지은 지 3년 된 새 아파트고, 대전에서 역세권이고, 인기 있는 아파트입니다. 상식적으로 매매가 안 되는 것은 이해가 안 되는 상황입니다. 2번의 계약파기는 더욱 기가 막힙니다. 집을 보러 오거나, 가계약을 하는 경우 타이밍은 정말 절묘합니다.

① 여리고 기도가 시작되거나, 끝났을 때, ② 금식기도가 시작되거나, 끝났을 때, ③ 새벽작정기도가 시작되거나, 끝났을 때, 처음에는 하나님께서 믿음의 그릇을 키우기 위한 훈련의 과정이라고 해석했습니다. 왜냐하면, 제가 분양권 매매, 아파트 매매로 재테크를 해

서 돈을 조금 벌었습니다. 그래서 2,3년 동안 돈에 미쳤었는데, 하나님께서 집 문제를 막으셨다는 것을 꿈을 통해서 깨닫게 하셨습니다. 집 문제로 금식기도를 드렸는데, 금식기도 시작 첫날 꿈을 꾸었습니다. 꿈에서 호세아서를 보여 주셨고, 꿈을 깨서 호세아서를 읽어 보니, 영적 타락에 대해 쓰여 있었습니다. 그래서 또 다시 3일 금식기도를 드리며, 돈을 사랑한 죄를 회개하기도 했습니다. 제가 지은 죄가 있기 때문에, 회개하면 하나님께서 길을 열어 주시리라 생각했고, 믿음으로 지금까지 기다리고 있는 실정입니다. 이제는 6월 30일까지 입주해야 되므로 약 20일정도 밖에 안남은 상황에서 여러 가지 생각이 떠오르기에 암담한 상황입니다.

필자가 남편을 설득해서 남편하고 같이 와서 치유를 받는 것이 좋겠다고 조언했더니 남편이 따라와 치유 받았습니다. 의외로 남편이 쉽게 성령으로 장악이 되었습니다. 안수를 하니까, 깊은 곳까지 치유가 일어났습니다. 여 집사의 깊은 곳에서 치유가 일어났습니다. 남편도 생전처음 성령으로 성령의 불의 나타남을 체험했다고 좋아했습니다. 그때서야 성령하나님이 이성과 육체를 지배한 것입니다.

돌아가서 이렇게 메일로 소식이 왔습니다. "한 달 전 남편과 같이 대전에서 올라와 치유 받은 ○○○ 집사입니다. 답답했던 가슴이 뚫리고 기도가 너무나 잘됩니다. 건강도 아주 좋아졌습니다. 더군다나 1년 6개월 동안 팔리지 않았던, 대전 아파트가 며칠 전 계약이 되었습니다. 먼저 하나님께, 그리고 목사님께 감사드립니다. 목사님께서 알려 주신 대로 남편과 같이 열심히 성령의 임재가운데 대적 기도를 했습니다. 대적기도의 결과 응답되었고, 앞으로 마귀 귀신을 불러들이는 일은 하지 않아야겠다고 깨닫게 되었습니다."

이를 설명하면 이렇습니다. 여 집사가 예수를 믿고 집사까지 되었습니다. 행위로 관념적으로 사람의 말을 듣고 신앙생활을 했기 때문에 예수를 믿을 때 임재하신 성령님이 밖으로 나타나지 않은 것입니다. 성령하나님 없이 인간적인 노력을 가지고 영적인 문제가 해결이 되지 않는 것을 실제적으로 알게 된 것입니다. 임재하시기만 해서 성령님이 아무런 영향력을 행사하지 못한 것입니다. 그래서 상처가 쌓이고 기도가 되지 않고 환경의 문제 등 영육의 고통이 찾아온 것입니다. 성령으로 세례 받고 성령의 불이 밖으로 나오지 않으니 아무것도 되는 것이 없는 것입니다. 그래서 성도들이 사람 말(마귀/귀신)을 듣고 움직이기 때문에 영적인 고통과 피해를 당하고 사는 것입니다.

그러다가 필자를 찾아와 안수기도를 받고 기도하니, 최초 여 집사를 예수 믿게 하신 성령님이 밖으로 나타나신 것입니다. 성령의 역사가 밖으로 나타나심과 동시에 영육의 문제까지 해결하신 것입니다. 지금 이와 같이 예수를 믿게 하신 성령께서 밖으로 나타나지 못하여 성령께서 아무런 힘도 발휘를 못하는 성도들이 많습니다. 모두 성령님이 주인으로 역사하시는 분에게 안수기도를 받아 내주하신 성령님이 밖으로 나타나게 해야 합니다. 그래야 이 여 집사와 같이 영육의 문제를 해결 받고 성령으로 충만한 신앙생활을 하면서 지금 하늘나라 천국을 누릴 수가 있습니다. 정확하게 깨닫고 이해하셨으리라 믿습니다.

29장 영적피해를 온전하게 방지하는 비결

(고후 4:4)"그 중에 이 세상의 신이 믿지 아니하는 자들의 마음을 혼미하게 하여 그리스도의 영광의 복음의 광채가 비치지 못하게 함이니 그리스도는 하나님의 형상이니라."

우리 크리스천들이 예수를 믿으면서 영적인 피해를 당하는 것은 보이는 면으로 신앙생활을 하기 때문입니다. 정작 영적인 피해를 가하는 존재들은 영적인 존재로서 눈에 보이지 않은데 보이는 면만 조치를 취하면서 살아가기 때문에 예수를 믿으면서도 불필요한 고통을 당하면서 살아가는 것입니다. 온전하게 영적인 면까지 정화해야 자유 함을 누리면서 살아갈 수가 있습니다. 성령하나님께서 자신의 영 안에서 불로 역사하는 권능으로 정화하고 배출해야 자유함을 누릴 수가 있고 평안한 삶을 살아갈 수가 있는 것입니다.

예를 들어 설명하면 이렇습니다. 마귀는 각 그룹마다 자신들의 독특한 특징을 지닙니다. "종교의 영"은 거짓 종교체계를 따르도록 우리를 유혹하며, "가난의 영"은 가난하도록 유도하며, "사업을 파산하게 하는 영"은 사업이 망하도록 역사하며, "이혼의 영"은 부부간에 이혼하게 역사하며, "목회를 방해하는 영"은 목회가 되지 않도록 역사하며, "발람의 영"은 권세와 물질을 더 좋아하게 만들며, "우울증이나 정신분열증의 영"은 우울증이나 정신 분열증이 일어나도록 스트레스와 상처를 받도록 역사하며, "이세벨의 영"은 우상을 숭배하게 만듭니다. 그 밖에 "게으른 영"은 모든 것을 내일로 미루도록 만들며, "분리의 영"은 항상 부정적으로 비판하게 만들어 분리하게 합니다. "다툼의 영"은 사소한 일도 크게 만들어 다툼이 일어나며, 이런 영을 가진 사람이 모임에 들어오면 반드시 싸움이 생깁니다.

떠오르는 생각 가운데 우리 영의 생각, 성령의 생각, 천사의 생각, 마귀의 생각이 있습니다. 이처럼 우리의 생각은 온갖 영의 생각들이 복잡하게 드러나는 싸움터입니다. 이런 생각들의 출처를 확실하게 구분할 줄 아는 것이 영적 분별력이며, 기술이기 때문에 배워서 익혀야 합니다. 우리의 생각을 멋대로 내버려 두어서는 안 됩니다. 하나님의 말씀으로 무장하고 분별력을 높여 하나님의 음성을 더 잘 듣도록 노력합시다.

귀신은 우리의 육체를 점령하여 그 가운데 거처를 삼고자 기회를 엿봅니다. 마음의 상처나, 고통스런 사건을 경험하여 심령이 극심하게 허약해져 있어 분별력이 없을 때 침투하게 됩니다. 극심한 사건이 없다 하더라도 영이 강건하지 못한 경우, 귀신은 접근을 시도합니다. 우리가 영적인 일에 무지하고 믿음이 약할 때 역시 공격을 시도하는데 귀신의 공격목표는 우리의 육신입니다.

그러므로 귀신이 접근하면 먼저 우리의 영이 이 사실을 깨닫게 되며, 그 신호를 육체에게 보냅니다. 육체가 느끼는 다양한 신호 가운데 가장 많이 나타나는 것이 소름끼치는 것입니다. 가슴이 조여들고 현기증이 나고 불쾌한 생각이나 두려운 생각, 썩은 냄새, 머리카락이 서는 강한 공포 등의 신호를 우리 감각기관에 보냅니다.

검은 물체가 보이거나, 어두운 분위기와 짓누르는 것 같은 압박 감 등도 나타나며, 어둡고 불쾌하며 두려운 생각이 짓누르고 가위 눌려 몸을 움직이지 못하게 되며, 악몽에 시달리며, 짐승들의 울부 짖는 것과 같은 소리가 날카롭게 들립니다.

방언이 거칠고 날카롭게 나오며, 짐승소리 비슷하게 변합니다. 공중에서 급하게 바람이 휘몰아 가는 것 같은 느낌이 들며, 날카로 운 바람 소리가 들립니다. 무당들이 점을 칠 때 내는 독특한 휘파람 소리 같은 소리가 스쳐지나 가며, 뱀이 낙엽 위로 사삭 거리면서 지 나가는 것과 같은 소리와 느낌이 듭니다. 때로는 발자국 소리가 들 리기도 하고 문이 열려 있어서 냉기가 스며드는 것 같아 누가 문을 열어두었나 하고 살피게 됩니다. 귀신은 공포를 동반하는데 이 모 든 것이 일차적으로는 우리의 영이 우리 자신에게 알려주는 신호입 니다. 귀신은 자신의 존재를 나타내려고 하지 않지만, 우리의 영은 이 사실을 알기 때문에 이런 다양한 신호를 우리에게 보냅니다. 귀 신이 자신에게 접근해 오면 우리의 영이 이를 알고 느끼기 시작하 며, 때로는 성령께서 이 사실을 우리에게 알게 해 주십니다.

그래서 가계의 영적인 죄악을 철저하게 인정하고 정화해야 자유 하게 됩니다. 가계의 죄악을 통하여 역사하던 귀신들이 예수를 믿 는 다음에도 들킬 때까지 은밀하게 방해를 가하고 있다고 인정하고 하나하나 되짚어 보면서 찾아내어 정체를 폭로하고 떠나보내야 합 니다. 그래야 영적으로 육적으로 자유 함을 누릴 수가 있습니다.

절대로 합리화 하지 말고 지금 자신에게 영향력을 행사하고 있다고 인정하고 정리해야 합니다. 많은 분들이 예수를 믿었으니 그런 것들하고 상관이 없다고 인간적으로 합리화하고 무시하기 때문에 당하면서도 알지 못하고 당하는 것입니다. 사소한 역사라도 지나치지 말고 인정하고 영 안에서 올라오는 성령의 불의 역사를 일으키고, 성령의 임재가운데 들어가서 대적히고 명령하면 귀신은 정체가 폭로되었기 때문에 대부분 도망갑니다. 지속적으로 관심을 가지면서 대적하면 사간이 문제이지 떠나가는 것입니다. 그런데 정체가 들킨 귀신만 떠나가고 도망가려고 합니다. 귀신은 자신의 정체가 들키지 않으면 영원한 천국에 가기 전까지 역사하면서 괴롭히는 것입니다.

다음 아사왕의 사례를 일어보면 온전하게 정화해야 되는 이유에 대하여 영적인 깨달음이 있을 것입니다. 세상에서 다른 나라의 침략을 당하는 것은 국력이 약하기 때문에 침략을 당하는 것입니다. 국력이 강하면 감히 다른 나라에서 침략하려는 생각을 하지 못하는 것입니다. 그래서 우리나라도 자주국방을 강조하는 것입니다. 자주국방이 되면 감히 북한에서 전쟁을 도발할 수가 없기 때문입니다. 전쟁 억제력을 가지려면 국력이 강해져야 합니다. 외국군대가 침입해 오면 막아내기 급급하면 전쟁을 피할 수가 없습니다.

그래서 구약 성경에 보면 외국 군대가 쳐들어오면 하나님에게 기도하여 막아낸 경우가 많이 있습니다. 대표적인 것이 역대하 14장의 아사 왕에 관한 이야기입니다. 위대한 이스라엘의 왕 솔로몬이 죽었습니다. 그러나 솔로몬의 마지막 생애 속에 보면 그가 그의 많은 아내들의 잘못된 말을 듣고 우상과 사신을 섬겼습니다. 그 결과로 하나님께서 진노하셔서 그 자손 대에 나라가 나누어지게 된 것입니다. 그래서 북방 이스라엘과 남방 유다로 나라가 갈라지게 되고 만 것입니다. 그런데 이와 같이 나라가 분리되고 난 다음에 유다에서 제 3대 왕의 아사라는 훌륭한 임금님이 즉위하게 되었습니다. 아사 왕은 여호와를 섬기는 신앙부흥을 적극적으로 추진한 임금님이었습니다.

그는 먼저 그 온 전국에 다 사람을 보내어서 이방제단과 산당을 없이하고 주상을 훼파하며 아세라 신상을 다 찍어 없앴습니다. 그 나라 전체 우상과 사신을 섬기는 큰집이 없도록 그렇게 만들었습니다. 그 뿐 아니라 온 전국을 임금이 직접 동행해서 하나님 여호와를 구하며 율법과 하나님의 계명을 지키고 행하도록 강조를 했습니다. 그와 함께 국방을 튼튼히 해서 헐어진 성벽들을 다시 재건하고 또 새롭고 튼튼한 성벽들을 쌓았습니다. 이렇기 때문에 아사 왕은 크게 유다 나라를 부흥케 하고 하나님께서도 아사 왕의 일을 만족하게 여기셔서 주님께서 축복을 주고 은총을 주셨습니다. 바로 그때였었습니다.

에티오피아의 대왕 세라가 백만 대군을 거느리고 병거 삼백 승을 가지고서 유다를 침략해 들어왔었습니다. 이래서 아사 왕은 군대를 거느리고 이 에티오피아 세라의 백만 대군을 맞이하여 싸우러 나갈 때 도저히 인간적인 계산으로서는 싸워서 이길 승산이 없었습니다.

그래서 그는 그 에티오피아의 백만 대군 앞에서 소리를 높여 하나님께 외쳐 기도하기 시작한 것입니다.

역대하 14장 11절에 보면 그의 기도가 기록돼 있습니다. "여호와께 부르짖어 가로되 여호와여 강한 자와 약한 자 사이에는 주밖에 도와줄 이가 없사오니 우리 하나님 여호와여 우리를 도우소서 우리가 주를 의지하오니 주의 이름을 의탁하옵고 이 많은 무리를 치러 왔나이다 여호와여 주는 우리 하나님이시오니 원컨대 사람으로 주를 이기지 못하게 하옵소서" 이와 같이 간절히 부르짖어 기도한 결과 하나님께서 그 기도를 들으시고 주께서 에티오피아의 군대를 치셨습니다. 하나님이 친히 에티오피아의 백만 대군을 치니, 아사 왕의 군대가 추격하여 한사람도 고향으로 살아서 돌아가지 못하게 다 진멸하고 병거 삼백 승을 파괴했습니다.

대 승리를 얻어서 그 전리품은 산을 쌓아 놓은 것처럼 그렇게 많았습니다. 이래서 대 승전을 하여 영광을 돌리고 나팔 불고 북 치고 춤추며 그들은 유다로 돌아왔습니다. 온 국민이 함께 모여서 하나님께 감격하고 감사하여 무려 소 700마리와 양 7천 마리를 가지고서 여호와 하나님께 거대한 제사를 드렸었습니다. 그리고 전 국민이 합쳐서 진심으로 여호와를 찾기로 일대 결단을 내리고 누구든지 여호와를 경외하지 않은 사람은 죽이기로 작정했습니다. 어느 정도 아사 왕이 결심하고 여호와를 섬기기로 적정했던지 그 어머니 태후가 이날 이후에 아세라 상을 만들었습니다.

그러자 그 어머니 태후의 위를 폐하고 아세라 상을 찍어서 기드

론 시냇가에 가서 물에 떠내려 보냈습니다. 이와 같이 하니까 하나님께서 하늘 문을 여시고 축복을 해주셔서 그 나라가 태평성대하고 국민들이 잘 살고 하는 일마다 잘 되었었습니다. 그래서 무려 20년 동안 어떠한 이웃나라도 감히 유다를 넘나보지 못하고 20년 태평성대를 누렸습니다. 여기에 문제가 있는 것입니다. 20년 동안 아무 일이 없이 나라가 부강하고 태평성대 하니 그만 아사가 신앙이 시들해버리고 만 것입니다. 하나님을 잊어버리고 만 것입니다. 20년이 지나고 난 다음에 그 북방인 이스라엘 왕 바아사가 군대를 가지고서 유다를 침략합니다.

이제는 옛날에 에티오피아의 군대에 비교하면 아무 것도 아닌데도 불구하고 마음속에 두려움이 들어와서 여호와께 부르짖거나 기도하지 않습니다. 아사는 곧장 뛰어가서 성전에 있는 금과 은, 왕궁에 있는 금, 은을 취하여 가지고서 이것을 아람 왕에게 보내서 아람 왕 벤하닷의 군대를 고용했습니다. 결국 아사왕은 멸망하고 맙니다. 왜 그렇습니까? 항상 하나님을 찾지 않았기 때문입니다. 온전하게 정화하여 유지하지 못했기 때문에 망한 것입니다. 항상 하나님을 주인으로 모시고 살지 않고 경성하지 못했다는 것입니다.

우리 성도들이 알아야 할 것은 가계에 우상숭배가 심했든지, 고사를 많이 지냈든지, 절에 중이 있든지, 조상들이 절에 시주를 많이 했다든지, 남묘호랭객교를 믿은 조상이 있든지, 천리교를 믿는 조상이 있든지, 무당이 있었든지, 무당을 데려다가 굿을 많이 했다든지, 여호와 증인이 있다든지, 통일교를 믿는 부모가 있다든지, 신천지를 믿는 부모나 형제가 있다든지 한다면 보이는 행위나 의절하는 것으로 만족하지 말아야 합니다. 반드시 자신의 영 안에서 올라오는 성령하나님의 역사가 장악되고 지배된 가운데 회개하고 절단하고 귀신들을 몰아내는 영적인 활동을 지속적으로 해야 합니다. 그렇지 않고 예수 믿었으니 새사람이라고 인간적인 생각을 가지고 지내다가 보면 보이지 않은 혈통에 역사하는 귀신들에 의하여 불필요한 고통과 환란을 당할 수가 있습니다. 지금 자신에게 고통을 가하고 있다고 인정하고 적극적인 방법으로 해결을 해야 합니다.

마찬가지로 가계에 어른들이 사업파산, 가난, 이혼, 질병, 알코올 중독, 중풍, 각종 암, 우울증, 정신분열증, 공황장애 등등으로 고통 당하던 선조들이 있었다면 앞에서 설명한 방법대로 적극적으로 해결을 해야 불필요한 고생을 하지 않을 것입니다. 반드시 성령으로 정화되고 지배되고 장악되어 성령하나님으로 바뀌어야 안심할 수가 있는 것입니다.

항상 기도하여 성령 충만하게 지내야 합니다. 하나님과 친밀하게 지내면서 자신의 권능을 강하게 해야 합니다. 하나님이 나에게 부여한 성령의 권능을 강하게 해야 합니다. 남의 힘을 빌려서 귀신을 쫓아내려한다면 아사 왕과 같이 될 수가 있습니다. 항상 성령이 충만하여 자신 안에서 불이 나오도록 관리해야 합니다.

성도들이나 목회자 중에 외지를 가서나 다녀온 뒤 머리가 어지럽고 기도가 잘되지 않고 기분이 가라앉는 등 영적으로 눌리는 경우가 있습니다. 이는 자신이 아직 성령으로 지배와 장악되지 않고 성령의 인도를 받지 못하기 때문에 일어나는 현상입니다. 성령하나님이 자신을 온전하게 장악했다면 일어나지 않는 현상입니다. 그렇기 때문에 외지를 갔을 때 자신 안에서 올라오는 성령의 불로 역사가 자신을 장악하도록 성령으로 기도를 해야 합니다. 갔다가 와서도 성령으로 충만한 예배에 참석하여 성령으로 기도하면서 자신을 정화한다면 얼마 되지 않았기 때문에 대부분 맑게 정화되는 것이 보통입니다. 심하다면 성령으로 충만한 목사님의 안수기도의 도움을 받아서 해결하는 편이 영적인 상태를 유지 하는데 도움이 될 것입니다. 더 상세한 것은 앞으로 출간될 "안수기도의 희한한 비밀" 책을 활용하시기를 바랍니다.

사업장이나 예배당이 망한 후에 다시 망하는 이유를 알아야 합니다. 하나님은 하나님의 자녀가 하는 사업이나 목회는 잘되기를 원하십니다. 잘 안 된다는 것은 방해세력이 있기 때문에 안 되는 것입니다. 방해세력을 인정하고 정리하는 작업은 본인이 해야 합니다. 하나님께서 해주시기 않습니다. 처음 망할 때 있었던 영육간의 문제를 해결하지 않은 연고입니다. 앞에서 설명한 혈통의 여러 가지 문제들이 지금 자신에게 문제를 일으키고 있다고 인정하는 것이 중요합니다. 그 다음에 자신 안에서 올라오는 성령의 불의 역사로 회개하고 끊어내고 배출시키는 작업을 해야 합니다.

귀신은 절대로 정체가 들키지 않으면 아무리 강한 성령의 역사가 일어나도 떠나가거나 도망치지 않으면서 알게 모르게 방해를 합니다. 그렇기 때문에 선조들이 행한 여러 가지 우상숭배 뒤에 귀신이 역사한다고 인정하고 회개하고 끊어내고 몰아내는 작업을 적극적으로 해야 합니다. 그렇게 한 다음에 사업이나 목회를 해야 정상적으로 풀려갈 것입니다. 절대로 귀신은 정체가 발각돼야 도망가기 시작한다는 것을 명심해야 합니다. 귀신이 방해한다면 자신에게 인간적인 요소가 남아있기 때문입니다. 이는 자신이 성령하나님의 도움을 받아서 해결해야 합니다. 귀신이 떠나가야 하늘나라 천국이 되어 사업이나 목회가 제대로 되어갈 것입니다.

부적을 통하여 악한 영의 역사가 강하게 일어납니다. 부적을 소지하고 있었거나 부착하고 있던 곳에서 회수하여 왔다면 완전하게 피기하거나 태우거나 정화해야 합니다. 부적이 3,000만 원짜리라고 할지라도 무조건 태워서 없애야 합니다. 만약에 가격이 비싸다고 가지고 있거나 보관하고 있는 다면 큰 화를 면치 못할 것입니다. 세상 욕심에서 완전하게 정리돼야 합니다. 생각까지 정화해야 합니다.

필자는 성도 집에서 회수하여 온 부적이 3,000만 원짜리라고 아까워서 교회에 보관하고 있다가 교회가 분란이 일어나고 급기야 담임목사가 사임하는 경우를 체험했습니다. 이는 하나님께서 정말로 싫어하시는 일을 한 것입니다. 하나님께서 싫어하시는 일을 했기 때문에 귀신이 역사하는 것은 당연한 것입니다. 세상 사람들도 이사를 가면 귀신을 쫓아내는 나름대로 의식을 합니다. 하물며 건물과 가정에 머무는 귀신을 몰아내는 영적인 전쟁을 해야 하는 성도들은 영적인 눈을 열고 영적조치를 취해야 귀신을 몰아내고 천국이 되어 아브라함의 복을 받을 수 있습니다.

30장 영적피해를 당하는 직접적인 원인들

(고전 2:10)"오직 하나님이 성령으로 이것을 우리에게 보이셨
으니 성령은 모든 것 곧 하나님의 깊은 것까지도 통달하시느니라"

예수님을 믿는 성도들이 영적인 피해를 당하는 것은 영적인 면을
잘 모르기 때문입니다. 보이지 않는 영의 세계를 보이는 이성적으
로 합리적으로 관념적으로 해석하고 적용하고 믿음 생활을 하기 때
문에 영적인 피해를 당할 수밖에 없습니다. 참으로 안타까운 것은
우리나라 교회에 보이지 않는 영의세계에 대하여 박식한 목회자나
성도들이 귀하다는 것입니다. 그만큼 보이지 않기 때문에 발전이
되지 못했다는 말입니다. 성경말씀을 해석하여 설교하는 것이나 성
경지식을 머리로 아는 것은 많이 발전이 되었습니다. 그러나 성경
말씀을 성령으로 깨달아 알고 행하는 면은 많이 뒤쳐져 있는 실정
입니다.

그만큼 보이지 않는 영적인 분야를 등한히 한 결과입니다. 정작
중요한 것은 보이지 않는 영의세계인데 어두운 부분으로 가려져 있
으니 어두움에 역사하는 영들의 공격에 무방비로 당하고 살아가는
것입니다. 다음에 제시되는 상담 내용은 읽어보시면 이해가 갈 것
입니다. 대전에 사시는 아무개 여 집사님이 저에게 전화를 했습니
다. 이야기를 들어보니 너무 혼탁하고 전화로 이해가 곤란하여 필
자의 메일을 알려주고 메일로 사정을 적어서 보내라고 했습니다.

여러 가지 문의 사항 있어서 전화했던 아무개 집사입니다. 목사님의 말씀대로 메일로 글을 적어서 보냅니다. 상세한 답변을 해주셔서 저의 영적인 무지를 깨워주시고 해결되게 하여 주시기를 바랍니다. 제가 해결하여 보려고 노력했으니 도저히 해결할 수 있는 능력이 되지 못해서 사정을 적어서 보내드립니다.

첫째로 저희 자녀들의 이름의 문제입니다. 자녀들의 이름을 지을 때 저와 남편이 영적인 면을 잘 알지 못해서 역술하시는 분에게 찾아가서 이름을 지었습니다. 그런데 영적인 것을 깨닫고 보니 잘못을 저지른 것 같습니다. 남편하고 저하고 회개하고 관련 악령들을 떠나보냈는데 더 필요한 영적 조치가 있는가요? 악령들을 떠나보내고 나면 이름은 따로 안 바꿔도 되지요?

둘째로 물건을 통해 악령의 영적전이가 일어나나요? 예를 들어 그 물건을 보거나 사용하는 경우에 영적인 역사가 일어나는지 여부가 궁금합니다. 예전에 너무나 갈급하고 답답하여 아무개 기도원에 상담 받으러 갔다가 김 목사라고 축귀를 전문으로 하시는 목사님을 소개 받았습니다. 저의 영적 상태와 궁금증에 대하여 상담을 받았습니다. 상담을 해주신 김 목사님이 축귀와 수맥차단, 축복의 효과가 있다는 액자를 찾아오는 사람한테 팔고 있었는데 처음에는 공짜로 주었습니다.

제가 그것을 20개가량 100만 원 정도를 김 목사님에게 드리고 사서 주변 사람들을 축복 한다는 개념으로 가족과 친구들에게 주기도 하고 다른 물건과 같이 팔기도 했습니다. 그때 호랑이 같은 시어머니 영에 눌려서 밥도 못 먹고, 잠도 잘 못자고 두려움과 불안한 상태가 정말 안 좋았는데 그 액자를 옆에 두니 모든 공격이 사라져 편안해져서 저는 그 액자에서 그 목사님의 축복과 축귀의 능력이 나오는 줄 알았습니다.

그 이후에 영적인 면을 깨닫고 보니 영적으로 좋지 않겠다는 생각이 들어서 일부는 연락하여 액자를 치웠습니다. 일부 연락이 안 되는 사람들의 액자는 치우지 못했는데 회개하고, 관련 영들을 몰아내고 예수님 보혈을 뿌렸는데 더 해야 할 일이 있나요? 치우지 못한 액자에 대해서 조치를 어떻게 해야 하나요? 이 사건을 시작으로 어떤 물건을 살 때마다 저 나름대로는 성령하나님한테 물어보고 산다고 했습니다. 그런데 지금 와서 영적인 면을 깨닫고 보니 마귀, 귀신한테 물어보고 동의를 구하고 구입했다는 것을 깨달았습니다.

반대로 마귀가 지정한 물건을 사지 않으면 굉장한 두려움과 몸이 쪼여지는 고통이 있어서 반강제적으로 물건을 구입하고 액자처럼 여러 사람들에게 나눠줬습니다. 그런데 지금 영적인 진리를 깨닫고 보니 어렸을 때 친구들이 한 명은 무당의 딸 이였고, 한 명은 남묘호랭객교를 믿어서 집에서 신전을 차려놓은 집인데 그 집에서 자주 친구와 놀았는데 그 때 영적 침입 된 남묘호랭객교 영이 저를 이렇게 조종한다는 것을 깨닫게 되었습니다.

다른 곳에서 만난 능력사역하시는 아무개 목사님이 자신에게 여러 가지 대단한 은사가 있다 해서 그 물건을 구입하면 축복이 전달되는 줄 알았습니다. 그 물건들은 액자와 달리 그 수가 많고 사용 중인 것도 있고 일부 나눠준 것은 다 기억을 못하는데 회개를 어떤 방식으로 해야 하는 지요? 물건 하나하나를 다 찾아서 해결해야 하는지 궁금합니다.

셋째로 얼마 전 성령님의 감동을 받는 기도를 하던 중 예수님 뜻인 것 같아 어머니에게 영적치유를 권하고 실천하던 중 어머니와의 사이가 안 좋아졌습니다. 사실은 어머니가 어깨와 허리가 아파서 많이 고생하고 계시기 때문이었습니다. 어머니는 보수적인 신앙생활을 하시는 분이였는데 성령의 역사가 일어나니 거북스러웠나 봅니다. 하나님의 음성이나 성령의 인도를 받아 실천을 하더라도 타인과의 관계에 지장을 주지 않고 개인적인 선에서 하고 응답을 받아야겠다고 생각했습니다. 그래서 성령님의 인도를 받는 기도를 잠시 중단한 상태인데 성령님의 감동을 받는 기도를 계속해도 되는지 궁금합니다.

넷째로 장소에 역사하는 악령에 관한 문의입니다. 어렸을 때 살았던 곳이 옛날 절이 있던 집터였습니다. 그곳에서 어머니, 아버지가 15년 정도 제사를 지냈습니다. 어머니는 나중에 개종을 했습니다. 지금 어머니가 사시는 곳은 제가 많이 안 좋았을 때 이사를 가야 한다고 집을 얻은 곳입니다. 어머니는 1층에 살고 계시고, 2층 주인집 현관문에 부적 3개가 지금 붙여져 있습니다. 그리고 대문에는 부적을 붙이고 뗀 자국이 있습니다. 집 앞에는 작은 절이 있고, 옆집 두 집 거른 곳에 무당집이 있습니다. 어머니가 집을 굉장히 잘못 얻은 것 같습니다.

다섯째로 어머니가 저의 신앙을 통제한다고 생각이 듭니다. 어머니가 제가 영적인 교회에 다니는 것을 굉장히 거부하시는 것입니다. 그러시면서 성령 충만하다는 사람들을 은근이 험담을 하시면서 욕을 하시기도 합니다. 제가 영적인 교회에 등록하고 다니는 것을 굉장히 섭섭하게 생각하십니다. 지금 깨닫고 보니 어머니가 저의 영성이 발전하는 것을 통제한다는 생각이 됩니다. 제가 많이 안 좋을 때 했던 말이나 행동들이 어머니에게 영적으로 많이 상처가 된 것 같습니다. 그때 상처로 영적인 통제를 한다고 생각됩니다.

여섯째로 어머니의 동생인 이모가 천주교를 다니십니다. 그런데 어머니를 만나기만 하면 교회 다니는 사람을 욕한다는 것입니다. 이모의 영향으로 제가 영적인 교회에 등록하고 다니는 것을 은근히 섭섭하게 생각하시는 것 같습니다. 목사님! 저희 무지를 깨닫게 해주시기를 부탁드립니다. 필자가 상세하게 답변을 해주었습니다.

필자는 목회자나 권사나 장로님이 이런 문제를 가지고 상담을 했다면 하나님께 기도하여 지혜를 받아 해결하시라고 합니다. 그러나 이런 분과 같이 믿음이 약하고 진리를 바르게 깨닫지 못한 어린 성도들에게는 상세하게 알려주어서 해결하게 합니다. 진리를 바르게 깨닫지 못해서 인간적이고 합리적이고 마귀가 좋아하는 방법으로 해석하여 조치할 우려가 다분하게 있기 때문입니다.

많은 분들이 성령의 인도를 받으라고 말합니다. 그런데 성령의 인도가 그렇게 쉬운 문제가 아닙니다. 하나님을 자신의 주인으로 모시고 하나님의 뜻을 따라 살아가면서 성령의 지배와 장악이 되어 성전 된 성도를 성령께서 인도하시는 것입니다. 그렇기 때문에 말로 기도하며 하나님께 부탁한다고 성령의 인도를 받을 수가 없다는 것입니다. 자신이 하나님을 주인으로 모시고 성령의 지배와 장악이 되어야 하며 매사를 성령의 감동을 받아 해결하면서 살아야 가능한 것입니다. 온전하게 성령하나님을 주인으로 모셔야 가능합니다.

첫째로 먼저 아들 이름문제입니다. 원래 역술은 귀신역사입니다. 그렇기 때문에 예수를 믿는 사람들은 작명소나 역술원에 가서 이름을 작명하는 것은 위험합니다. 남편과 아이들과 상의 하여 이름을 복음적으로 바꾸어 주는 것도 좋은 방법입니다. 그러나 이름만 바꾼다고 영적인 문제가 해결이 되는 것은 아닙니다. 성령의 임재가운데 안수기도를 하여 이름을 통하여 역사하는 세상신이 떠나가게 해야 합니다. 자녀들에게서 성령의 역사가 지속적으로 일어나게 해야 합니다. 가정이 예수로 하나 되면 문제가 없을 것입니다.

둘째로 원래 기도원이나 사람이 많이 모이는 곳에서 강사들이 강매하는 물건들은 그 분들이 제작한 것이 아니고 업자를 통하여 의뢰받은 것이 대부분입니다. 그러니까 그런 물건을 통하여 악령이 역사한다는 것입니다. 그리고 자신 안에 주인으로 계시는 성령하나님으로 평안을 찾으려고 해야지, 그런 액자를 놓고 잔다고 평안하지 못합니다. 액자를 놓고 자니 평안했다는 것은 그냥 마음 적으로 느낀 것일 뿐입니다. 축귀와 수맥을 끊어주는 액자와 다른 물건들은 자기가 가지고 있는 것 다 파기 하고 회개하고 귀신을 쫓아냈으면 되었고, 다른 사람들이 가지고 간 것은 회수할 수가 없으니 그 사람들의 믿음에 맡기는 수밖에 없습니다. 그것을 받아간 사람들도 영적인 수준이 알아줄 만하기 때문에 본인이 깨닫고 파기하기를 기도하면 되는 것입니다. 더 이상 고민하지 말고 생각이 날 때마다 성령의 임재가운데 회개하며 대적기도 하세요. 앞으로는 물건 살 때 절재하시고 충동이나 누구에게나 물어보고 사는 것을 금하고, 꼭 생활에 필요한 것만 구입하는 습관을 들이는 것이 좋습니다.

셋째로 어머니를 영적치유를 받게 한 후에 어머니하고 사이가 안 좋아진 것은 귀신 역사이니 당연히 일어나는 일입니다. 어머니를 통하여 역사하는 귀신이 어머니 딸이 성령의 역사가 일어나는 곳으로 갔으니 악랄하게 역사하는 것입니다. 귀신역사입니다. 너무나 신경을 쓰지 말고 시간이 해결하여 줍니다. 어머니 어깨와 허리는 상당한 기간 동안 치유를 받아야 해결이 되니 본인이 말할 때까지 당분간 신경을 쓰지 않는 것이 좋습니다. 어머니가 원하신다면 그때 모시고 가서 치유 받게 하는 것이 좋습니다. 먼저 권하지는 마시기를 바랍니다. 어머니는 지금 악령의 지배하에 있는 것이 분명하니 그분의 말을 100% 받아들이면 어머니를 통하여 역사하는 귀신의 지배 속에서 살게 되니 유념해야 합니다.

넷째로 장소에 역사하는 악령에 관한 문의입니다. 어렸을 때 살았던 곳이 옛날 절의 집터였다고 하셨습니다. 그곳에서 어머니, 아버지가 15년 정도 제사를 지내면서 살았다고 말했습니다. 필자가 말해주고 싶은 것은 절터에 15년 간 살아갈 때에 절터에 역사하는 귀신이 장악을 했다는 것입니다. 그래서 절터에서 들어와 집을 짓고 있는 귀신이 이사를 가더라도 꼭 무당이나 절이 있는 곳으로 이사를 가게 하는 것입니다. 귀신이 목에 줄을 걸고 끌고 다니는데 정작 본인들은 눈이 가려서 알지를 못합니다. 어머니가 지금 살고 계신 집에서 이사를 가는 것이 좋겠고, 이사를 가더라도 절터에서 들어와 집을 짓고 있으면서 목줄을 걸고 끌고 다니는 귀신을 쫓아내야 합니다. 성령의 강력한 역사가 일어나는 교회를 다니면서 목회자의 도움을 받으면서 해결해야 합니다.

다섯째로 어머니를 통하여 역사하는 귀신이 딸을 통제하여 귀신의 영향에서 벗어나지 못하게 역사하고 있다고 믿어야 합니다. 그렇기 때문에 어머니에게 일일이 영적인 문제나 교회를 다니는 문제나 등등 모두 보고하여 승인을 받고 움직이지 말고, 그냥 본인이 진리의 말씀과 성령으로 기도하여 정하시고 다니고 조치하고 하는 것이 좋습니다. 그래야 하나님과 관계가 열립니다. 성인이니까, 하나님과 일대일 관계를 열려고 하기 바랍니다. 어머니의 마음에 맞게 영적 생활하는 것은 귀신의 종이 되는 일입니다. 참으로 영적인 세계에는 이해하지 못하는 이상한 일들이 발생합니다.

원래 천주교인들은 행위로 율법으로 신앙생활을 하는 사람들입니다. 그래서 모든 면을 행위로 율법으로 판단하기 때문에 개신교 신자들을 험담하는 것입니다. 성령의 역사가 일어나지 않으니 자신이 보이지 않기 때문입니다. 자신들에게서 성령의 역사가 일어나 자신을 정확하게 보게 되면 개신교인 험담하고 다니지 않습니다. 자신을 성령으로 보니 더 문제가 많기 때문입니다.

31장 영적인 피해 후유증을 관리하라.

(고전 2:12)"우리가 세상의 영을 받지 아니하고 오직 하나님으로부터 온 영을 받았으니 이는 우리로 하여금 하나님께서 우리에게 은혜로 주신 것들을 알게 하려 하심이라"

예수를 믿으면서도 자녀나 본인이 질병이 있어 고생하는 사람들을 만나 대화해보니 신앙생활을 성령하나님을 주인으로 모시고 성령으로 세례 받고 성령의 지배와 장악된 가운데 바르게 신앙생활을 잘하는 사람이 병들어 입원하는 경우는 드물었습니다. 70% 이상이 믿음 생활을 잘못했다고 대답했습니다. 열심히 행위로 율법으로 했다고 대답했습니다. 어느 날 이런 여자 집사를 만나 기도를 해준 적이 있습니다. 읍 정도의 시골에서 살다가 시화로 올라온 여성도인데 대화를 해보니 이랬습니다. 시골에 있을 때 남편 집사는 남전도회장을 했고, 여 집사는 여전도 회장을 했답니다. 열심히 하면 하나님께서 복을 주신 다고해서 열심히 했다는 새벽기도 빠지지 않고, 예배 빠지지 않고, 봉사 열심히 했고, 헌금 정확하게 드렸다는 것입니다. 그런데 담임 목사님의 말대로 되지 않고 가산이 점점 탕진되어 시화까지 올라온 것입니다.

그래서 내가 집사님 그렇게 남편하고 같이 교회 봉사하면서 성령으로 예수님의 이름으로 했습니까? 아니면 인간적으로 열심 있게 집사님 부부의 얼굴을 드러내면서 했습니까? 하고 질문을 하니 아무런 대답을 하지 못하다가 하는 말이 교만했던 것 같습니다. 겸손하지 못하고…. 성령으로 봉사하고 예수이름으로 하지 못하고….
그래서 지금 믿음생활은 제대로 하고 있습니까? 질문하니 시골에서
그렇게 열심히 했는데도 아무것도 되는 것이 없어서 남편이 시험이
들어서 지금은 교회를 나가지 않는다는 것입니다. 그래서 무슨 병
이 있어서 입원을 했느냐고 질문을 하니 간과 쓸개 그리고 신장에
결석이 생겨서 너무 통증이 심해서 일을 못하고 수술을 해서 치유
를 받으러 왔다는 것입니다.

그래서 제가 예수이름으로 기도를 해드릴까요 했더니 기도를 해
달라고 해서 머리와 등에 손을 얹고 성령이여 임하소서. 우리 사랑
하는 딸이 하나님의 살아 역사하심과 지금도 변함없이 사랑하고 있
다는 것을 체험하게 해달라고 하며, 간구한 후 "예수 이름으로 명하
노니 쓸개에 있는 결석과 간에 있는 결석과 신장에 있는 결석은 부
수어지고 소변으로 나올 지어다" "예수 이름으로 명하노니 쓸개에
있는 결석과 간에 있는 결석과 신장에 있는 결석은 부수어지고 소
변으로 나올 지어다" "예수 이름으로 명하노니 쓸개에 있는 결석
과 간에 있는 결석과 신장에 있는 결석은 부수어지고 소변으로 나
올 지어다" 하고 명령을 했더니 기침을 한동안 사정없이 합니다. 기
침이 멈춘 다음에 여 집사가 하는 말이 목사님! 구멍이란 구멍으로
귀신이 다 나갑니다. 라고 말해서 제가 웃었습니다. 수술을 하려고
검사를 해보니 결석이 하나도 보이지 않아서 삼일 후에 퇴원을 했
습니다. 그래서 제가 생계로 살기가 힘이 들어도 가까운 교회를 등
록하여 성령으로 세례를 받고 성령의 지배와 장악된 가운데 성령의
인도를 받으면서 바르게 신앙생활을 하라고 조언했습니다. 여 집사

가 이제 정말 바르게 성령의 인도를 받으면 신앙 생활하겠습니다. 하고 퇴원을 했습니다. 많은 성도들이 진리를 바르게 깨닫지를 못하고 사람(마귀)의 말을 듣고 행위로 율법으로 열심히 하기 때문에 믿음생활하면서 영육의 고통을 당하는 것입니다.

영적인 피해를 당하여 고통을 당하다가 치유를 받아도 후유증이 생깁니다. 그렇기 때문에 영적지도자와 영적인 피해로 고통을 당했던 환자는 귀신을 치유한 후에 후유증을 관리하는 습관을 들여야 합니다. 그리스도인들에 있어서 질병은 과학적 구분 이상의 의미를 가지고 있으며, 따라서 영적인 부분을 소홀히 하면 더 큰 어려움을 겪을 수 있습니다. 질병은 죄와 연관이 있기 때문입니다. 모든 질병이 그런 것은 아니지만 깊이 살펴보면 100%는 아니더라고 60-70%는 죄와 연관이 있음을 알게 됩니다. 죄는 마귀의 발판을 만들고 마귀는 그것으로 우리에게 침입하여 괴롭힐 수 있는 권리를 얻게 됩니다. 죄 때문에 마귀에게 우리를 괴롭게 할 권리를 내어주게 되면 마귀는 각 사람을 괴롭힐 수단을 찾게 됩니다. 어떤 사람에게는 재물을 빼앗고, 어떤 사람에게는 사업을 망하게 하고, 어떤 사람에게는 사랑하는 사람을 빼앗고, 어떤 사람에게는 부부가 이혼하게 만들고, 어떤 사람에게는 명예를 빼앗으며, 어떤 사람에게는 자신이나 자녀에게 질병을 가져다줍니다. 각종 고통스런 문제는 헤아릴 수 없을 정도로 종류가 많은데 마귀는 한 가지 이상의 문제를 가지고 다가와 그 사람을 괴롭게 합니다. 그 가운데 영적이고 육적인 질병은 가장 손쉬운 방법입니다.

우리가 불행하게 얻는 질병은 그 바탕에는 원론적으로 처리 되지 않은 죄의 문제로 인해서 마귀가 합법적으로 가져온 것이 있는 것입니다. 성령과 진리로 영이 강건해지면 우리의 의식은 긍정적으로 적극적으로 바뀌게 됩니다. 성령의 불의 역사와 성령의 임재가운데 죄의 문제가 온전히 처리되면 우리의 생각에는 성령의 생각이 충만해져서 즐겁고 밝아집니다. 긍정적으로 바뀌고 무엇을 해야 할지를 알기 때문에 적극적이 되고, 두려움과 근심이 사라지고 마음에 평안이 가득하며, 알 수 없는 즐거움이 마음에서 밀려나옵니다. 가슴에는 늘 설레는 마음으로 가벼운 흥분이 일어나고 이것이 엔도르핀을 생성시켜 면역력을 증대시키고 어긋난 염색체를 정상으로 회복시켜 질병이 고침을 받게 만듭니다. 그러나 반대로 죄가 처리되지 않으면 마귀는 우리의 마음을 불안하고 초조하게 만들며, 두렵고 짜증나게 만들며 매사를 부정적으로 보게 해서 어두운 생각의 지배를 받게 됩니다. 그러면 유전자가 이상이 생겨 영적 육적인 질병이 생기는 것입니다.

마귀의 영향을 받으면 우리의 면역체계는 혼란이 생기고 귀신이 들어오면 그에 따라서 질병이 생기게 됩니다. 그러나 우리는 일반적으로 병이 생기면 먼저 병원을 찾아갑니다. 병원의 의사들은 현상적으로 질병을 다루며, 물리적인 접근법 이외는 알지 못하기 때문에 여러 가지 검사를 통해서 질병의 원인을 알아내려고 합니다. 오직 보이는 외적 증거 이외에는 알지도 못하고 알 수도 없습니다. 영적으로 전혀 고려하지 않는 의사들은 약물과 수술로 질병을 치유하고자 합니다. 그렇게 해서 질병이 치유되는 경우도 있습니다. 가벼운 죄의 문제인 경우 그 질환에 영향을 주는 범위가 미약할 수 있습니다. 이런 질병은 의사의 도움으로 고침을 받으며, 또한 감염성 질환이나 소모성 질환의 경우 죄와는 별로 상관이 없다고 보아도 좋을 만큼 병에 미치는 우리의 죄의 비중이 적은 것입니다.

그러나 죄의 비중이 심각해서 질병의 원인을 대부분 이 죄가 차지하고 있는 경우 죄의 문제를 해결하지 않으면 치유가 불가능합니다. 이로써 생긴 질병은 그 치유의 시기를 놓치면 엄청난 문제가 생긴다는 사실을 제대로 알지 못하는 사람들이 많습니다. 죄로 인해서 마귀가 질병을 가져다 준 경우 성령으로 세례를 받고 성령의 불의 역사가 나오며 성령의 임재가운데 영의 차원에서 회개하여 죄를 처리하고 귀신을 쫓아야 하는 일련의 작업이 이루어져야 합니다. 이는 한 차원 깊은 영의 차원에서 원인을 찾아야 한다는 말입니다. 영의 차원에서 죄가 처리되었다면 귀신은 더 이상 그 사람을 괴롭게 할 합법적인 근거가 사라집니다.

그러나 근거가 사라졌다고 해서 귀신이 스스로 알아서 물러나는 것이 아닙니다. 귀신은 조상들의 죄악이나 자신의 죄를 통해 침투하는 경우가 많습니다. 귀신이 성도들의 몸에 들어오려면 엄청난 노력을 해야 합니다. 그래서 한 번 들어오면 쉽게 나가려고 하지 않습니다. 더군다나 죄악을 통해 합법적으로 들어온 귀신은 절대로 나가지 않습니다. 오로지 그 발판이 되는 죄가 처리되어야만 귀신은 떠나게 됩니다. 발판이 처리된다는 의미는 성령의 임재가운데 회개하고 성령의 지배와 장악이 된 가운데 죄를 발판으로 들어온 귀신을 쫓아내야 합니다. 그리고 관리를 잘해야 합니다. 그런데 여기서 심각한 문제가 생깁니다. 귀신이 우리 몸에 들어와 질병을 만들어내게 되면 우리 몸의 면역체계를 비롯해서 기능들이 심각한 훼

손을 입는다는 것입니다. 이것이 질병의 후유증을 만들어내는 이차적인 문제가 생깁니다. 이것을 악습이라고 말합니다. 악령에게 장악되어 보낸 세월이 길수록 이 악습은 우리 몸에 굳어져버려 쉽게 고칠 수 없게 됩니다. 그래서 영적인 피해를 당한 후에 치유를 받았다고 방심하지 말고 후유증을 관리해야 합니다. 우리가 어떤 행동을 계속하면 그것이 습관이 되어 고치려면 정신을 바짝 차리고 오랫동안 그 행동을 억제하는 노력을 해야 하지 않습니까?

우리 몸은 훈련을 받게 되면 그 행동을 기억하게 됩니다. 그래서 우리는 모든 행동을 몸에 익힙니다. 운동선수가 얼마나 많이 훈련하느냐에 따라서 성공의 여부가 결정됩니다. 몸에 익히기 위해서는 끊임없는 반복훈련을 해야 합니다. 몸에 익어야 몸이 알아서 움직여주는 것입니다. 게임을 뛸 때 순간적으로 몸을 움직여야 하는데 생각해서 하는 것은 불가능합니다. 오직 몸이 알아서 저절로 움직여주는 것입니다. 그러려면 엄청난 양의 훈련으로 몸이 스스로 움직일 수 있도록 만드는 것입니다.

이와 같은 이치로 귀신이 우리 몸에 들어와 질병을 일으키면 우리 몸은 그 질병으로 인해서 오랫동안 일정한 형태의 행동을 몸에 익히게 되며, 이것이 악습이 됩니다. 귀신이 쫓겨 나가고 자유롭게 되었음에도 불구하고 귀신의 후유증이 그대로 남아서 귀신들렸을 때 하던 행동과 같은 행위를 계속하게 됩니다. 환자에게 귀신은 떠나고 없는데 종전과 같은 행위를 한다는 것입니다. 그래서 필자가 자주하는 말이 진리를 알면 무엇 하나 몸이 따라주어야지 하는 것입니다. 영적인 피해를 당하면 육체적 질환뿐만 아니라 정신적으로도 무척 황폐해집니다. 매사를 소극적으로 부정적으로 비판적으로 보려고 하며, 독선적이고 아집 적으로 변합니다. 이런 부작용이 그대로 남아있게 되어 한 동안 괴롭힘을 당합니다. 질병에서 온전한 치유를 위해서는 회복기간이 필요하듯이 귀신들림으로 인해서 얻어진 질병 역시 귀신이 떠났을지라도 한동안 그 후유증을 치유하는 노력을 게을리 하지 말아야 합니다. 범죄자는 사건 현장에 반드시 되돌아온다는 말처럼 귀신은 쫓겨 나간 후 반드시 다시 돌아옵니다. 그러므로 축사하는 사람은 이차적인 침투를 염두에 두고 귀신을 쫓아야 합니다.

죄의 처리가 먼저 되고 귀신을 쫓아내면 일단 모든 것이 끝난 듯이 보입니다. 그러나 후유증을 처리하는 일은 시간도 많이 걸리고, 본인을 비롯해서 주변의 사람들의 협력이 필요합니다. 후유증이 제대로 처리되지 않으면 다시 귀신들림이 일어날 수 있으며, 그 병의 후유증으로 인해서 오랫동안 고통을 겪게 됩니다. 부정적이고 비판적인 태도가 제대로 제거 되지 않으면 머지않아 다시 부정적인 행동을 하게 되고 그것이 죄를 만들어내고, 그러면 다시 귀신이 들어와 질병을 만들어냅니다. 조금 나아진 것 같다가 다시 병이 재발하는 고질병의 경우 죄의 후유증이 처리 되지 않았기 때문입니다. 제대로 회복이 완전하게 이루어지지 않은 상태로 당사자와 주변에서 문제를 쉽게 다루었기 때문입니다. 이런 과정이 반복되면 더욱 고쳐지기 어려워지는 만성적 질환이 되고 맙니다.

재발을 반복하는 질병의 배후에는 이 약점을 꿰뚫고 있는 악령의 작용이 도사리고 있습니다. 반복되는 실패는 당사자의 의지가 매우 약하기 때문입니다. 완전히 회복되기까지 주변에서 이런 약한 지체를 도와주어야 합니다. 그런데 현실적으로 이런 환자들 주변에는 그런 충분한 도움을 줄 수 있는 사람이 거의 없다는 것이 더욱 가슴을 아프게 만듭니다. 온전히 회복되기까지는 몇 년의 세월이 필요한 경우가 대부분입니다. 그 긴 세월동안 지속적으로 돌봄이 필요한데 그런 도움을 줄 수 있는 이웃이 별로 없다는 것입니다. 그러므로 가장 중요한 것은 초기 질환에서 영적인 문제를 제대로 다룰 수 있어야 한다는 것입니다. 자신에게 온 질병의 원인 중에 죄가 차지하는 비중이 10% 이하라면 가벼워서 질병을 치유하는 데는 별로 지장을 받지 않을 수 있습니다. 그러나 이런 부분들이 계속 쌓여 가면 그 비중이 높아지고 언젠가는 일반적인 기도나 의술로는 전혀 해결할 수 없는 수준에 이르게 됩니다.

죄의 영향이 질병의 60~70%를 차지한다면 의사는 손을 쓸 수 없게 됩니다. 백약이 무효라는 말처럼 약물로는 도저히 치유할 수 없는 그야말로 원인 불명 또는 고질병이 되고 맙니다. 귀신이 계속 영향을 주게 되면 같은 병을 지속적으로 겪게 됩니다. 그 가운데 가장 대표적인 것이 만성적 두통을 비롯한 기능성 질환들입니다. 노이로제, 무기력, 우울증, 각종 정신 장애와 약물남용이나 알코올 중독 등과 같은 습관성 질환, 폭행이나 성범죄 사기 등과 같은 비행행위 등은 심각한 귀신들림의 후유증입니다. 그 대표적인 사례가 조세형 씨의 경우인데, 집중적으로 범죄행위를 행할 당시는 귀신들림이었지만, 예수님을 믿고 신앙 생활하는 지금은 그 후유증으로 인해서 고통을 당하고 있는 것입니다.

귀신들려서 그런 행동을 할 때는 제정신을 못 차리고 그 행위에 몰두하게 되며, 눈빛이 다릅니다. 정신 상태 역시 심각한 질환의 수준이며, 외부의 조언에 대해서 전혀 반응하지 않습니다. 그러므로 의사들은 정신 질환으로 단정하게 되며, 각종 약물로 치료하려고 합니다. 그러나 귀신들린 상태에서는 이 모든 노력이 아무런 의미가 없습니다. 이렇게 폐인이 되어간 후에 귀신은 떠나가게 됩니다. 시기적으로 10년 이상 20년 가까이 귀신은 그 사람을 장악하여 사용한 다음에 다른 숙주를 찾아 떠나게 됩니다. 그러나 귀신들렸던 사람은 후유증으로 인해서 같은 행위를 계속하게 됩니다. 귀신은 떠나갔는데 환자는 여전하게 귀신들렸을 때와 같은 행동을 합니다. 이때 그들의 눈을 살피면 예전과는 다르며 자신의 행위에 대해서 증오하며 그런 행동을 하는 자신을 미워하게 됩니다. 후회하지만 어쩔 수 없이 그 행위를 반복하게 되는 것입니다. 마치 귀신들림의 초기 상태처럼 보입니다. 이런 사람에게 의사의 도움이 필요하며 이웃의 따스한 보살핌이 필요합니다.

그러나 이 악습에서 완전히 치유되기 위해서는 많은 세월이 필요합니다. 그러므로 간헐적으로 반복하는 행위를 계속하는 환자에 대해서 희망을 심어주어야 하며, 긍정적인 태도를 보여주어야 합니다. 책망과 질책은 더 깊은 수렁으로 몰아넣을 수 있기 때문입니다. 영적인 피해로 인한 귀신들림의 후유증은 심각합니다. 그러므로 초기에 영적 치유를 함께 해야 하지만 현실적으로 그런 부분에 정확한 도움을 줄 수 있는 사역자가 터무니없이 부족합니다. 우리 가운데 오늘날까지 이런 질환으로 고생하는 분들이 너무도 많습니다.

이런 질환으로 고생하는 분들은 결국 교회를 나오지 않게 되고 가족들도 쉬쉬하면서 감추어버립니다. 얼마나 불행한 일입니까? 초기에 제대로 대응했더라면 이 지경으로까지 오지 않았을 질병을 치유시기를 놓침으로써 한 사람의 인생이 어두움 속에 버려진 것을 볼 때 교회 안에 능력 사역자들을 제대로 가르치고 세울 수 있는 구조를 만들어야겠다는 결심을 굳게 하게 된 것입니다.

지금 버려져가고 있는 영혼들에 대해 무관심할수록 마귀는 더욱 신이 나서 삼킬 자를 찾아 분주히 다니고 있습니다. 자신이 모른다고 있는 것이 없을 수는 없습니다. 귀신들림이 얼마나 가혹하고 처참한 일인지 귀신들림을 모르면 알 수 없습니다. 남의 일이라고 방관해서는 안 되는 것이 그리스도인입니다. 긍휼 없는 사람은 긍휼 없는 심판을 받게 되기 때문입니다. 이웃의 아픔을 함께 아파하는 마음을 가진 사람을 주님이 찾고 계십니다. 일할 것은 많은데 일할 일꾼이 없다고 주님은 말씀하십니다.

하나님은 한 영혼을 천하보다 귀하게 여기십니다. 불신영혼을 전도하는 것도 중요합니다. 그러나 더 중요한 것은 전도되어 들어온 성도들을 영적인 후유증을 치유하여 자유하게 하는 일이 중요합니다. 이런 영적피해를 당한 후에 후유증으로 고통당하는 성도들을 돌보는 것이 하나님을 기쁘시게 하는 것입니다. 영적피해를 당한 후에 후유증으로 고통당하는 성도들을 돌볼 수 있도록 주님이 주시는 능력을 덧입기까지 주님 앞에서 떠나지 말고 기다려야 합니다. 하늘로부터 능력이 덧입혀지기까지 주님을 사모하면서 잃어버린 영혼을 사랑하는 마음을 보이십시오. 주님은 제사보다도 상한 심령을 기뻐 받으시는 분입니다. 한 영혼을 천하보다 귀하게 여기십니다.

이 책을 통해 예수님이 땅끝까지 전파 되기를 소원합니다.
(출판으로 인한 이익금은 문서선교와 개척교회 선교에 사용합니다.)

영적피해 방지하기

발 행 일 l 2018.02.06초판 1쇄 발행

지 은 이 l 강요셉

펴 낸 이 l 강무신

편집담당 l 강무신

디 자 인 l 강요셉

교정담당 l 강무신

펴 낸 곳 l 도서출판 성령

신고번호 l 제22-3134호(2007.5.25)

등록번호 l 114-90-70539

주   소 l 서울 서초구 방배천로 4안길 20(방배동)

전   화 l 02)3474-0675/ 3472-0191

E-mail l kangms113@hanmail.net

유   통 l 하늘유통. 031)947-7777

ISBN l 978-89-97999-66-8 부가기호 l 03230

가   격 l 16,000원